U0799456

冶金工业出版社

普通高等教育“十四五”规划教材

现代大学体育与健康教程

王 伶　杨海东　陈 松　主编

北 京
冶 金 工 业 出 版 社
2022

内容简介

本教材围绕高等院校大学生体育与健康的主题，系统阐述了体育与健康、体育卫生与营养保健、体育锻炼与评价、体育文化的概念、原则与方法，介绍了田径运动、篮球、足球、排球、乒乓球、羽毛球、网球、轮滑运动、游泳、跆拳道和散打等内容。

本书可作为本科或高职高专师生的公共体育课教学用书。

图书在版编目(CIP)数据

现代大学体育与健康教程/王伶，杨海东，陈松主编．—北京：冶金工业出版社，2022.6

普通高等教育“十四五”规划教材

ISBN 978-7-5024-9141-3

Ⅰ.①现…　Ⅱ.①王…　②杨…　③陈…　Ⅲ.①体育—高等学校—教材②健康教育—高等学校—教材　Ⅳ.①G807.4　②G647.9

中国版本图书馆 CIP 数据核字(2022)第 095616 号

现代大学体育与健康教程

出版发行	冶金工业出版社	**电　话**	(010)64027926
地　址	北京市东城区嵩祝院北巷 39 号	**邮　编**	100009
网　址	www.mip1953.com	**电子信箱**	service@mip1953.com

责任编辑　曾　媛　美术编辑　彭子赫　版式设计　郑小利

责任校对　石　静　责任印制　李玉山

北京虎彩文化传播有限公司印刷

2022 年 6 月第 1 版，2022 年 6 月第 1 次印刷

787mm×1092mm　1/16；11.75 印张；282 千字；173 页

定价 59.00 元

投稿电话　(010)64027932　投稿信箱　tougao@cnmip.com.cn

营销中心电话　(010)64044283

冶金工业出版社天猫旗舰店　yjgycbs.tmall.com

(本书如有印装质量问题，本社营销中心负责退换)

前　言

大学体育作为高等教育的重要组成部分，对培养符合社会需求的、身心健康的现代化人才具有重要意义。重视和加强普通高校体育教材的改革与建设，能更好地促进大学生掌握体育的基本知识和科学锻炼身体的方法，《中共中央国务院关于深化教育改革全面推进素质教育的决定》《关于强化学校体育促进学生身心健康全面发展的意见》《全民健身计划（2021—2025年）》等一系列文件，为学校体育的改革与发展提供了全面的政策保障。随着高校素质教育的不断深入，高校体育“健康第一”的教育理念得到了进一步确立。教育部提出的“每天锻炼一小时，健康工作五十年，幸福生活一辈子”的大学体育目标和体育教学的“三个自主选择”（让学生“自主选择学习项目，自主选择学习内容，自主选择学习时间”）深入人心。在指导思想、工作目标、教学原则都已确立的情况下，相关教材的建设就成为当务之急。

重视和加强普通高校体育教材建设，能更好地促进学生掌握体育的基本知识和科学锻炼身体的方法，是优化教学过程、提高教学质量的基本依据和保证。本教材旨在更新观念，汲取最新体育教学理论与实践的丰硕成果，以学生为主体，与实践相结合，以培养大学生的体育与健康意识、引导他们养成终身锻炼习惯为主线，从体育文化、体育健康、体育教学、体育技能、练习方法等方面入手，内容上具有较强的实效性和可操作性，便于学生课内外自学、自练。同时，充分考虑了当代大学生多方面的需求，遵循体育理论与实践相结合的原则，系统介绍了体育基本理论知识和普及性强、开展广泛、深受大学生喜爱的体育项目，并结合了具有特色的体育运动项目和具有时代气息的休闲体育项目，使教材涵盖的内容更为丰富。

本教材以《全国普通高等学校体育课程教学指导纲要》为指导，以大学体育教学内容为主体，详细介绍了普通高校大学生应了解的各体育项目的基础知识、基本技能和基本战术，重点在体育项目实践的教学。同时对大学生应该掌握的一些体育卫生与保健知识、运动生理知识及各体育项目的主要规则也进行了介绍。

本教材由沈阳大学王伶，东北大学杨海东、陈松主编。具体分工如下：第1~2章和第7~15章由王伶编写，第3~5章由杨海东编写，第6章由陈松编写。

本教材在编写过程中，得到了有关部门领导及同行专家的大力支持，在此表示衷心的感谢。由于水平所限，书中难免有不妥和疏漏之处，恳请各位专家、学者和广大读者批评指正。

编 者

2021年10月

目　录

1 体育与健康概述

学习要点

（1）了解体育的含义；
（2）理解体育运动对预防现代生活方式病的作用；
（3）掌握健康与亚健康的概念；
（4）了解影响健康的因素。

1.1 体育概述

1.1.1 体育的起源

体育作为人类文化的重要组成部分，是随着人类社会的发展逐渐形成和发展起来的。据史学家和考古学家的研究，人类早在原始时代就把走、跑、跳跃、投掷、攀登、爬越等作为最基本的生产劳动和日常生活的技能传授给下一代。这是人类教学的萌芽，也是体育活动的萌芽。体育的发展与教育、军事、科学技术的发展，以及人们的宗教活动、休闲娱乐活动有着密切的关系。必须指出，体育在其整个历史发展过程中，是受一定的政治经济所制约的，并为一定的政治经济服务。

体育的发展大致经过了原始的体育萌芽时期、自觉从事体育时期和形成与完善体育制度时期。经过这三个时期，现代的体育体系逐步形成，其中竞技体育的发展更是推动现代体育发展的主要动力。

1.1.2 体育的含义

1.1.2.1 “体育”一词的来源

据世界体育资料记载，“体育”一词最早是法国人于1760年在法国的报刊上论述儿童身体教育问题的论文时首先起用的。现在国际上普遍用“Physical Education”泛指“体育”。它的本意是指以身体活动为手段的教育，直译为身体的教育。“Sport”一词一般认为源于拉丁语“Disport”，本意是指离开工作去游戏、玩耍、进行娱乐活动等，后来逐渐形成具有新含义的一个概念，即竞技运动，或称为竞技体育。

19世纪中叶，德国和瑞典的体操传入我国，随后清政府在兴办的“洋学堂”中设置了“体操科”。1902年左右，一些在日本留学的学生从日本传来了“体育”这一术语。随着西方文化不断涌入我国，学校体育的内容也从单一的体操向多元化发展，课堂上出现了篮球、田径、足球等。1923年，在《中小学课程纲要草案》中，“体操科”正式改为“体育课”。从此，“体育”一词成了标记学校中身体教育的专门术语。

1.1.2.2 体育的定义

“体育”一词刚传入我国时，指的是身体的教育，是作为教育的一部分出现的，是一种与维持和发展身体的各种活动有关联的一种教育过程，与国际上通行的体育概念是一致的。随着社会的进步和体育事业的不断发展，体育内涵和外延得到了极大拓展。

广义的体育，是指在人类社会发展中，根据生产和生活需要，遵循人体生长发育发展规律，以身体练习为基本手段，为增强体质、提高运动技术水平、丰富社会文化生活而进行的一种有目的、有意识的社会活动。为经济和社会服务的身体运动，通常也称为体育运动。

狭义的体育，是指促进人体全面发展，增强体质，学习和提高体育的知识、技术和技能，培养道德品质的一个有目的、有组织的教学过程。

体育的概念无论是广义的还是狭义的，都强调以各种运动为基本手段，发展身体，增强体质，增进健康，挖掘人体的内在潜力，陶冶情操，促进人的全面发展。

1.1.3 体育的基本形态

体育形态是指体育实践的相对稳定形式或状态，又称体育形式。体育形态各种各样，难以计数，按不同的标准划分，有不同的类别。例如，按体育实施范围划分，可分为学校体育、军队体育、社区体育、农村体育等；按年龄特征划分，可分为少儿体育、成年体育、老年体育等；按时代特点划分，可分为传统体育、近代体育、现代体育等；按不同功能划分，可分为健身（体育）活动、娱乐体育、医疗体育等。体育形态既反映了体育现象内在要素之间的有机联系，又表现出体育各种整体现象相对稳定的外部特征。

根据各种体育实践的基本特征和功能、人们对体育基本类型的认同，以及体育工作的实际状况等综合因素，把现代体育实践划分为三种基本形态，即体育的教育形态——体育教育；体育的文化形态——竞技体育；体育的文化、教育及其产业的综合形态——群众体育（社会体育）。这三种体育形态虽然都可以作为独立的研究对象，且各具特色，但它们之间却是“你中有我，我中有你”，彼此间有着千丝万缕的联系。

体育教育即狭义的体育，是教育的组成部分，是通过身体活动和其他一些辅助性手段进行的有目的、有计划、有组织的教育过程。体育教育本身有一个完整的体系。它分为普通体育教育和专门体育教育两大类。前者包括学校体育教育（简称学校体育）、职业体育教育（如军事体育、警察体育、宇航体育等）；后者包括体育专业教育（如中等体育专业教育、高等体育专业教育等）、特殊体育教育（如残障人体育、康复体育等）。

竞技体育是指在全面发展身体，最大限度地挖掘和发挥人在体力、心理、智力等方面潜力的基础上，以提高运动技术水平和创造优异运动成绩为主要目的的一种体育活动。当代竞技体育越来越依靠现代科技的应用和全方位的科学管理，它已发展成为包含多种社会活动的一个巨大的“系统工程”，是一种独特的体育文化形式。同时，今天人们称竞技体育，总是意味着高水平的竞技或运动精英的体育。因此，不妨认为，竞技体育是传统竞技运动在当代的发展，也可以说是广义的竞技运动。

群众体育又称大众体育，它是指人们自愿参加的，以强身、健体、娱乐、休闲、社交等为目的，小型多样的社会体育活动。群众体育的范围极广，凡城乡各个地域、社会各个阶层、各种职业和各个年龄阶段的人群的体育活动无不囊括其中。

1.1.4 体育的功能

从性质上看，体育是社会文化的组成部分。体育是一个有机的整体，一个多功能、多目标的系统。体育的功能主要包括：健身功能、娱乐功能、文化功能、教育功能、经济功能和政治功能。

(1) 健身功能。“健身”，就是健全体魄，增强体质。在进行体育活动时，通过身体运动锻炼的多次重复过程，可以对各器官系统起到一定强度和量的刺激，使身体在形态结构、生理机能等方面发生一系列的适应反应，达到促进身体健康发展和增强体质的目的。

适当的体育活动，可以促进大脑兴奋，提高大脑分析、综合能力，可以促进机体的生长发育，促进骨髓变粗，骨密质增厚，抗弯、抗折、抗压力能力增强，可以增加肌肉的能量储备，提高体力，可以促进人体内脏器官构造的改善和功能的提高，增强人体免疫力，提高对疾病的抵抗能力。体育锻炼还可以增强意志，催人奋进，培养集体观念，协调人际关系，从而促进心理调解能力的提高，有利于排解各种不健康的心理因素，使个体在环境的和谐统一中获得欢快和轻松，实现精神健康。所以，健身功能是体育最本质的功能。

(2) 娱乐功能。由于体育本身具有游戏性、艺术性、惊险性、默契性等特征，人们结合自己的兴趣，参加一些个人喜爱和擅长的体育运动项目，可以起到调节心理、松弛神经、丰富文化生活和愉悦身心的作用。在完成各种练习的体验中，可以提高自信心和自豪感，提升与同伴的默契，增进相互之间的理解。胜利后的狂喜，也会给人带来巨大的心理陶醉。在欣赏体育运动时，运动员所表现出的高超技艺，使人赏心悦目、心旷神怡，赛场上起伏跌宕的戏剧性，稍纵即逝的机遇性，激烈的对抗性，胜败的悬念性，音乐、色彩及力与美的协调性，会给人们带来精神上的巨大愉悦，使人们在和谐的氛围中获得精神快感，情绪得到释放，情感得到净化，调节由于工作和劳动带来的紧张、疲劳。因此，体育是一种积极、健康的娱乐方式。

(3) 文化功能。体育本身就是社会的一种文化现象，体育文化是现代文明的标志之一，主要从媒体传播、体育服饰、体育竞技、民间体育、体育表演、体育设施等方面反映一个国家的文明程度。体育还是一种高雅的文化生活，它与欣赏音乐、舞蹈、艺术、文学有着不解之缘，是人类文明与智慧的结晶。

(4) 教育功能。在国际体育比赛中，每当有中国运动员取得冠军，赛场上空响起中国国歌、升起五星红旗时，都会激发起全民族的爱国热情。

实施素质教育，全面贯彻党的教育方针，就是以提高国民素质为根本宗旨，以培养人们的创造精神、实战能力为重点，注重形成人的个性为目的的教育。通过体育活动，不仅能有效地培养人的体育素质，发展人的个性，培养竞争意识，而且有助于其基本素质的提高和培养，使人们树立“终生体育”的思想。

(5) 经济功能。在国际体育运动中，体育的经济目的已成为最大特点之一，大大小小的赛事，尤其是奥运会，给举办国带来了巨大的商机。体育服装、体育广告、器材、食品、旅游等综合服务都会给举办国带来可观的经济收入。社会体育消费、体育用品、场地设施等产品的极大发展，创造了更多的经济价值。

(6) 政治功能。体育作为人类的一项文化活动，不是一种孤立的社会现象，而是同一定社会的政治、经济、文化相互联系、相互影响的。

作为国力强弱的标志之一，竞技比赛的成绩直接影响国家的声望和威信。竞技比赛，特别是奥运会等大型国际竞赛，对世界各地影响的广度和速度，都是其他任何活动都无法比拟的，比赛胜负直接关系到国家的荣誉。作为强大的精神动力之一，重大竞技比赛的胜利可满足民族自尊心，增强自豪感，激发起巨大的爱国热情。在2008年北京奥运会上，中华健儿一鼓作气，勇夺51枚金牌，实现了历史性的突破。国人沸腾，海外华侨欢呼雀跃，海内外掀起了巨大的爱国浪潮。作为社会感情的调节要素之一，体育可以欢娱身心、稳定情绪，从而有助于社会的安定与团结；作为增进友谊的桥梁之一，体育能够促进各国人民之间相互了解，特定情况下还可以提供灵活的外交场合和机遇。国际比赛中，作为人民使者的各国运动员，通过场上交流和场下的广泛接触，可展示各国人民的风采，加深与他国选手的友谊。竞技比赛可以使任何国家，甚至政治上有隔阂、乃至敌对国家的运动员走到一起，同场竞技。与此同时，双方的官员也要进行必要的接触。在特定情况下，往往会取得意想不到的重大的外交突破。

1.1.5 体育与现代生活方式

1.1.5.1 现代社会生活方式的特点

（1）现代社会生活方式的世界化。随着现代信息技术和运输技术的飞速发展，地球正变得越来越“小”。如今，人们吃着同样的食品，穿着同样的时装，在世界各地欣赏着同一场体育比赛，获取着“无国界”的相同信息，玩着一种相同场景、相同规则的游戏，不同肤色的人在世界各地游来游去，尽享生活带给人们的愉悦。同时，在世界各国出售的相同产品和交换的信息，又培养着人们相同的兴趣、爱好、行为方式特征，现代社会生活方式正朝着世界化的方向发展。

（2）努力寻求物质生活与精神生活的平衡。21世纪的生活方式已发生质的更新，人类必将做出极大努力，以寻求一种在本质上能使物质生活与精神生活共处得更为和谐、更加平衡的生活方式。这种“平衡”的生活方式来源于人类自身对过去那种物质生活过分追求的反思。对这种新“平衡”的追求，不完全是简单观念化的结果，它主要体现了人类社会生产力发展的客观要求。

（3）追寻健康是现代社会生活观的重要目标。21世纪人类健康受到工业污染、流行性疾病、生活方式中的“不科学因素”等的威胁。科学家统计表明，人类的生理素质正在退化，人在成长过程中时刻会因健康问题而受到阻碍，一些恶性疾病在现代人身上成为多发病。这些也引起了人类自身的高度重视和反思，重新审定生活价值观中首要追寻的目标。越来越多的人在生活目标的多向选择中，都把健康摆在了重要位置。

（4）环保型生活理念逐步确立。环保问题是人类社会所面临的最为严峻的问题。由于科技进步速度加快，人类肆意地对大自然进行开发和破坏，导致了深刻的生态危机。近年来，许多人在生活消费上，更加讲究科学性和注重消费质量，节俭的、生态型的生活方式在社会上得到提倡。

（5）终身教育成为现代社会生活方式的重要内容。21世纪人类跨入了信息社会，在信息社会中，人类知识总量每7~10年翻一番。一个人如果不想落伍，就必须不断更新自己的知识结构，教育已经不只是学校之内的事了，再教育将面向大众。终身学习和受教育将成为现代人生活中有机组成部分，变成现代人的一种生活方式。

(6) 现代人的工作和闲暇重叠交融。在现代社会，人们的工作时间将会被逐渐压缩，要增长知识，就要通过闲暇时间来获得。因而，从这个意义上说，从事闲暇的“生活”时间客观上也就成了创造社会财富的“生产”时间。人将主要从事智力的、创造性的活动，劳动将因满足人的高级创造性需要而变得富有意义，使人产生满足感，人们从劳动活动中获得高级享受并使其成为主要乐趣。因此在未来生活中，不但人们的“闲暇越来越像工作”，而且“工作越来越像闲暇”。

1.1.5.2 现代社会生活方式病的形成因素

(1) 运动不足。运动是身体健康的自然需要。在生产力不发达时期，劳动促使身体运动，劳动的部分过程同时也就成为锻炼身体的过程，虽然它不能代替体育活动，却有体育活动的功效。现代科学技术正在不断地促使科学、技术和生产一体化，使生产劳动朝着机械化、自动化、电气化、智能化的方向发展，人的体力劳动越来越多地被技术装置所代替，繁重的体力劳动大大减少。同时，现代生活节奏、工作节奏过于紧张，使人无暇顾及身体锻炼，造成运动不足，导致肌肉无力、肥胖和随之而来的各种心脏病、血管病、糖尿病等现代社会生活方式病的形成。

(2) 营养过剩。现代社会为人们提供了丰富的生活资料。人们的食物数量和膳食结构发生了重大的变化，脂肪和动物蛋白摄入过多。由于食物结构的变化，人们从食物中摄入的热量越来越多，超过消耗的热量，而过剩的热量即转变为脂肪。这种摄入的热量增加而活动减少的生活条件，导致出现人体“营养过剩”的现代社会生活方式病。

(3) 精神压力过大。现代社会中，人们的生产活动和工作进程逐步发展到尽力追求高效率，以免被社会淘汰和否定，这给人们带来了巨大的心理压力，造成记忆力减退、注意力范围缩小、悲观失望、自我评价能力下降等疾病的发生。联合国国际劳工组织的一份调查报告认为，心理压抑已经成为21世纪最严重的健康问题之一。

(4) 应激过多。在现代社会生活中，生活变化速度过快使人感到焦虑不安；不停顿的“感觉轰炸”、信息负荷过重、不断面临新的抉择等，使人们压力重重。现代社会生活给人带来的困扰，就会在生理上或心理上出现障碍，最后导致病患的发生和健康水平的下降。

现代社会生活方式病的产生与其说是科学技术的副作用，不如说是人们不恰当使用现代科技成果和人类社会自身的机制导致的不良后果。很显然，要消除现代社会生活方式对人类的伤害，必须对人类社会进行重新审视，深刻认识在现代文明高度发展的条件下，人们的生活方式、精神情感方面的缺陷，修正不适宜的心理品德和行为方式，积极主动地适应现代社会的发展。

1.1.5.3 现代社会生活方式病的预防与体育

(1) 体育锻炼是现代人增强体质、促进健康最有效的方式。由机械化、电气化高度发展造成的人类生物结构和机能的退化，如乏力、睡眠不佳、腰酸腿痛、内分泌紊乱等；高营养低消耗造成体内物质积蓄，如肥胖症、高血压等，正威胁着人类生命，影响着人类的生活质量。体育能提高神经系统的反应能力，消除脑细胞的疲劳，提高工作和学习效率，预防和治疗神经衰弱；能增强心脏的机能，使血液中红细胞、白细胞和血红蛋白的含量增加，防止心脏疾病的发生；能增大肺活量、提高呼吸系统的转换能力；能促进血液循环、新陈代谢，使体内多余、有毒的物质迅速排出体外；使骨组织的血液供应充分，骨的坚固性强、抗断，耐力性好，提高关节的灵活性和稳定性；使身体发育均匀，肌肉有力，皮肤有弹性、无皱纹。总之，经常进行体育锻炼，可以满足人们身体健康的需要，促进身体发育、体格健壮、体态健美，增强人体机能，提高体力（包括运动与劳动需要的体力、耐力、灵活性、柔韧性)，以及抗病能力和生命力。

(2) 体育是预防现代人生理疾病的最积极方法。法国18世纪著名的医生蒂索说过："运动就其作用来说，几乎可以代替任何药物，但是世界上的一切药物，并不能代替运动的作用。"用体育锻炼来治疗疾病的方法称为体育疗法，也称为医疗体育。常用的方法有保健操、医疗操、散步、跑步、游泳、打球、气功、太极拳、按摩等。体育疗法能调整由中枢神经功能失调引起的高血压、神经衰弱、精神病、胃溃疡等。长期锻炼能使大脑皮层功能增强，病情好转。病人长期卧床，精神不振、睡眠不佳，容易合并感冒、肺炎、褥疮、关节强直、肌肉萎缩、神经麻痹等并发症。体育锻炼能振奋精神、增强食欲、改善睡眠，并使肌肉关节得到活动，血液畅通，新陈代谢旺盛，身体抵抗力增强。体育与医疗卫生相比，具有更加积极的意义，体育是追求健康最积极的方式。

(3) 体育运动是现代人心理疾病的监控者。体育运动是人们在调整、顺应新的生活节奏时的重要辅助手段，一些实验和社会调查证明，运动员和经常从事体育活动的人对生活节奏的变化有较强的适应能力，经常参加运动会使人表现出较强的自制、快乐、超越、坚韧、敏锐、自信、合群和从容不迫的心理调节能力。体育运动还可以提高人的应变能力和耐受能力，也可以克服人们对快节奏生活的抵触、恐惧、厌烦和焦虑等心理障碍，可以稳定心理情绪、抑制身心紧张，控制"A"型反应，以增强人们在快节奏生活中的自信心。在体育活动中，人们所掌握的多种活动机能和快捷活动方式，有利于人们准确、协调、敏捷地完成各种工作与生活动作。

体育运动还可以通过扩展生活空间的方式调节人们的心理。每一个人都有一种在宽敞生活空间开展肢体的生理要求，更有一种向往博大生活空间的心理追求。强制性地缩小人们的生活空间，就会产生一种受惩罚的痛苦感，而生活空间的合理扩大有利于人们的身体健康和心理安宁。

(4) 体育是现代人充实生活、增进交流的最有效方式。现代人的生活节奏很快，平时工作和生活中的精神压力都比过去大得多，精神调节具有更加重要的意义。目前，城市居民中普遍存在行为功利性过强的现象，很少有时间放松自己，邻里关系或亲戚关系也相对淡漠，许多人终日奔忙，没有时间与他人交流，这对于精神健康非常不利。随着科学技术的进步、经济的发展，人们的闲暇时间增多。在闲暇时间里，参与户外活动，能消除孤独感、恢复自信，使因工作或生活劳动而紧张的情绪得到放松，使单调乏味的生活充实起来，进入一种超凡、宁静与爱的境界，在一些体育集体活动中，与他人的接触、交谈，有助于促进人际交流，增进理解与友谊，消除心理上的疲劳，扩大自己的交往空间。

(5) 体育是现代人娱乐身心最有趣的方式。在现代社会，参与体育活动除了能够锻炼身体，还能增加生活的乐趣。在工作、学习之余，人们不拘形式地参加娱乐性、趣味性的体育活动，如游戏、体育舞蹈、健美操、游山嬉水、游艺等，在充满欢乐和谐气氛中进行各种身体锻炼，与人交流、谈话、接触，使参与者情绪高涨、心情愉快，既锻炼了身体、增强了体质，又调节了心理、陶冶了性情，激发了生活情趣，获得了精神上的享受，达到了愉悦身心的目的。

1.2 健康概述

1.2.1 健康的定义

世界卫生组织认为，所谓健康，应该既包括心理健康、身体健康、道德健康、生殖健康，还包括个体与社会的适应良好。这就是人们所指的身心健康，也就是说，一个人在身体健康、心理健康、社会适应良好和道德健康四个方面都健全，才是完全健康的人。

我国学者穆俊武认为，对个人或社会来说，过去是否有过或将来是否有身体、精神、社会都处于完好的短暂状态是值得怀疑的。因此，他提出了新的健康概念，即在时间、空间、身体、精神、行为方面都尽可能达到良好状态。

所谓时间概念，是指个人或社会发展的不同时期对健康不能用同一标准来衡量。不能把健康看作是静止不变的东西，应理解为不断变化着的概念。

所谓空间概念，是指不同地区、不同国家的人，有着各不相同的健康概念和健康标准。这并不意味着没有一个可供人们遵循的健康概念。应按地区、国家的不同，尽可能达到各自的良好状态。人们对保健的需要在发达国家和不发达国家不同，作为健康教育者，应根据空间来制订保健行为。

身体、精神概念较易理解。行为，是一个人在社会生活中对赋予的责任和义务所采取的动态和动机。行为表现为社会性，每个人的行为必然受到他人的影响。

因此，健康是个体概念。在考虑健康时必须区分是群体的健康还是个人的健康。群体的健康是采用统计学上的平均值，即在一定范围内某一个时期的健康应为正常值，偏离了就不正常。但是，偏离了正常值对于个人来说就不一定不健康，作为个人，健康的标准是每个人特有的。个体健康是现实的，群体的健康是理想的。

此外，必须结合世界卫生组织宪章的要求，从国际社会的高度来认识，享受最高标准的健康被认为是一种基本人权；健康是社会发展的组成部分；健康是对人类的义务，人人都享有健康平等的权利。

1.2.2 健康的内涵

1.2.2.1 生理健康

生理健康就是人体生理上的健康状态。过去把生理健康定义为“能精力旺盛地、敏捷地、不感觉过分疲劳地从事日常活动，保持乐观、蓬勃向上及具有应激能力。”但是，目前有人认为，应将健康与健康行为两个概念区别开来。

健康是指循环、呼吸系统，机体的各个器官，关节活动和肌力都达到最低正常水平，这样就有助于减少退行性疾病发生的危险性。健康行为要求健康达到一定水平，并与敏捷性、速度、肌肉的耐受性和收缩力有关，能使机体更好地从事职业与娱乐方面的生理活动。

世界卫生组织提出了衡量健康的10项标准：（1）精力充沛，能从容不迫地应付日常生活和工作；（2）处事乐观，态度积极，乐于承担任务，不挑剔；（3）善于休息，睡眠良好；（4）适应环境，应变能力强；（5）对一般感冒和传染病有一定抵抗力；（6）体重适当，体态匀称；(7) 眼睛明亮，不发炎，反应敏捷；(8) 牙齿清洁，无缺损，无疼痛，牙龈颜色正常，无出血；(9) 头发有光泽，无头屑；(10) 骨骼健康，肌肉、皮肤有弹性，走路轻松。

1.2.2.2　心理健康

国外学者们对心理健康的标准作了一些表述。例如，英格里士认为“心理健康是指一种持续的心理情况，当事者在那种情况下能做良好适应，具有生命的活力，且能充分发展其身心的潜能；这乃是一种积极的丰富情况。不仅是免于心理疾病而已”。麦灵格尔认为：“心理健康是指人们对于环境及相互间具有最高效率及快乐的适应情况。不仅是要有效率，也不仅是要能有满足之感，或是能愉快地接受生活的规范，而是需要三者俱备。心理健康的人应能保持平静的情绪、敏锐的智能，适于社会环境的行为和愉快的气质。”

人的心理健康应包括七个方面：智力正常、情绪健康、意志健全、行为协调、人际关系适应、反应适度、心理特点符合年龄。

了解与掌握心理健康的定义对于增强与维护人们的健康有很大的意义。人们掌握了健康的标准，可以以此为依据对照自己，进行心理健康的自我诊断。

现在对心理健康的标准是这样定义的：(1) 具有充分的适应力；(2) 能充分地了解自己，并对自己的能力做出适当的评价；(3) 生活的目标切合实际；(4) 不脱离现实环境；(5) 能保持人格的完整与和谐；(6) 善于从经验中学习；(7) 能保持良好的人际关系；(8) 能适度地发泄情绪和控制情绪；(9) 在不违背集体利益的前提下，能有限度地发挥个性；(10) 在不违背社会规范的前提下，能恰当地满足个人的基本需求。

1.2.2.3　生殖健康

所谓生殖健康，是指人类在整个生命过程中，与生殖有关的一切活动，应在生理、心理和社会适应诸方面处于良好的健康状态。这说明，为了保持生殖健康，既需要建立正确的性观念，避免未婚先孕、人工流产，做好性病与艾滋病的防治等工作；还要接受避孕节育、不孕不育、夫妻性生活指导、妇产和疾患、男性科疾患等方面的性保健知识的指导。

生殖健康的内容主要有以下几点：(1) 人们能够有满意而安全的性生活；(2) 有生育能力；(3) 可以自由而负责地决定生育时间和生育数目；(4) 夫妇有权知道和获取他们所选定的安全、有效、负担得起和可接受的计划生育方法；(5) 有权获得生殖健康服务；(6) 妇女能够安全地妊娠并生育健康的婴儿。

由此可知，男女平等是生殖健康概念的基础，妇女权利是生殖健康的核心，强调服务对象的需求、参与、选择和责任是生殖健康的特点。同时，这些内容都必须是受到法律保护的。

1.2.2.4　道德健康

英国哲学家赫·斯宾塞指出：“完美的道德是行为的准则，有了这种准则，痛苦就可以避免。”

所谓道德健康，指的就是能够按照社会规范的准则和要求来支配自身的行为，把个人行为置于社会规范之内。

把道德健康纳入健康的大范畴，是有其道理及科学根据的。巴西医学家马丁斯经过10年的研究发现，屡犯贪污受贿罪行的人，易患癌症、脑出血、心脏病、神经过敏等病症而折寿。而良好的心理状态，能促进人体内分泌更多有益的激素、酶类和乙酰胆碱等，这些物质能把血液的流量、神经细胞的兴奋调节到最佳状态，从而增强机体的抗病力，使人们健康长寿。

作为国家未来的建设者，具备良好的道德素质是青少年学生的立身之本。

1.2.2.5 社会适应

社会适应指的是，个人为与环境取得和谐的关系而产生的心理和行为的变化。它是个体与各种环境因素连续而不断改变的相互作用过程。每个人一生都会不断面临新的情境，每一发展阶段也都有特定的要求，比如人格发展、对父母的心理上的独立、职业选择、人际关系、婚姻、家庭、退休、死亡等。社会适应是持续一生的过程。

在知识经济时代，人们获取知识的方式和途径在悄然发生变化，而且随着生活节奏的加快，人际关系变得更加复杂，在日趋激烈的社会竞争中，伴随各种不同价值取向而产生的迷惘、困惑、抑郁、孤独与失望情绪，都是对现代人的巨大考验。

因此，个体的行为能适应复杂的社会环境变化，能为他人所理解，为社会所接受，行为符合社会身份，形成与保持和谐的人际关系，适应社会的要求显得尤为重要。只有学会选择适合自身的价值观和人生态度，并有效建立起促进个人发展的精神背景和自我引导机制，才能够按社会运行法则，更好地处理好个人与社会条件之间的矛盾。

1.2.3 亚健康

1.2.3.1 什么是亚健康

亚健康是指非病非健康状态，是处于疾病与健康之间的一种生理机能低下的状态，故又有“次健康”“第三状态”“中间状态”“游离状态”“灰色状态”等称谓。亚健康状态是很多疾病的前期征兆，如肝炎、心脑血管疾病、代谢性疾病等。亚健康人群普遍存在高负荷（心理和体力）、高血压、高血脂、高血糖、高体重、免疫功能低等症状。

国内外的研究表明，现代社会符合健康标准者也不过占人群总数的15%左右。有趣的是，人群中已被确诊为患病，属于不健康状态的也占15%左右。如果把健康和疾病看做是生命过程的两端的话，那么它就像一个两头尖的橄榄，中间凸出的一大块，正是处于健康与有病两者之间的过渡状态——亚健康。

亚健康是一种临界状态，处于亚健康状态的人，虽然没有明确的疾病，但却出现精神活力和适应能力的下降，如果这种状态不能得到及时的纠正，非常容易引起心身疾病。处于亚健康状态的人，除了疲劳和不适，不会有生命危险。但如果碰到高度刺激，如在熬夜、发脾气等应激状态下，很容易出现猝死，就是“过劳死”。

1.2.3.2 亚健康的形成

医学研究表明，如下人群易患亚健康：（1）精神负担过重的人；（2）脑力劳动繁重者；（3）体力劳动负担比较重的人；（4）人际关系紧张、负担比较重的人；（5）长期从事简单、机械化工作的人（缺少外界的沟通和刺激）；（6）压力大的人；（7）生活无规律的人；（8）饮食不平衡、吸烟酗酒的人。

“冰冻三尺非一日之寒”，促使亚健康形成的主要因素有心理、社会、环境、营养、劳动、运动、生活方式与行为、气象生物、服务等诸多方面，每个因素都有特定的内容又相互关联。例如，嗜烟、酒成癖，烟碱、酒精缓慢损害机体；劳逸失度、娱乐过度、紧张、睡眠不足，引起机体代谢紊乱；饮食无节制、营养不合理、吸收失控、体液（血液）酸碱度（pH 值）失衡，给健康造成潜在危害；环境（空气、水源、阳光、花草、噪声等）遭受污染，人体受到细菌、病毒、寄生虫及化学物质的感染等。

1.2.3.3 如何摆脱亚健康的困扰

从亚健康易患人群的特点和亚健康产生的原因我们可以看到，社会环境压力和人的自我调节能力是与亚健康密切相关的外部和内部因素。因此，要摆脱亚健康的困扰，可以从以下几个方面着手：

一是保证合理的膳食和均衡的营养。其中，维生素和矿物质是人体所必需的营养素；维生素 A 能促进糖蛋白的合成，细胞膜表面的蛋白主要是糖蛋白，免疫球蛋白也是糖蛋白。维生素 A 摄入不足，呼吸道上皮细胞缺乏抵抗力，常常容易患病。维生素 C、B 族和铁等对人体尤为重要；除此之外，微量元素锌、硒、维生素 B1、B2 等多种元素都与人体非特异性免疫功能有关。

二是调整心理状态并保持积极、乐观的心态。广泛的兴趣爱好，会使人受益无穷，不仅可以修身养性，而且能够辅助治疗一些心理疾病。善待压力，把压力看作是生活不可分割的一部分，学会适度减压，以保证健康、良好的心境。

三是及时调整生活规律，劳逸结合，保证充足的睡眠；适度劳逸是健康之母，人体生物钟正常运转是健康保证，而生物钟“错点”可能是亚健康的开始。

四是增加户外体育锻炼活动，每天保证一定运动量，加强自我运动可以提高人体对疾病的抵抗能力。

五是戒烟限酒。医学证明，吸烟时人体血管容易发生痉挛，局部器官血液供应减少，营养素和氧气供给减少，尤其是呼吸道黏膜得不到氧气和养料供给，抗病能力也就随之下降。少量饮酒有益健康，但嗜酒、醉酒、酗酒会削减人体免疫功能，必须严格限制。

1.2.4 影响健康的因素

1.2.4.1 行为和生活方式

（1）行为。行为是有机体在外界环境刺激下所引起的反应，包括内在的生理和心理变化。人类的行为表现错综复杂，但基本规律是一致的，即它是人类为了维持自身的生存和种族的延续，在适应复杂的、不断变化的环境时所做出的反应。由于人所具备的生物性和社会性，人类的行为有本能的和社会的两大类。个体的社会性行为是人与周围环境相适应的行为，是通过社会化过程确立的。行为是影响健康的重要因素，几乎所有影响健康因素的作用都与行为有关。例如，吸烟与肺癌、缺血性心脏病及其他心血管疾病密切相关。酗酒、吸毒、不良性行为等也严重危害人类健康。

（2）生活方式。生活方式是一种特定的行为模式，这种行为模式受个性特征和社会关系所制约，是在一定的社会经济条件和环境等多种因素之间的相互作用所形成的，建立在文化继承、社会关系、个性特征和遗传等综合因素基础上的稳定的生活方式，包括饮食习惯、社会生活习惯等。由于受一些不良的社会和文化因素影响，许多人养成了不良的生活方式，导致了慢性非传染性疾病、性病和艾滋病的迅速增加。近年来，我国恶性肿瘤、心血管病和脑血管病已占总死亡原因的 61%。据美国调查，只要有效地控制行为危险因素，如不合理饮食、缺乏运动锻炼、吸烟、酗酒和滥用药物等，就能减少 40%～70%的早死、1/3 的急性残疾以及 2/3 的慢性疾病。

1.2.4.2 环境

（1）自然环境。自然环境是指影响人类生存和发展的各种天然的和经过人工改造的自然因素的总体，包括大气、水、土地、矿藏、森林、野生生物、各种自然和人工区域（包括自然保护区、风景名胜区、城市和乡村），以及自然和人文遗迹等。这些因素组成了人类的生活环境，它们影响着人类的生存和发展，而自然界中直接影响生态系统的平衡与发展，组成与人类的生活环境密切相关的环境因素，则称为生态环境。在自然界中，每一种动植物群体，都需要有一定的生存环境条件，如气候、土壤、地理、生物及人为条件等。这些条件环境与人类的关系是对立统一的。一方面，人类的生存和繁衍依赖于环境；另一方面，当环境作用于人类、服务于人类时，又直接或间接地受人类活动的影响。符合自然和社会发展规律的人类活动，能够改善环境；违反自然和社会发展规律的人类活动，会导致环境恶化。

（2）社会环境。社会环境包括社会制度、法律、经济、文化、人口、民族及职业等。社会制度确定了与健康相关的政策和资源保障，法律、法规确定了对人健康权利的维护，经济决定着与健康密切相关的衣、食、住、行，文化决定着人的健康观及与健康相关的风俗、道德、习惯，人口拥挤会给健康带来负面的影响，民族习惯影响着人们的饮食结构和生活方式，职业决定着人们的劳动强度、劳动方式等。

1.2.4.3 生物学因素

（1）遗传。遗传是先天性因素，种族的差别、父母的健康状况和生存环境等因素，都会对下一代的健康产生较大的影响。已知人类的遗传性缺陷和遗传性疾病近3000种（约占人类各种疾病的1/5）。据调查，目前全国出生婴儿缺陷总发生率为13.7%，其中严重智力低下者每年有200万人。另外，遗传还与高血压、糖尿病、肿瘤等疾病的发生有关。

（2）病原微生物。从古代到20世纪中期，威胁人类健康的主要原因是病原微生物引起的感染性疾病。随着社会、经济的高速发展，人们的劳动方式和生活方式发生巨大改变，行为和生活方式逐渐取代生物学因素成为影响健康的主要因素。

（3）个人的生物学特征。个人的生物学特征包括年龄、性别、形态和健康状况等，不同生物学特征的人处在同样的危险因素下，对健康的影响大不相同。例如，儿童、少年和成年人，男性和女性，体质强壮和体质虚弱的人等。

1.2.4.4 卫生服务因素

（1）健康服务的基本功能。健康服务的功能可分为两个方面，即保健功能和社会功能。健康服务的保健功能是显而易见的，健康服务通过预防保健、治疗、康复及健康教育等措施，降低人群的发病率和死亡率；通过生理、心理及社会全方位保健措施，维护人群健康，提高生命质量。健康服务的社会功能常常被忽视，实际上，健康服务对社会的发展起着极其重要的作用。首先医疗保健服务使患者康复，恢复劳动力，延长寿命，延长劳动时间，能有效地提高生产力水平；其次，消除患者对疾病的焦虑和恐慌，不仅是维护健康的需要，而且有利于社会的安定；最后，健康服务部门是精神文明的窗口，良好、及时的健康服务对患者也是一种心理安慰，使人们体验到社会支持的存在，有利于社会凝聚力的增强。

（2）健康资源与健康。健康资源的投入量及其分布对人群健康影响极大。在发展中国家及不发达国家，健康资源投入不足的现象极为普遍。而健康资源分布不均匀在世界各国都存在，最突出的是城乡之间分布不均匀。据世界卫生组织资料，发展中国家只有1/4的城市人口，却有3/4的医生在城市工作，3/4的农村人口仅拥有1/4的医生人数。

（3）健康服务的组织实施与健康。一定的资源投入是开展健康服务必备的条件，但健康资源的投入量并非是获得健康效应的决定因素，如何使用健康资源，即如何组织实施健康服务，获得理想的健康投资效益至关重要。目前深入开展的医疗保健制度政策，以及推行自我保健、家庭保健、社区保健和健康教育等健康保健形式，目的在于合理使用健康资源，科学地组织实施健康服务，提高社会效益。

1.2.4.5 体育运动

由于劳动方式和生活方式的改变，运动缺乏成为威胁人类健康的一个重要因素。同时，科学运动的健康价值日益凸显，人们越来越关注体育在其生活中的位置，体育对人类健康的作用和意义，也是本书讲授的重点和核心。

体育是一种复杂的社会现象。它以身体与智力活动为基本手段，根据人体生长发育、技能形成和技能提高等规律，达到促进全面发育，提高身体素质和全面教育水平，增强体质与提高运动能力，改善生活方式与提高生活质量的一种有意识、有目的、有组织的社会活动。从这个含义中可以看出，体育具有生物性和社会性两种属性。1978年，联合国教科文组织颁布的《体育运动国际宪章》中明确体育是一种人权，确认体育是提高生活质量的手段，体育能培养人类的价值观念，说明体育对人类的生存和发展具有重要的影响。从体育的含义中可以看出体育对促进健康具有广泛的作用，特别是在改善生活方式与提高生活质量方面，体育展示了其独特的作用和魅力。

在人类发展史上，体育作为一种积极的人类行为和特殊的社会文化现象，一直伴随着社会的发展、文明的进步而发展，并对人类的进化和社会的发展起到了巨大的促进作用。健康的生活方式可以预防“文明病”的发生、发展，而体育运动作为健康生活方式的重要内容，对人类健康始终起着独特的支撑作用，是维护人们身心健康最有效、最有益的办法。以健康的生活方式去对抗周围那些不利于健康的因素，是维护身体健康的一个古老哲理的现实回归。

1.2.4.6 营养

合理的营养是保证人体健康的重要因素。营养过剩或不足都有损于健康。评价居民营养状况包括居民摄入热量及食物的营养结构。前者是衡量人群摄入的食物是否能维持基本生命功能，后者则是分析摄入食物中各种营养素比例的合理性。

评价居民营养与健康的另一方面，即摄入的营养素是否合理，是否有利于防止疾病，促进健康。根据食物提供的热量计算，人均蛋白质、脂肪、糖类（碳水化合物）三大营养素摄入的适合比例为3∶4∶3，其中蛋白质以动物蛋白质及植物蛋白各占50%为宜。这种标准既保证机体对各种营养素的需要，又有利于预防常见的慢性病，如心血管疾病等。目前，发达国家居民膳食中，动物蛋白及脂肪含量偏高；而发展中国家及不发达国家居民膳食中蛋白质及脂肪比例偏低。

我国居民人均日摄入热量在2600千卡以上，即居民平均食物摄入量基本足够，但食品结构不太合理。糖类占总热量的75%以上，蛋白质占总热量的10%左右，脂肪占总热量的15%左右，蛋白质及脂肪比例偏低。以谷物为主的膳食结构，虽然有利于慢性病的预防，但营养比例不太合理，尤其是蛋白质比例低下，不利于提高居民的身体素质。

此外，膳食中各种微量元素是否足够，比例是否合理，与一些地方病及营养缺乏病的发生有着密切的关系。因此，调查居民膳食微量元素含量的比例，也是评价居民营养状况的重要指标。由于地理原因及饮食不当，造成某些人群膳食中一些微量元素缺乏的现象普遍存在。

1.2.5 健康教育

从世界范围讲，健康教育作为一个专业领域出现，始于20世纪20年代，发展于20世纪70年代。健康教育的发展与疾病谱的变化关系密切。当人们发现那些与自己行为和生活方式相关的健康与疾病问题不能通过使用化学药品及高科技产品和技术治疗时，开始寻找通过健康教育改变人们的行为和生活方式来促进健康。因此，世界卫生组织在著名的《阿拉木图宣言》中强调：健康教育是初级卫生保健各项任务当中的首要任务。

1.2.5.1 健康教育的概念及目的

（1）健康教育的概念。健康教育是由医学（预防医学）、心理学、传播学、社会学、教育学、行为学、社会市场学等学科理论相互融合，并发展形成了自己独立学科特点的一门交叉学科，同时，拥有自己独特的领域与特点。从完整实施健康教育计划的角度上讲，健康教育是“有计划、有组织、有系统的教育活动”，但没有组织的个人（如健康教育人员、卫生人员等）在没有预先计划的情况下，按照健康教育的原理和方法，对不良行为和生活方式进行干预、帮助目标对象实现认知、信念和行为改变所进行的活动，以及从事这些活动的过程也是健康教育。

（2）健康教育的目的。健康教育是以教育、传播、干预为手段，以帮助个体和群体改变不良行为和生活方式、建立健康行为为目标，以促进健康为目的所进行的一系列活动及其过程。向受教育群众传播有关健康信息，对目标人群进行健康观、价值观的认知教育以及保健技能的培训，针对特定行为进行干预，通过这些系列工作可以有效地帮助工作对象掌握健康知识，树立正确的健康价值观、改变不良行为、采纳健康行为，避免危险因素，预防疾病，主动创造健康，最终提高健康水平。

1.2.5.2 健康教育的特点

（1）多学科性和跨学科性。健康教育的理论是由多门学科发展而来的，因此健康教育除了具有自然科学特征外也具有社会科学的特点，综合来看更接近社会科学，这是健康教育的一个重要学科特点。

（2）以行为改变为主要目标。健康教育的一切内容都是围绕人的行为和生活方式而确立的，所以改变人们的不健康行为和生活方式、帮助其建立有利于健康的行为和生活方式是健康教育的一项重要工作目标。

（3）以传播、教育、干预为手段。健康教育要达到促进目标人群健康的目的，首先要把改变其行为和生活方式作为工作的重点，必须通过各种方式进行健康信息传播、教育和干预来促使人们的行为发生改变。

（4）注重计划的设计和效果的评价。全面的、完整的健康教育项目应该从科学的设计开始。健康教育是健康教育工作者通过深入人群和社区中去调查，发现人们存在的健康问题后进行诊断、分析而建立的健康教育项目的主要内容、方向和目标。

当健康教育项目有组织、系统地、完整地实施完成后，其实施过程和效果进行评价也是健康教育的另一项重要内容。

1.2.5.3 健康教育的作用

（1）健康教育能帮助人们建立健康的生活方式。卫生保健的目的是消除或减少不健康的行为因素来达到预防疾病、促进健康的目的。行为学的研究表明，知识与行为之间虽有重要联系，但不全是因果关系，一个人的行为除了与其知识有关外，与其价值观和信念也有关系，与其成长和生活的环境更有直接关系。

知识是行为的基础，但由知识转变成行为尚需要具备一定的外部条件，健康教育除了传播知识外还要创造条件满足知识转变成行为需要的外界条件。比如，我们在教学中发现，医学生都知道过量饮酒影响健康和学习，但同学聚会时他们还是会或多或少地饮酒，影响身体健康和学习。不是他们不懂过量饮酒的危害，也不是他们不知道酒是成瘾物质，而是习惯使然。大多数同学都会认为如果聚会不饮酒就没意思，影响气氛。这是他们的信念和价值观存在着不健康的因素，要改变他们的这种行为，就需要用行为干预的方法来帮助他们戒除这种不良行为。健康教育的作用就在于把健康知识转变成健康行为，这是一门科学，除了要有相关的知识外，也需要技术和技巧，更需要爱心和耐心。

（2）健康教育能够有效地预防慢性非传染性疾病。多种慢性非传染性疾病都直接或间接地影响健康的生活方式，如高血压、冠心病、肥胖、糖尿病、恶性肿瘤、高脂血症、高胆固醇血症等。当今有45%~47%的疾病与行为和生活方式有关，而死亡的因素中有60%与行为和生活方式有关。在美国，不健康生活方式占总死因中的49%~60%，在我国占37.3%。从20世纪80年代初期开始，我国的经济出现了持续稳定的发展，人民的生活水平提高了，生活方式也发生了明显的变化，在这些变化中有的有利于健康，如国家卫生城市的建设、卫生条件的改善和个人卫生意识的提高；住房条件的改善，使更多的人开始讲究个人和家庭卫生；物质的丰富和收入的提高，使更多人增加了蛋白质的摄入量；环境保护意识的提高使人类的生存环境更加有利于人们的身心健康。但是另一方面，随之带来的对健康不利的因素也在增加，如环境的污染；食物过于精细；油脂的摄入量大大超过人体的需要；汽车、电脑的出现使运动和体力活动减少；精神压力的增大，人际关系的紧张；药物滥用、烟酒消耗量的增加……正是这些不利于健康的行为和生活方式，导致了我国慢性非传染病患病率的升高。

在我国，1979年高血压的患病率为7.73%，而2011年则上升到了11.88%。自20世纪80年代以来，我国多数地区超重的人数增加了2~6倍，而糖尿病的患病率从1998年的4.76%上升到2012年的5.90%，北京市已达10.4%（北京市1990年只有4.56%）。

2017年我国对21个省、市、自治区的36个市和90个县进行调查表明，导致城市地区死亡原因前10位的依次是：恶性肿瘤，脑血管病，心脏病，呼吸系统疾病，损伤和中毒，消化系统疾病，内分泌、营养和代谢及免疫疾病，泌尿生殖系疾病，精神病，神经病。导致农村地区死亡原因前10位的依次是：呼吸系统疾病，脑血管病，恶性肿瘤，心脏病，损伤和中毒，消化系统疾病，泌尿生殖系统疾病，肺结核，新生儿病（以出生活产数为分母），内分泌、营养和代谢及免疫疾病。当前甚至在以后相当长的一段时间，对某些慢性非传染性疾病人们还不会有更好的治疗方法，也很难找到预防的疫苗，因此，慢性非传染性疾病对21世纪人们的健康构成了巨大的威胁。

（3）健康教育能够有效预防与行为相关的传染病。当今流行严重的某些传染病虽然是微生物引起的结果，但也与人类诸多不健康的生活方式和行为方式密切相关。例如，性传播疾病、艾滋病、甲型肝炎、乙型肝炎和非典型肺炎等传染病就直接与不健康的生活方式相关。

目前，全世界艾滋病病毒感染者已经超过6000多万人，我国已经达到了100多万人。艾滋病不仅严重侵害着人们的身心健康和生命安全，也威胁着我们的国民经济和国家安全。因此，运用健康教育手段广泛传播预防知识，干预高危行为，是预防艾滋病的有效措施。即使以后研制出了艾滋病疫苗，通过健康教育建立健康行为仍然是预防艾滋病不可缺少的重要手段。另外，控制其他的行为相关传染病也是如此。

（4）健康教育能有效维护大学生身心健康。随着社会和经济的发展，竞争越来越激烈，校园内大学生的心理卫生问题越来越突出。维护大学生的身心健康日益受到人们的重视。目前，大学生中因心理障碍休、退学的人数逐年上升，并成为休、退学原因的第一位。有资料显示，有16.79%的学生存在较严重的心理卫生问题，其中偏执、人际关系敏感、强迫症、性困惑和人际关系淡漠无助等问题较多。在大学里全面开展健康教育是维护大学生身心健康的最有效途径。通过对健康教育前后的调查结果显示，健康教育前后大学生的心理健康状况有明显改善。

（5）健康教育能满足全社会人群对保健知识的需要。经济的发展、人民群众的生活和教育水平的提高，使人们的健康需求也从有病能够治疗，发展到对医疗保健服务要求的提高及健康知识的需求和疾病的预防上。此外，人们也越来越重视心理健康，不仅要求身体避免遭受疾病的侵袭，而且也希望能够在精神和心理方面获得帮助和指导。要满足全社会人群的这种需求，只有通过健康教育才能得到解决。随着科学技术的发展，先进的诊断和治疗手段的不断进步，人类战胜疾病的能力增强了，人类的平均寿命大大延长了。我国自20世纪90年代初以来，人均医疗费用年增长率在20%以上，如果不进行全民健康教育，在未来的几十年内还将有更快的增长，国家和家庭的医药费用开销将是惊人的，近几年来，因为经济而放弃治疗的病人不在少数，因此，最好的办法就是有效地减少慢性非传染性疾病的发生。健康教育就是预防和减少慢性疾病发生的一种有效手段，从战略上看，健康教育能有效地降低医疗费用的支出，保障人民的健康。

1.3 体育锻炼与身心健康

1.3.1 体育锻炼对学生生理健康的影响

（1）体育锻炼对骨骼、肌肉的影响。科学调查证明，同年龄、同性别的青少年，经常运动的人比不运动的人身高高4~7厘米。这是因为，体育运动能使骨髓变粗，促使骨髓增长，有助于身体长高。同时，经常运动的人的关节活动范围也大得多，关节的牢固性也比一般人强，从而提高了骨的抗断、抗弯、抗压等方面的能力。因此。体育锻炼，能使肌肉发达、结实、健壮、匀称、有力。

（2）体育锻炼对心肺功能的影响。研究表明，经常进行体育锻炼的人，心脏的重量、直径、容积均比一般人的大，心脏具有更强的工作能力。专家认为，坚持运动至少使心脏推迟衰老10~15年。经常锻炼可促进体内脂肪的消耗，并能使具有保持性的高密度脂蛋白增加，同时还能加速代谢，减少脂质在血管壁的沉积，保持与增加血管壁的良好弹性，起到预防心血管系统疾病的作用。

体育锻炼还能大大增强肺功能。安静时一般人每分钟呼吸12~16次，每次呼吸吸入新鲜空气约500毫升，每分钟肺通气量约为6~8升。剧烈运动时呼吸次数可增至每分钟40~50次，每次吸入空气达2500毫升，为安静时的5倍，每分钟肺通气量可高达70~120升，因此，呼吸器官在体育锻炼中可得到很大的锻炼。经常进行体育锻炼还有助于呼吸肌力量增大，胸廓活动性增强，肺泡具有更好的弹性。

（3）体育锻炼有助于减缓衰老。经常参加体育运动能延缓各器官系统功能减退的进程，提高人体对内外环境的适应能力。大量的研究表明，不运动的人，从30岁开始，身体功能就开始下降，到55岁身体功能只相当于他最健康时的2/3。经常参加运动的人到四五十岁时其身体功能还相当稳定，60岁时，其心血管系统的功能大约相当于二三十岁不运动的人。

1.3.2　体育锻炼对学生心理健康的影响

（1）体育锻炼有助于发展智力。智力是个体圆满完成工作、学习任务的基础条件。经常参加体育锻炼可以使个体的注意、记忆、观察、思维和想象等能力得到充分发展，提高活动效率，还可以使其获得良好的情绪体验、乐观自信、精神振奋、精力更加充沛，从而对人的智力功能具有促进作用。

研究表明，由于体育锻炼能有效地促进血液循环，增强心肺功能，使大脑获取更多的氧气，给大脑的记忆和思维能力提供必要的物质保障，能够提高脑力劳动的效率。另一方面，体育活动不仅能使神经系统的兴奋和抑制过程更加有效，使其对各种刺激的反应更加迅速、准确，为智力的发展奠定物质基础，而且还可以提高人的视觉、听觉、本体感觉、神经传导速度、神经过程的均衡性和灵活性，促进神经系统功能的增强。

人们在学习的过程中，大脑皮层的相关区域处于高度兴奋状态，并随着学习时间的延长而产生疲劳感，导致学习效率下降。而体育活动的参与，有助于大脑皮层的相关区域形成兴奋与抑制合理交替的机制，降低疲劳感，提高文化学习的效率，此外个体的体质增强，身体机能水平的提高有助于充分地挖掘与开发学习的潜力。

（2）体育锻炼有助于获得良好的情绪体验。情绪状态的调控能力是衡量体育锻炼对心理健康影响的最主要的指标。个体在复杂多变的社会环境中，常常会产生紧张、压抑、忧虑等不良情绪反应，体育锻炼可以使个体从烦恼和痛苦中摆脱出来，降低应激水平，使处理应激情境的能力增强。研究表明，经常参加身体锻炼者的状态焦虑、抑郁、紧张和心理紊乱等消极的心理变量水平明显低于不参加身体锻炼者，而愉快等积极的心理变量水平则明显要高一些。

体育锻炼之所以能够调节情绪，是因为体育锻炼的参与者能体验到运动带来的愉快感觉。心理学家认为，适度负荷的体育锻炼能够促进人体释放一种多肽物质——内啡肽，它能使人们获得愉快、兴奋的情绪体验。因此参加体育锻炼，尤其是参加那些自己喜爱和擅长的体育锻炼，可以使人从中得到乐趣，振奋精神，从而产生良好的情绪状态。

（3）体育锻炼有助于良好的意志品质的形成。意志品质指一个人的自觉性、果断性、坚韧性和自制力，以及勇敢顽强和独立主动的精神，是一个人行为特点的稳定因素的总和。意志品质需要在克服困难的实践过程中培养。体育锻炼本身就要不断克服困难（气候条件的变化、动作的难度或外部障碍等）和主观困难（如胆怯和畏惧心理、疲劳和运动损伤等），才能取得成功。体育锻炼的参与者努力克服主客观方面的困难，培养自身良好的意志品质。任务越困难，对个体的意志锻炼的作用越大，而良好的意志品质对于人的活动（尤其是体育锻炼）效果具有重要的意义。

（4）体育锻炼使自我概念更为清晰。自我概念是个体主观上对自己的身体、思想和情感等的整体评价，它是由许多的自我认知所组成的，例如我是什么人、我主张什么、我喜欢什么、我不喜欢什么等，包括社会方面的自我概念和身体方面的自我概念等。其中，身体方面的自我概念包括身体表象和身体自尊。身体表象是指头脑中形成的身体图像。身体自尊则主要包括一个人对自己运动能力的评价、对自己身体外貌（吸引力）的评价以及对自己身体的抵抗能力和健康状况的评价。

身体表象和身体自尊障碍在正常人群中是普遍存在的，据报告，54%的大学生对他们的体重不满意。与男性相比，女性倾向于高估身高和低估体重，而且，身体肥胖的个体更可能有身体表象和身体自尊方面的障碍。身体表象和身体自尊与整体自我概念有关，无论是男性还是女性，对身体表象的不满意会使其身体自尊变低，并产生不安全感和抑郁症状。

坚持体育锻炼可使体格强壮、精力充沛，因而，体育锻炼对于改善人的身体表象和身体自尊至关重要。研究表明：锻炼者比非锻炼者具有更积极的总体自我概念；体能强的人比体能弱的人倾向于具有更高水平的自我概念和更高的身体概念；肌肉力量与身体自尊、情绪稳定性、外向性格和自信心呈正相关，并且加强力量训练会使个体的自我概念显著增强。因此，更积极的自尊心、更高水平的身体概念和自我概念与高水平的体能状况相关。

（5）体育锻炼有助于形成和谐的人际关系。现代社会生活节奏的加快使人们越来越趋向封闭的状态，从而造成人与人之间感情交流缺乏，人际关系疏远。体育锻炼则打破了这种封闭，让不同职业、年龄、性别、文化素质的人相聚在运动场上，进行平等、友好、和谐的交往，使人们互相之间产生信任感，有效进行情感和信息的交流，互相之间产生一种默契和交融。研究表明，增加与社会的联系会给个体带来心理上的益处。马塞（Massie）等人 1971 年的调查发现，外向性格者比内向性格者的社会需要更强烈，这种社会需要可以通过跳舞、球类、做操等集体性活动来得到满足。

由此可见，人们可以通过体育锻炼来认识更多的朋友，大家和睦相处、友爱互助，这种良好的人际关系将令人心情舒畅、精神振奋。

（6）体育锻炼有助于消除心理疾患。社会竞争的日益激烈和生活压力的加大可能会使许多人产生悲观、失望的情绪，进而导致忧郁、孤独、焦虑等各种心理障碍的产生。人们参加某个项目运动并坚持锻炼，其生理技能、身体素质将会得到改善，也会相应掌握并发展一些运动的技能和技巧。由此，个体会以自我锻炼反馈的方式传递其成就信息与大脑，从而获得自我成就的认知和情感体验，产生愉快、振奋和幸福感。因此，适宜的体育锻炼能使有心理障碍的个体获得心理满足，产生积极的成就感，从而增强自信心，摆脱压抑、悲观等消极情绪，并消除心理障碍。

许多国家已将体育锻炼作为心理治疗的手段之一。美国的一项调查显示，1750 名心理医生中，80%的人认为体育锻炼是治疗抑郁症的有效手段之一，60%的人认为应将体育活动作为一个治疗手段来消除焦虑症。临床研究表明，通过参加一些如慢跑、散步、徒手操等身体练习能有效地减轻焦虑和抑郁症状，增强自信。除此之外，有关体育锻炼的心理治疗效应还反映在对精神分裂症、酒精和滥用药物、体表体型症状的研究等方面。

就目前而言，这些心理疾病的病因以及体育锻炼有助于治疗心理疾病的基本机制尚未完全清楚，但体育锻炼作为一种心理治疗手段在国外已开始流行起来。在学生中，通过体育锻炼可以减缓或消除由于学习和其他方面的挫折而引起的焦虑和抑郁等症状，为不良情绪的宣泄提供一种合理有效的手段，防止心理障碍或疾病的发生。

总之，体育锻炼不仅能有效地促进智力的发展、调节情绪、培养良好的意志品质、增强自我概念、改善人际关系，增进心理健康，使个体发挥最优的心理效能。

思考训练

(1) 结合你的亲身感受，谈一谈你对体育运动的理解。
(2) 为什么说健康是“1”，其他都是“0”，只有有了“1”，其他的“0”才有意义?
(3) 如何理解健康教育?
(4) 体育锻炼对心血管系统和呼吸系统有哪些良好的影响?
(5) 讲述一段自己在体育运动后感到心情愉快的经历。
(6) 针对自己某方面的不足，谈谈如何通过体育锻炼进行纠正。

2 体育卫生与营养保健

学习要点

（1）了解体育锻炼的卫生常识；
（2）学会预防运动损伤；
（3）掌握常见运动损伤的简单处理方法。

2.1 体育卫生常识

良好的运动习惯是人们保持健康的重要手段，需要大力推广和发展。但是运动中不可避免地要出现一些偏差，比如运动创伤、过度疲劳、运动卫生、饮食卫生等问题。人们需要掌握一些运动生理学、健康与成长发育、运动创伤的预防与急救等有关基础知识，用以指导人们正常的运动训练，获得最佳的锻炼效果，不断提高自身的身体素质，让健康陪伴您一生。

2.1.1 体育锻炼前做好准备活动的重要性

体育锻炼前的准备活动可以提高大脑皮层神经细胞的兴奋性，更好地调节各器官系统的功能，可使人体各器官从相对安静状态逐步过渡到运动状态，降低肌肉及韧带的力量和弹性，使各器官功能在正式运动前预先得到提高，为剧烈运动做好准备。准备活动还能消除运动者心理上的不良紧张或抵制状态，使体温升高、神经系统传播速度加快，从而提高呼吸系统和心血管的功能，加强体内物质代谢，有助于一般性运动能力得到提高。高质量的准备活动还可以使各器官系统功能相互适应和协调，在运动时保持最高水平，有利于帮助运动员取得优异成绩和防止运动损伤。

准备活动一般有快走、慢跑及原地连续性徒手体操等全身性活动形式。在这些活动之后，最好再做一些与主项运动内容有关的模仿练习动作。准备活动持续时间的长短和强度的大小，应根据运动者年龄、身体情况、训练水平差异而定。在夏季，准备活动不要太久，以免引起疲劳。准备活动与正式运动之间有 1~3 分钟的间隔较为适宜，切忌准备活动后休息时间过长而使准备活动失去作用。

2.1.2 体育锻炼的适度原则

体育锻炼时要掌握适度原则，就是要求锻炼者在运动过程中保持合理的运动量。

运动量是指人体在运动中所完成的生理负荷量，也称运动负荷。运动量的大小与运动强度、运动持续时间、运动频率、年龄、运动项目特点、运动时的用力程度、节奏、姿势等多方面因素有关。运动强度是运动量中最主要的因素，代表运动的激烈程度。一般可以凭借如下两种方法掌握运动量。

（1）适宜心率法。在运动生理学中，“适宜心率”是指健康成人在取得较好的锻炼效果时的心率，此时的心率大致在120~160次/分之间，是最大心率的70%~80%。通常可以用“180－年龄”的得数作为自己在运动中的适宜心率。

（2）用运动后脉搏恢复到安静水平的时间来划分运动量。

1）大运动量运动结束时脉搏达150~180次/分，经过50~60分才能恢复到安静时的水平。

2）中运动量运动结束时脉搏达120~150次/分，经过20~30分可以恢复到安静时的水平。

3）小运动量运动结束时脉搏达90~120次/分，经过5~10分即可恢复到安静时的水平。

如果运动后1小时仍不能恢复到安静时的脉搏次数，则表示运动量过大。对于青年人来说，每次运动应持续15~60分以上，其中保持适宜心率的时间在10~15分以上，才能达到锻炼效果。

2.1.3 体育锻炼后的整理活动

当急速地停止剧烈的运动时，一般人都会产生头晕眼花等感觉，或遗留下严重的疲劳感。这是因为突然停止运动时，运动中持续亢进的机体生理功能，不可能一下子恢复到正常水准，各器官功能间失去平衡，特别是植物神经功能的紊乱，会造成上述症状。因此，在剧烈运动后不可立即进入安静状态，而应继续进行一段时间的轻量运动，使亢进的功能逐渐恢复到基础水准。这种在高强度运动之后的轻量运动，称为整理活动或整理体操。

（1）整理活动通常包括以下内容：

1）1~2分钟的缓步慢跑或步行；

2）下肢的柔软体操和全身的伸展体操；

3）上肢肌肉群的按摩（特别要针对运动后容易痉挛的肌肉群）或自我抖动肌肉的放松动作。

（2）整理活动的顺序。美国福斯克提出一条原则，就是整理活动内容的安排顺序和准备活动完全相反。根据这一原则，整理活动可先慢跑或步行一些时间，然后做和训练内容有关的专门性整理活动，如伸展四肢抖动肌肉、局部按摩等放松动作。

（3）水浴和洗澡。在运动后进行淋浴，可使心情爽快，促进疲劳消除。特别是在大量出汗后，沐浴更是不可缺少的。洗澡不仅可以清洁皮肤，还可促进血液循环，加速体内废物的排泄，促进疲劳的消除。但是，剧烈运动后一般不宜立即进行冷水或热水浴。水温以微热为好，池浴比沐浴的效果更好。适应解除疲劳的水温是40°C左右，介于热、温水浴之间。时间为10~20分钟左右为宜。

（4）睡眠。睡眠是消除疲劳最有效的手段。睡眠不足，就会加重疲劳的积累，身体的恢复就会推迟，内分泌就会紊乱，甚至次日运动时容易发生事故。因此，每个参加运动的人都应注意提高睡眠的质量，促进疲劳的消除和体力恢复。更重要的是按时睡眠，养成良好习惯，并保证有7~8小时的睡眠时间。

2.1.4 运动场地器材的卫生要求

（1）运动场地的卫生要求。为保证体育锻炼者在锻炼时的安全和卫生，运动场地器材的卫生安全是极其重要的，作为运动者绝不能忽视，否则会造成伤害或染上疾病。在室内进行体操练习时要仔细检查调整器械的连接部分，助跑道表面及弹跳板是否光滑或有铁钉露出，海绵垫要有弹性且平展，杠面要平稳清洁，室内要采光良好，无尘、无空气污染且通风良好。在游泳时应选择水质好的游泳池或水质好、无草、无漩涡的天然河流、湖泊等，以防被传染皮肤、眼睛、鼻腔和口腔等疾病或发生危险。在室外进行田径运动时要选择无凹凸、沟坎和碎石杂物的跑道，选择无砖头、石块、木棍、竹片、铁钉等杂物的沙坑。进行球类运动时应选择平坦、结实、无碎石，且场地不过硬、过滑的球场。在练习健美运动时要选择平坦、环境清洁、空气流通、没有干扰的场地进行，不仅可以避免事故的发生，还可集中注意力，使心情舒畅，有利于锻炼。

（2）运动器械的卫生要求。进行运动时使用的各种器械要符合卫生要求和技术要求，如使用的钉鞋要合脚，不能过大或过小，钉子要牢固地稳定在鞋底，不能使用断钉、缺钉或钉子歪斜的钉鞋，标枪的杆部无裂口，栏架的压陀要摆放在适当的位置等。又如单、双杠杠面除保证平整外，应经常将杠面的碳酸镁粉积物用砂纸磨除，各种海绵包垫要经常打扫除尘，并保持平展。又如使用的篮、排、足等球，应保持一定的圆度，表面光洁，皮块裂开的球不能使用。

（3）衣着要适合运动的需要。体育锻炼者对服装的选择应是衣料透气，疏松多孔，便于散热，便于吸收和蒸发汗液，要柔软轻松，否则会因多次重复摩擦而损伤肌肤。运动服大小要合适，夏天宜穿浅色单薄服装，可戴白色凉帽，冬天则应穿保暖服装，根据情况可戴手套和帽子。鞋袜大小要合脚，并富有弹性和透气，穿着要舒适，运动时切勿穿凉鞋、皮鞋或赤脚。硬、滑或过松的鞋袜会造成运动损伤。不合脚的鞋袜易引起脚部疾患，如鸡眼、汗足、脚趾变形等。

2.2 常见运动损伤的预防与处置

2.2.1 运动损伤产生的原因

造成运动损伤的原因可分为一般原因和潜在原因两种。

一般原因如下：

（1）思想因素。思想上麻痹大意，不注意科学的锻炼方法，忽视循序渐进和量力而行的原则，急于求成，不顾主客观条件的可能，盲目地或冒失地进行锻炼。在练习中对难度较大或不熟练的动作，产生畏惧和害怕心理，动作犹豫，过分紧张造成损伤；在做熟悉的动作时，疏忽大意，也容易发生损伤。

（2）准备活动不当。不做准备活动或准备活动不充分；准备活动的内容与练习内容结合得不恰当；准备活动的量过大、时间过长。

（3）身体素质差。由于身体素质差，致使肌肉力量和弹性差，关节的灵活性和稳定性不够，反应迟钝，都可成为损伤的原因。

（4）技术动作的缺点和错误。技术动作违反了人体结构与功能特点及运动的力学原理，就容易受伤，这是学习新动作时发生损伤的主要原因。

（5）带伤练习和疲劳状态下训练。在患病或伤病初愈阶段或睡眠不足、休息不好及过度疲劳的情况下，生理功能和运动能力相对下降，这时若参加剧烈运动可因肌肉力量弱、反应迟钝、身体协调性差而导致损伤。

（6）心理状态不良。心情不好情绪不高，对训练或比赛缺乏自觉性和积极性，思想不集中，急躁、胆怯、犹豫等，都容易导致动作失常而引起损伤。

（7）气候不良与场地不适应。气温过高，湿度过大，容易发生疲劳和中暑；而气温过低或潮湿，容易发生冻伤或肌肉僵硬而被拉伤；场地不平，容易引起踝关节扭伤等。

潜在原因如下：

（1）运动项目本身的技术特点，如篮球运动基本技术动作的滑步、急停、转身、变向跑和起跳上篮等，这些动作都要求膝关节处于半蹲位进行屈伸和扭转，其负担量较大，容易发生膝关节损伤。

（2）人体某些部位的解剖生理特点，如在篮球运动的损伤部位中占首位的是膝部、踝部和腰部。膝关节在半蹲位发力时，关节周围几乎没有肌肉的保护，只能依靠内侧和外侧韧带、十字及髌骨来维持关节的稳定，因此，关节的稳定性较差，容易发生“不合槽”的活动而受伤。踝关节的距骨上关节面前大后小，外侧韧带弱于内侧韧带，因此踝关节在跖屈时容易引起足内翻，造成胫腓前韧带的拉伤。

2.2.2 运动损伤的预防

（1）思想重视。体育锻炼的目的是促进身体的生长和发育，增强体质，提高健康水平，参加者要明确体育运动的目的，在思想上重视对运动损伤的预防和懂得如何进行预防。

（2）做好准备活动。准备活动要充分、有针对性，既要做一般准备活动，也要做专项准备活动。准备活动的内容与运动量应依训练内容、比赛情况、个人机体状况、气象条件等而定。

（3）加强易伤部位的训练。有针对性的加强容易受伤和相对较薄弱部位的肌肉力量和伸展性练习，提高它们的功能，是积极预防运动损伤的一种有效手段。

（4）科学训练，防止疲劳状态下大运动量训练。运动量、运动强度和动作难度必须与身体状况和训练水平相适应。要遵循渐进和区别对待的原则。学习动作时，要从简到繁，由易到难，从分解到完整动作。

（5）加强保护和自我保护。运动员要学会自我保护的方法，防止损伤的出现。例如：当重心不稳而快摔倒的一瞬间，要立即低头、屈肘团身，以肩背部着地，顺势滚翻，绝不可用手直臂撑地，以免发生腕部或前臂骨关节脱位。在进行力量器械练习时，应有懂得保护方法的人和教练进行保护，以防止意外事故的发生。

2.2.3 常见运动损伤的处置

2.2.3.1 软组织损伤

这类损伤可分为开放性损伤和闭合性损伤两类。前者有擦伤、撕裂伤、刺伤等；后者有挫伤、肌肉拉伤等。

(1) 擦伤。

原因与症状：运动时皮肤受搓致伤，如跑步时摔倒，体操运动时身体擦磨器械受伤；擦伤后皮肤出血或组织液渗出。

处置：小面积擦伤，可用红药水涂抹伤口或用创可贴盖上即可；大面积擦伤，先用生理盐水洗净，后涂抹红药水，再用消毒布覆盖，最后用纱布包扎。

(2) 撕裂伤。

原因与症状：在剧烈、紧张运动时，感受到突然强烈牵拉、撞击，造成肌肉撕裂，其中包括开放伤和闭合伤两种，常见有局部撕裂、跟腱撕裂等；开放伤顿时出血，周围肿胀，闭合伤触摸伤处时有凹陷感和剧烈疼痛。

处置：轻度开放伤，用红药水涂抹伤口即可；伤口大时，则需止血，送医务室处理伤口，必要时注射破伤风抗毒血清，以防破伤风症，如跟腱撕裂，则需手术缝合。

(3) 挫伤。

原因与症状：因撞击器械或练习者之间相互碰撞而造成挫伤，单纯挫伤在损伤处出现红肿、皮下出血，并有疼痛；内脏器官损伤时，则出现头晕、脸色苍白、心慌气短、出虚汗、四肢发凉、烦躁不安甚至休克。

处置：在 24 小时内冷敷或加压包扎，抬高患肢或外敷中药，24 小时后可以按摩和治疗，进入恢复期可进行一些功能性锻炼，如果怀疑内脏损伤，则作临时性处理后，送医院检查和治疗。

(4) 肌肉拉伤。

原因与症状：通常在外力直接或间接作用下，使肌肉过度主动收缩或被动拉长时引起肌肉拉伤，特别是由于准备活动不充分、动作不协调以及肌肉弹性、伸展性、肌力差者更容易拉伤；损伤后伤处肿胀、压痛、肌肉痉挛，触诊时可摸到硬块，严重的肌肉拉伤是肌肉撕裂。

处置：轻者可即刻冷敷，局部加压包扎，抬高患肢，24 小时后可施行按摩或理疗；如果肌肉已大部分或完全撕裂，应在加压包扎急救后，立即送医院手术治疗。

2.2.3.2 关节、韧带扭伤

(1) 肩关节扭伤。

原因与症状：一般因肩关节用力过猛以及肩部疲劳所致，也有因技术错误、违反解剖学原理而造成损伤，如投掷、排球的扣球和大力发球时常出现这类损伤；其症状有压痛、疼痛，急性期有肿胀，慢性期三角肌可能出现萎缩，肩关节活动受限。

处置：单纯韧带扭伤，可用冷敷，加压包扎，24 小时后可采取理疗、按摩和针灸治疗，出现韧带断裂时，应立刻送医院缝合和固定处理，当肩关节肿胀和疼痛减轻后，可适当施行功能性锻炼，但不宜过早活动，以防推迟治愈时间。

(2) 髌骨损伤。

原因与症状：髌骨具有保护膝关节面、维护关节外形、传递股四头肌力量的作用，是维护关节正常功能的主要结构，髌骨劳损是膝关节长期负担过重或反复损伤累积而成的，也可一次直接外力撞击致伤，如篮球滑步急停，跳高和跳远时踏跳不合理或摔倒撞击，都可导致这种损伤。

处置：采用中药外敷、针灸、按摩等，平时加强膝关节肌肉群力量练习，如采用高位静力半蹲，每次保持3~5分钟即可，病情好转时，可逐渐增加时间，每日进行1~2次。

(3) 踝关节扭伤。

原因与症状：运动中跳起落地失去平衡，使踝关节过度内收或外翻致伤，在准备活动不充分，场地不平坦的情况下，更易造成这种损伤；主要症状为伤处疼痛、肿胀，韧带损伤处有明显压痛，皮下淤血。

处置：受伤后应立刻冷敷，用绷带固定包扎，并抬高伤肢，24小时后根据伤情采取综合治疗，如外敷伤药、理疗、按摩等，必要时作封闭疗法，待病情好转后，施行功能性练习，对严重患者，可用石膏固定。

(4) 急性腰伤。

原因与症状：运动时，身体重心不稳或肌肉收缩不协调，突然用力过猛，引起腰部扭伤，多数因腰部受力过重，或脊柱运动时超过了正常生理范围，例如，挺身式跳远中，展体过大；举重上挺时，过分挺胸塌腰；跳水时，下肢后摆过大，都有可能造成腰部扭伤。损伤后，当场疼痛，有时听到瞬间的“格格”响声，有时出现腰部肌肉痉挛、运动受限或直立困难等情况。

处置：腰部急性扭伤后，让患者平卧，一般不应立即扶动，如果剧烈疼痛，则用担架抬送医院诊治，处理后，应卧硬板床或腰后垫一枕头，使肌肉韧带处于放松状态，也可针灸、外敷伤药或按摩。

2.2.3.3 骨折

原因与症状：运动中，身体某部位受到直接或间接的暴力撞击时，造成骨折，例如，在踢球时，小腿被踢，造成胫骨骨折；摔倒时手臂直接撑地引起尺骨或桡骨骨折；跪倒地时可造成髌骨骨折等。

骨折是比较严重的损伤，但发病率很低。骨折分为完全性骨折和非完全性骨折两种，常见骨折有成骨骨折、前臂骨骨折、掌骨骨折、大腿骨折、小腿骨折、肘骨骨折、脊柱骨骨折和头部骨折等。

骨折发生后，患处立即出现肿胀，皮下淤血，并有剧烈疼痛（活动时加剧），肢体失去正常功能，肌肉发生痉挛，有时骨折部位发生变形，移动时可听到骨摩擦声，严重骨折时，伴有出血和神经损伤、发烧、口渴，甚至休克等全身性症状。

处置：若伴有出现休克时，应先进行处理，即点按人中穴，并进行口对口人工呼吸或心脏胸外按摩；若伴有伤口出血，应同时实施止血和包扎，骨折后切勿移动患肢，应用夹板或其他代用品固定伤肢，及时护送医院检查和治疗。

2.2.3.4 关节脱位（脱臼）

原因与症状：因受外力作用，使关节面失去正常连接关系，叫关节脱位，又称脱臼，关节脱位可分为完全脱位和半脱位（或称错位）两种；严重的关节脱位伴有关节囊撕裂，甚至损伤神经，运动中发生的关节脱位，都是间接外力撞击所致，如摔倒时，用手撑地，引起肘关节或肩关节脱位。

关节脱位后，常出现畸形，与健康肢对比不对称，因软组织损伤而出现炎症反应，局部疼痛、压痛和关节肿胀，并失去正常活动功能，甚至发生肌肉痉挛等现象。

处置：用长度和宽度相称的夹板固定伤肢，如果没有夹板，可将伤肢固定在自己的躯干和健康肢上，防止振动，随后及时送医院治疗，必须指出，如果没有把握时，切不可随意做复位手术，以免再度增加伤害。

2.2.3.5 脑震荡

原因与症状：脑震荡是指头部受到外力冲击后，使大脑管理平衡的膜半规管、椭圆囊等感受器机能失调，直至引起意识和机能的一时性障碍，在体育锻炼时，两人头部相撞，或撞击硬物，或从高处跌下时头部撞地都可能造成脑震荡。

致伤时，神志昏迷，脉搏徐缓，肌肉松弛，瞳孔稍大但能对称，神经反射减弱或消失；清醒后，患者常有头痛、头晕、恶心呕吐等症状，平时情绪烦躁、注意力不集中、耳鸣、心悸、多汗、失眠、记忆力减退等。

处置：立即让患者平卧，头部冷敷，若有昏迷，即指压人中、内关、合谷穴；若呼吸发生障碍，立即进行人工呼吸，上述处理后，出现反复昏迷或耳鼻口出血，两眼瞳孔放大，还不对称时，表明病情严重，应立即护送医院治疗，在运送途中，要让患者平卧，头部固定，避免颠簸。

轻微脑震荡一般可自愈，无须住院治疗，但要注意休息和必要的药物治疗，保持情绪稳定，减少脑力劳动。

在恢复过程中，可定期做脑震荡痊愈平衡试验，以检查病况进展。其方法是：闭目、单腿站立、两臂平举，如果能保持一定的平衡，表明脑震荡已基本治愈，这时，可适当参加体育锻炼，但要避免滚翻和旋转性动作。

2.2.4 运动性损伤的急救

急救是指在运动中对突然发生的损伤进行紧急合理处理，并为转送医院进一步诊治创造条件。正确和有效的处置，对减轻患者的痛苦，预防并发症和感染乃至挽救生命，都具有十分重要的意义。

2.2.4.1 止血

（1）冷敷法。这种止血法常用于急性闭合性软组织损伤。最简便的方法是用冷水冲洗或冷毛巾敷于伤处，有条件的可使用氯化烷喷射。冷敷可以使血管收缩，减少局部充血，降低组织温度，抑制神经感觉，从而达到止血、止痛和减轻局部肿胀的目的。

（2）抬高伤肢法。抬高伤肢法即将出血的肢体抬高超过心脏水平。抬高伤肢可以降低出血部位的血压，以减少出血。如果已采用加压包扎后，仍应抬高伤肢。

（3）压迫法。压迫法可以分为指压法、止血带法、包扎法等。

1）指压法：常用于动脉出血，方法是在出血部位盖上消毒纱布后，用手指腹压迫出血部位，也可指压出血部位的上端动脉管，以切断血流渠道。

2）止血带法：常用止血带有布条、皮带、皮管、毛巾等，进行时先将伤肢抬高，然后在患处上方缚扎止血，缚扎时最好在伤处加垫，使宽紧适中，以防肢体组织坏死。

3）包扎法：主要用绷带包扎，并根据不同部位和伤势进行不同方法的包扎，如环形包扎、螺丝形包扎、反折螺旋形包扎等。

2.2.4.2 搬运法

伤员经过现场急救后，应迅速地转运到安全地休息或直接送医院治疗，搬运可用扶持法、托抱法、椅抬法和三人托抱法等。

（1）扶持法。此法适用于神志清醒、伤势较轻、自己基本能步行的伤员。施救时挽住伤员的腰部，并让伤员一臂搭扶在自己肩上。

（2）托抱法。急救者托抱住伤员，并让伤员一臂挽住自己的肩颈部位。此法适合于身体虚弱的伤员。

（3）椅抬法。两名急救者两手搭成像椅子一样，让患者像坐椅子一样进行运送。

（4）三人托抱法。三人站在同一侧，将伤员托抱起来，并协调地行走。此法适用于体力严重衰弱和神志不清的伤员。

2.2.4.3 人工呼吸

人工呼吸有举臂压胸法、仰卧心脏胸外挤压法、俯卧压背法、口对口呼吸法等。其中以仰卧心脏胸外挤压法和口对口呼吸法效果最好。

（1）心脏胸外挤压法。将患者仰卧，急救者两手上下重叠，用掌根置于患者的胸骨下半段处，借助于体重和肩臂力量，均匀而有节奏地向下施加压力，将胸骨向下压3~4厘米为度，然后迅速将手轻轻提起，胸骨也自然地弹回，如此反复进行，每分钟以60~80次的节律进行，直至恢复心脏跳动为止。

（2）口对口人工呼吸法。将患者仰卧，头部后仰，托住下颌，捏住鼻孔，压住环状软骨（即食道管），防止空气吹入胃里，急救者深吸口气，两口相对，将大口气吹入患者口中，吹气后将捏鼻子的手松开，如此反复进行，吹气频率每分钟16~18次，直至患者恢复自主呼吸为止。如患者牙关叩紧，一时撬不开，则采取口对鼻吹气法。进行时，其他操作方法同上。

2.3 大学生营养

在校大学生脑力劳动紧张，体力活动较多，能量消耗大，这些都需要由食物营养来补充。若此阶段营养摄取不均衡，则会出现疲劳、精力不足、学习不能持久、学习效率低，甚至出现神经衰弱、视力减退、注意力不集中和容易患病等现象。

大学生的营养特点主要体现在两个方面：一是大学生时期主要以用脑学习为主，大脑的思维、记忆、理解等活动十分活跃，脑力消耗量大，故大脑对各种营养素的需要量也应随之大幅度增加；二是大学生时期正处于青春发育期的顶峰时期，身体的生长发育需要大量的全面的营养素进行补充，以促进青春发育的完成。

因此，从营养学角度讲，大学生的膳食除保证足够的糖以外，还要特别注意蛋白质、磷脂和维生素B1、维生素B2等的充分供给，以营养脑细胞，保持记忆力，提高注意力和理解能力，促使大脑机能的活跃、思维敏捷，提高学习效果。

2.3.1 运动与糖

糖类是由碳、氢、氧三种元素组成的一类化合物，也被称为碳水化合物。糖是人体内来源最广泛、最经济而且分解最完全的供能物质。人体摄入的糖大部分首先转化为葡萄糖，再由血液运送到肝脏，在肝脏内葡萄糖可以转化为脂肪、糖原或运输到其他组织，如肌肉等。在肌纤维中，葡萄糖分子形成链组成糖原，糖原是肌纤维收缩的直接能量来源。当人体运动时，糖原在肌肉中分解，以很高的速率释放能量。

运动与糖的贮备有密切关系，人体所需要的能量60%左右由膳食中的糖供给。中枢神经的能量99%以上来自糖，低水平的血糖将首先影响中枢神经系统的功能。低血糖症发生的原因，主要是由于长时间剧烈运动时血糖供应不足或消耗过多，导致血糖过低，皮质调节糖代谢的机制紊乱所造成的。可见，根据不同运动的需要，有时需要适当地补糖，维持血糖的指标正常。

2.3.2 运动与蛋白质

人体内蛋白质约占体重的16%~19%。生命的产生、存在与消亡都是与蛋白质有关的。蛋白质是由氮、碳、氢、氧等元素组成的高分子化合物，它不但是人体的主要组成成分之一，而且也是人体内部进行各种代谢活动的物质基础。

蛋白质主要从动物性食物（肉、蛋、奶）中获取，这些食物中的蛋白质称为完全蛋白质，它包含几乎所有的基本氨基酸。其次是从植物性食物（蔬菜、粮食、水果）中获取，其中的蛋白质称为不完全蛋白质，它缺少部分的基本氨基酸。因此，将两类食物相互搭配食用，即可获取完全的蛋白质。

营养学研究表明，每天补充足量的蛋白质是十分必要的。青年男子约需56克/天，青年女子约需45克/天。如果单纯以动物性食物为供给源，成人每千克体重的蛋白质需要量为0.75克；而以动植物性食物为混合供给源，成人每千克体重的蛋白质需要量为1.05克。但是氨基酸不会在身体内贮存，大部分会很快降解，这就需要每次摄入的蛋白质，必须含有定量、比例合适的各种氨基酸。蛋白质对运动能力的发挥和提高有着十分重要的作用。具体体现在以下几个方面：能够增加肌肉蛋白质合成，增加肌肉力量；可以预防运动性贫血；对体内胰岛素的分泌有良好、稳定的刺激效果，从而保持稳定的精神和体力状态；提高中枢神经系统的兴奋性；在长时间运动时，可以作为细胞的部分能源，提供运动中5%~15%的能量。

一般来说，经常从事体育锻炼的人，蛋白质的需要量比普通人要高，正常膳食中蛋白质含量应占总量的12%~15%，约为1.2~2.0克/千克体重。

不同运动项目的运动员所需蛋白质量也不尽相同。经常从事耐力型项目的人所需蛋白质量以12~15克/千克体重为宜；经常从事速度型运动项目的人蛋白质摄入量以1.6~1.8克/千克体重为宜。

蛋白质的摄入是不是越多越好呢？其实不然，摄入过多的蛋白质，不仅对肌肉增长和提高肌肉的运动能力没有好处，反而会对正常代谢和健康产生不良影响，导致肥胖，肝、肾负担加重，易疲劳和降低运动能力。

若从事大强度训练和比赛，激烈竞争所产生的压力或运动后食欲下降等，造成难以保持平衡饮食，可以通过选用营养补充品，弥补蛋白质摄入的不足。

2.3.3 运动与脂肪

一般人的食物中脂肪占总热量的17%~25%为宜。从事大运动量的年轻人食物中的脂肪量最高不应超过35%。脂肪是运动时被利用的能源，脂类为运动提供能量主要来自脂肪酸的氧化。在一次长时间低强度的运动中，脂肪的氧化可提供总耗能量的50%~60%。长期进行体育运动可降低脂肪细胞平均体积，提高脂肪代谢的活性。

脂肪代谢对运动能力的重要性在于它能“节约”组织中糖原的能力。在进行长时间大强度的运动时，糖原贮备可以通过脂肪氧化的方式保存或“节省”下来，这就使运动员运动到最后阶段，运动强度超过身体的有氧代谢能力时，能有更多的糖原可供利用，因此，脂肪能提高机体耐力。

运动时脂肪供能的另一好处是，长期进行有氧运动，促进脂肪的氧化，降低血胆固醇和甘油三酯，使高密度脂蛋白（HDI）增高，从而减少冠状动脉疾病的发生，降低发生心脏病的危险。

2.3.3.1 肥胖形成的原因

随着人们生活水平的日益提高，脂肪摄入量也不断加大，肥胖的发生率增加。肥胖不仅使体态臃肿、行动缓慢，而且是高血压、冠心病、高血脂症、糖尿病、痛风等病的诱因。肥胖是指体内脂肪贮存过多所引起的体重增加。一般认为体重超出正常标准10%~19%为超重，超出20%以上为肥胖。

正常体重的计算方法很多，常用的简易公式是：本人的身高（厘米）减去105，所得的差数就是正常体重（千克）。比如一个人身高170厘米，其正常体重则是170-105=65（千克）。

遗传因素与肥胖。肥胖与遗传因素有密切的关系，肥胖的父母其孩子发胖的可能性约有80%；父母一方肥胖者，子女肥胖的可能性约为40%；而双亲正常者，其子女肥胖只为23%。这是因为控制脂肪细胞产生和生长的基因密码发生突变所致。

生活习惯与肥胖。后天性肥胖的人群中，11%归咎于年龄增大，活动减少；34%归咎于自幼抚养不当，营养过剩；55%归咎于饮食不当，进食脂肪和热量过高。可见，“多吃少动”是导致后天肥胖的主要因素。

2.3.3.2 科学减肥

影响体重变化的两个基本要素是热能摄入量和消耗量。对于成年人来说，当热能摄入量等于消耗量时，体重基本保持不变；当热能摄入量小于消耗量时，则体重减轻。可见，体重的变化必须通过变动热能平衡的措施，以达到减轻或增加体重的目的。

积极参加体育锻炼。节食是减少热能摄入量，增加体力活动是加大热能消耗量。青年学生正值生长发育时期，需要丰富的营养素，因此，青年学生应尽量通过体育锻炼的方式进行减肥，不可过度节食。单纯节食不易做到保持肌肉组织、减少脂肪的要求，只有体育运动才是减少体内脂肪贮存、减轻体重的最好办法。

减肥的运动方法以采用动力型、大肌肉群的有氧运动效果为好，如长跑、骑自行车、游泳等。为达到减肥目的，运动强度应达到最大吸氧量的50%~85%，每次持续30~60分钟，每周最少进行3~5次。运动量不宜过大，心率以每分钟130~140次左右为宜。

减少热能摄入量。热能摄入量应逐渐减少，不要减得过猛，减至使体重接近正常值时即可，青少年时期不应过度控制热能的摄入。

营养平衡。应注意其他营养的合理安排。蛋白质一定要充足，碳水化合物的进食量可适当减少，脂肪的进食量必须降低，避免进食过多的动物脂肪和高胆固醇的食物。此外，无机盐、维生素、膳食纤维的供给要充足，以满足生理需要。

养成良好的饮食习惯。一日三餐，定时定量。吃饭应细嚼慢咽，少吃零食。

减肥贵在长期坚持。其目的不是一时的体重减轻，而在于长期维持正常体重。若达到标准后就停止体育锻炼，放松饮食控制，恢复旧的饮食习惯，体重就会立即反弹，若再想减肥，往往更加困难。

正确理解“健”与“美”。目前，女大学生中存在单纯节食，盲目减肥的现象。关键是青年女性对健美缺乏正确的认识，一味追求“苗条”，对“健康”与“健美”两者之间的关系理解不清，误以瘦为美，并常采用单纯节食来减肥，这是极不科学的。盲目自我挨饿，导致神经性反食症，损害了身体健康，又谈何“健美”。青年女性应正确理解“健”与“美”，即使需要减肥，也应通过合理节食与体育锻炼相结合的方式来改变过胖的体型。

2.3.4 体育运动与水

生命源于水，水是人必不可少的生命元素。水占人体体重的约70%，人体每天需摄入约2~3升水，其需水量随着年龄、体重、气温、劳动、运动强度和持续时间的变化而变化。

参加体育运动时，肌肉运动产生大量热量，使皮肤血流量增加，汗腺分泌大量汗液。运动员出汗的特点是出汗率高、出汗量大、失水量多。如在天热的环境里踢足球，运动员一小时汗液的丢失量将高达2~7升。运动中若不注意科学合理地补充水分，就会造成机体内的水失衡。

脱水会严重影响人的运动能力。脱水对运动员的影响不仅在于体温升高和心血管负担加重，还可导致肾脏损害，因此，运动中合理补充水分是十分重要的。

（1）运动前补水。运动前15~20分钟可少量补水，分次饮用，不应一次性大量饮水，因为这样会增加胃、心脏、肾脏负担，增加排尿和出汗量。

（2）运动中补水。运动中补水的目的在于防止过度脱水及过热引起的运动能力下降，补水可起到维持血容量、电解质平衡及体温调节等作用。运动中每15~30分钟补充200~300毫升运动饮料或水，最好采用含糖和无机盐的运动饮料来补充水分和电解质，因为在热环境下，运动饮料可以迅速地被组织吸收。运动中不宜一次性大量饮水，因水在胃中贮留会感到不适，影响踊肌运动和呼吸，从而影响运动能力。

（3）运动后补水。运动后应及时补水，以保持体内的水分平衡。水分补充量应与汗液丢失量大体一致，补水不应过分集中，以少量多次为原则，若短时间内大量暴饮，虽然可解一时的渴感，但尿量和汗量将增加，加重体内电解质的进一步丢失，还会增加人体心肾的负担，大量饮水还会造成胃液稀释，影响食欲和消化，易导致胃病。

2.3.5 运动与维生素

维生素是维持人体正常生理机能和新陈代谢活动所必需的低分子化合物，虽然人体对它的需要量很少，但它对人体生命活动所起的作用却是必不可少的。

多数维生素不能在人体内合成，或合成的量不能满足人的需要，因此，我们每天的饮食中含有一定量的各种维生素是非常重要的。维生素是从新鲜蔬菜与水果等植物性食物中获取的，并帮助其他营养物质进行化合反应。体育运动促进了人的能量代谢，在能量消耗增加的情况下，某些维生素的需要量就会增加。运动后（中等强度以上）造成机体维生素需要量增加的原因是：运动训练使胃肠对维生素的吸收功能下降；运动引起汗液、尿液及粪便中维生素排出量增加；运动使维生素在体内的周转率加速，能量代谢增加等。可见，参加体育运动，不应忽视多种维生素的补充。运动后补充维生素的主要理由是促进恢复，延缓疲劳发生，增进体力和体能，保证身体健康。对运动影响较大的几种维生素有下述几种：

(1) 维生素B1。维生素B1在能量代谢和糖代谢生成三磷酸腺苷的过程中起着重要作用。维生素B1缺乏时，其代谢物丙酮转化成乳酸，乳酸堆积会导致疲劳，损害有氧运动能力，影响正常的神经活动和传导，并使消化功能和食欲受影响。

研究表明，维生素B1对运动员的肌肉耐力有直接影响，可以通过增加能量摄入和平衡膳食来满足，通常每摄取1000千卡能量，需要摄取维生素B1为1毫克，即每天6毫克。维生素B1的主要食物来源为粗糙的粮食（米、面、花生、核桃、芝麻和豆类）。

(2) 维生素B2。维生素B2与人体细胞呼吸有关，因此在有氧耐力运动中起重要作用。维生素B2还可能是糖酵解酶的有效功能物质，所以对无氧运动也有作用。世界卫生组织推荐的维生素的摄取量是每摄取1000千卡能量，应摄取维生素B2为0.5毫克。维生素B2主要集中在少数食物中，其中以肝、肾含量最丰富，牛奶、黄豆和绿叶菜中也较多。

(3) 维生素B6。维生素B6作用于蛋白质和氨基酸代谢，促进糖原、血红蛋白、肌红蛋白和细胞色素的合成，并且是糖原合成和分解过程中糖原磷酸化酶的一种成分。体育运动加强了维生素B6的代谢途径，因此经常锻炼的人对其需要量增加。维生素B6的供给量为男性2毫克/天，女性1.6毫克/天。硬果类、豆类、蔬菜、水果均含有维生素B6，米糖、麦芽中维生素B6含量最为丰富。

(4) 维生素C。维生素C是一种强有力的抗氧化剂，大运动量训练会使人体维生素C的代谢加强。运动后补充维生素C有利于减轻疲劳，缓解肌肉的酸痛，增强体能及保护细胞免于自由基损伤，但不宜过量补充。维生素C的主要来源是蔬菜和水果。

(5) 维生素E。维生素E是一种重要的抗氧化营养素，有消除自由基、减少脂质氧化的作用。有研究表明，增强维生素E，可防止细胞膜呈磷脂的氧化，从而有助于运动期间保护红血球的完整性。在特殊条件下，运动后补充维生素E有提高最大吸氧量、减少氧债和血乳酸的作用。维生素E最丰富的来源是植物油、麦胚、硬果类及其他谷类食物。

2.3.6 体育运动与无机盐

人体所需要的无机盐约有60多种，它们是构成人体组织细胞和维持人的正常生理功能所不可缺少的营养成分。

无机盐是人体所需微量矿物质元素的总称，人体所需无机盐主要从每天的饮食与饮水中获得。正常地食用各种食物，特别是蔬菜和水果，就能保证获得足够数量的基本无机盐。

2.3.7 合理营养的原则

(1) 平衡性原则。平衡是指人所摄取的各种营养成分应与身体的生理需要之间形成相对平衡，反之则称为营养失衡。营养失衡的一个方面是营养不良，即营养摄入量过少，不能满足身体需要，营养不良的主要表现为头晕、怕冷、易倦、体重减轻等，严重者有可能发生营养不良的疾病；营养失衡的另一个方面是营养过剩，主要表现为营养补充过度，人的体重过量增加，并引起肥胖等疾病。因此，人体营养需求与补充之间应保持相对的平衡，营养的摄入既不要欠缺，也不要过量。

(2) 适当性原则。适当是指人所摄取的各种营养成分之间的配比要合理，即在全面和均衡的基础上进行适当的饮食搭配。人体元素组成与不同状况下各种营养素的需要量是有一定比例的，只有合理的营养搭配，尤其是热量中的蛋白质、脂肪和碳水化合物三者的比例要合理适当，才能有利于人体更好地吸收与利用，保证机体的各种需要，造就健康的体魄。

(3) 全面性原则。全面是指人体所摄取的各种营养成分要全面，不能偏食。举例来说，乳与蛋的营养最为丰富，但是乳中缺乏铁元素，蛋中缺乏维生素 C。因此，无论哪一种食物的营养有多么丰富，都不可能完全满足人体健康的需要。只有通过摄取多种食物中包含的各类营养成分，才能确保人的健康需要。那种一味追求质精量少的高级营养品的摄取方法，以及任何偏食、禁食、少食的方法都是极不可取的。

(4) 针对性原则。每个人的遗传因素、身体状况、所处的年龄阶段、生活环境、营养状况等各不相同，因此，在营养摄入和补充方面应区别对待。当生活和工作环境、生理条件改变时，营养素的供给应予以适当调整。例如，由脑力劳动转变成体力劳动时，能量的摄入要有所增加；月经量过多的女性，应注意适当补充铁，而月经量过少的女性，则要适当补充钙。

此外，为了保证身体健康，应随四季变化，合理安排膳食，供应充足的营养，满足身体的需要。春季饮食应温和平淡；夏季应少吃油腻食物，多吃清淡食物；秋季要适当节制饮食量；冬季出于御寒的需要，可多吃脂肪类食品，并注意多吃蔬菜并补充维生素。

2.3.8 培养健康行为，远离不良嗜好，坚决拒绝毒品

2.3.8.1 培养健康行为

首先，生活起居要有规律。消除疲劳的最重要的方法就是要努力做到生活起居有律。早睡早起，切忌熬夜。过好双休日，劳逸结合。

其次，养成健康的习惯。除了勤洗手、勤剪指甲、勤理发和洗澡外，还要自觉养成不吸烟、少饮酒、多喝茶等良好的健康习惯。吸烟、饮酒有害健康，应尽量远离。喝茶有利于防癌、降脂，并能提高免疫功能，具有延缓衰老的作用，可以适量饮用。

最后，积极参加体育锻炼。体育锻炼不仅可以增强体质，保持脑力和体力协调，还有助于预防和消除疲劳，促进健康，避免肥胖和脑血管疾病。

2.3.8.2 远离不良嗜好

第一，不吸烟，不酗酒。世界卫生组织指出，烟草是造成人类死亡的第二大原因。大约有一半吸烟者（全球约 6.5 亿人）最终会死于吸烟所导致的疾病。每年还有成千上万的非吸烟者因为被动吸烟而死亡。被动吸烟可增加多种癌症的患病率，引发成人和小孩严重的呼吸系统和心血管系统疾病。无论是单纯性还是混合性的通风器或过滤装置，都不能把室内的烟草烟雾降低到安全水平。只有完全无烟的环境才能更好地保护人们免受被动吸烟的危害。吸烟和被动吸烟是人类健康所面临的最大但又是可以预防的危险因素。

酒含有影响人体健康的酒精物质——乙醇。酒精含量越高，对人体的危害越大。经常饮用高度酒，会对人体的高级神经系统、消化系统、心血管系统等产生极为不利的影响，导致人体产生急性中毒或慢性中毒。酒精还会直接降低人的学习、工作效率。

若一边吸烟一边饮酒，人体受到的危害就更大了。溶解在酒精中的烟碱和其他有害物质，会通过胃肠吸收，直接进入血液，影响心血管系统的功能。饮酒后血流速度加快，有毒物质通过循环系统也快速传递到身体各部位。大量饮酒后，进食量相应减少，蛋白质和维生素摄入量不足，也会加重烟中有毒物质对肌体的危害。

第二，戒除网瘾。据最新统计，我国网民超过一亿，其中青少年网民占80%。青少年上网以玩游戏和聊天为主，网络成瘾、网络受骗、网络犯罪等问题日益突出。网瘾症患者在上网时精神兴奋、心潮澎湃、欲罢不能、时间失控。同时，沉溺于网上聊天或网上互动游戏，不仅会荒废学业，而且会造成对社会交往的忽视和与家人的疏离。

事实上，网瘾完全是人为的，只要加强自我保健，就可将其戒除。可以通过丰富业余生活来减少不必要的上网时间，比如多外出旅游、和朋友聊天、散步、参加体育锻炼等；在饮食上，网瘾症患者要注意多吃一些胡萝卜、荠菜、芥菜、苦瓜、动物肝脏、豆芽、瘦肉等含丰富维生素和蛋白质的食物；同时，在上网时间上要自我约束，特别在夜间上网时间不宜过长，应及时停止操作并休息。

第三，坚决抵制毒品。毒品主要包括鸦片、吗啡、大麻、可卡因、海洛因、冰毒等，以及其他可致人成瘾的麻醉药品。据统计，中国登记在册的吸毒者共有105万人，而仅北京市就有近两万人。其中，全国现有海洛因吸食人员70万人，其中35岁以下青少年占68%。值得关注的是，目前在吸食K粉等新型毒品者中，绝大多数是青年。

青少年吸毒者初次吸毒，多是由好奇心驱使，但成瘾后很难摆脱对毒品的依赖。如停止服药，轻者会产生恶心呕吐、腹泻抽筋、涕泪难抑、冷汗淋漓、全身无力等不适症状；重者或为渴望得到毒品而不惜犯罪，或因长期服用而导致各种疾病，甚至中毒死亡。毒品摧毁吸毒者的精神意志，容易使其堕落、人格解体、心理变态等。

2.3.8.3 预防艾滋病

“艾滋”的医学名称为“获得性免疫缺陷综合症”（英文缩写为AIDS）。艾滋病是指由于感染了人类免疫缺陷病毒所引起的、具有一系列复杂症状的综合症。它是一种病死率很高的严重传染病。

虽然目前没有治愈艾滋病的药物和方法，但对艾滋病是可以预防的。艾滋病病毒主要存在于感染者的血液、精液、阴道分泌物、乳汁等体液中，所以通过性接触、血液和母婴三种途径传播。绝大多数感染者要经过5~10年时间才发展成病人，一般在发病后的2~3年内死亡。

与艾滋病人及艾滋病病毒感染者的日常生活和工作接触（如握手、拥抱、共同进餐、共用工具、办公用具等）不会感染艾滋病，艾滋病不会经马桶圈、电话机、餐饮具、卧具、游泳池或公共浴室等公共设施传播，也不会经咳嗽、打喷嚏、蚊虫叮咬等途径传播。洁身自爱、遵守性道德是预防经性途径传染艾滋病的根本措施。

第一，正确使用避孕套不仅能避孕，还能减少感染艾滋病、性病的危险。

第二，及早治疗并治愈性病，可减少感染艾滋病的危险。正规医院能提供正规、保密的检查、诊断、治疗和咨询服务，必要时可借助当地性病、艾滋病热线进行咨询。

第三，共用注射器吸毒是传播艾滋病的重要途径，因此要拒绝毒品，珍爱生命。

第四，避免不必要的输血、注射、使用没有严格消毒器具的不安全拔牙和美容等，使用经艾滋病病毒抗体检测的血液和血液制品。

思考训练

(1) 日常生活中应该养成哪些良好的运动饮食卫生习惯？

(2) 怎样预防体育锻炼中常见的运动损伤？

(3) 简述合理营养的原则。

3 体育锻炼与评价

学习要点

（1）了解超量恢复理论；
（2）掌握制定科学的运动处方；
（3）学会制定锻炼计划。

3.1 身体机能的锻炼原则

3.1.1 超负荷原则

3.1.1.1 何谓超负荷原则

超负荷原则是指在进行体育锻炼时，身体或特定的肌肉所受到的刺激强于不锻炼时。例如，为了提高骨骼肌力量，应对肌肉施加超过平常状态下的负荷。这可通过提高运动强度（如增加重量）来达到超负荷的锻炼目的。同时，通过延长锻炼的持续时间也可以达到超负荷锻炼的目的。例如，为了提高肌肉耐力水平，肌肉就应该比平时工作更长的时间（通过增加练习的重复次数）。当然，超负荷原则也适用于柔韧性的练习。例如，为了增加关节运动的幅度、提高运动的能力和预防受伤，在锻炼中就应该使肌肉比平时拉伸得更长或增加肌肉拉伸的时间，这样才能有效地提高关节的柔韧性。

尽管超量负荷锻炼有利于提高体能水平，但这并不意味着每次锻炼时都要练习得筋疲力尽，“不劳无获”这句话并不准确，事实上，即使不进行超负荷的练习，一般性的锻炼也能促进体能水平的提高。

3.1.1.2 如何运用超负荷原则

超负荷练习中的负荷应适宜，负荷通常包括负荷量与负荷强度。负荷量通常是以练习的次数、时间、距离、重量来表示；负荷强度一般是以练习的速度、负重量、密度、难度，或者以速度、负重量、密度、难度的练习占总练习的百分比来表示。负荷量和负荷强度两者相互影响、相互制约，在强度最大时，负荷量肯定是最小的；如果负荷量很大，强度也不可能达到最高。一般来说，当负荷强度在90%~100%时，负荷量最小；当负荷强度达到75%~89%时（即次最大强度），那么，负荷量能达到中等；当负荷强度在50%~74%时，负荷量一般来说能达到次最大量。相反，当负荷量最大时，负荷强度也只能是最小强度，即30%~50%的负荷强度。

负荷的增加必须考虑到锻炼者的体能水平。负荷过大或过小都不利，但负荷过大比负荷过小的害处更大。负荷过小，机体得不到必要刺激，也就达不到理想的锻炼效果。负荷加大（即接近人体极限的负荷）能有效地提高人体机能水平。问题是，每个人的适宜负荷总是很难掌握，需要锻炼者逐渐地摸索。

那么，如何合理地安排锻炼负荷呢？

首先，应根据锻炼者所处的锻炼阶段、体能水平、当前的健康状况和身体承担的负荷能力，来恰当地确定锻炼负荷的大小。也就是说，初练者与体能强者、身体健康者与有伤病者，在负荷的安排上应有所不同。

其次，应正确理解负荷量和负荷强度的相互关系以及各自的决定因素。

3.1.2 循序渐进原则

3.1.2.1 何谓循序渐进原则

循序渐进原则是超负荷原则的延伸，是指在实施增强某种体能的锻炼方案时应逐渐增加负荷。需注意的是，在实施某种锻炼方案的前4~6周内通常应缓慢地增加负荷。在接下来18~20周的锻炼期间，锻炼者应逐步增大负荷。要想获得最佳的体能状态，增加负荷不宜太慢或太快。负荷增加太慢会限制体能水平的提高，增加太快则可能造成长期的疲劳和损伤。由于运动量太大而引起的肌肉或关节损伤被称为过度锻炼损伤。锻炼引起的损伤可能是由一次短时间高强度的练习造成的，也可能是由一次长时间低强度的锻炼造成的。

3.1.2.2 如何运用循序渐进原则

在体育锻炼期间，怎样的渐进速率是安全有效的呢？这个问题没有明确的答案，因为每个人对锻炼负荷的忍受水平不尽相同。但是，一种叫做“百分之十规则”的方法可以指导锻炼者如何提高体能水平和避免过度锻炼损伤。这个规则的含义是：每周运动强度或持续时间的增加不能超过前一周的10%。例如，一个每天跑步20分钟的锻炼者，在下一周可将每天的跑步时间增加到22分钟。

当锻炼者到达他所希望的体能水平时，就无须再增加运动强度或持续时间。实际上，一旦达到所希望的体能水平后，以某种固定的负荷进行有规律的锻炼，就能保持这种体能水平。为维持某种体能水平而进行的锻炼被称为维持方案。但值得注意的是，体能的锻炼符合“用进废退”的规律，即当你到达所希望的体能水平时，如果停止锻炼，那么你的体能水平就会随时间的推移而恢复到锻炼前的水平。

3.1.3 专门性原则

3.1.3.1 何谓专门性原则

专门性原则是指锻炼时针对身体的某一部位或某一机能进行反复的练习。例如，经过10周的举重练习后，你的手臂肌肉力量加强。对某个特殊肌群的锻炼被称为神经肌肉专门化锻炼，对某个供能系统的锻炼被称为能量代谢专门化锻炼。

3.1.3.2 如何运用专门性原则

如果你锻炼的主要目的是提高自己的有氧运动能力，那么你就可以选择慢跑、步行、自行车、有氧操以及远距离游泳等运动项目进行锻炼。锻炼专门性原则同样也适用于肌肉的不同类型。例如，力量练习能增强肌肉的力量，但无法更大程度地提高肌肉的耐力水平，因此，力量练习对提高肌肉力量是专门性的。同样，耐力练习能提高肌肉的耐力水平，而不能改变肌肉的力量。在日常锻炼中，应根据锻炼的目标来选择适当的锻炼手段与方法，这样才能更好地帮助自己实现锻炼目标。

3.1.4 恢复性原则

3.1.4.1 何谓恢复性原则

身体机能的提高是通过负荷—疲劳—恢复—提高等这样一个循环往复的过程实现的。

由于超负荷原则要求锻炼者在身体活动时增加运动强度和运动量，故其身体会产生疲劳。因此，要想从锻炼中获得最大收益，在下一次锻炼之前必须注意休息，以使体力得以恢复。两次锻炼之间的休息阶段被称为恢复阶段。

3.1.4.2 如何运用恢复性原则

两次大运动量锻炼之间究竟要休息多少时间呢？对大多数人来说，休息一两天就足够了。如果两次大运动量锻炼之间没有足够的休息时间，可能会引起过度锻炼的疲劳综合征。

过度锻炼是指在锻炼过程中的总负荷超过了锻炼者的机体所能正常承受的能力。那么，如何判断自己是否过度锻炼？一般的过度锻炼表现是，锻炼后的第二天早上，锻炼者肌肉会酸痛僵硬或感到疲劳，有时这被称为“锻炼的延续效应”，这是一种常见的症状。严重的过度锻炼甚至会产生一些心理症状，如注意力涣散、容易激动，还会出现睡眠不好、夜间盗汗、食欲不振等。

缓解过度锻炼症状的方法是增加两次锻炼间的休息时间和锻炼时降低运动强度。对于严重的过度锻炼者来说，还需要增加营养、接受理疗和按摩等，使肌体得以恢复，否则会导致症状的进一步恶化。尽管运动量过大是引起过度锻炼症状的主要原因，但饮食不平衡也可能引起“锻炼的延续效应”。

3.1.5 大小运动量相结合原则

交叉采用大小运动量不仅能提高锻炼的效果，而且能降低身体受伤的可能。换言之，注意交叉采用大小运动量能使你从一种锻炼方案中获得最大收益。因此，应该做到：(1) 不要连续几天进行高强度运动。(2) 高强度运动一周最多只能进行两次。(3) 每周安排一次超强度运动，让身体尽全力活动。(4) 了解自己身体状况，合理安排活动内容。如果肌肉疼痛不断或疼痛加剧，应立即停止锻炼。另外，在进行大运动量锻炼时，应逐渐增加运动强度。

3.2 运动处方的科学应用

医生在不同病人求诊时只有对症下药，才能治愈病人的某种疾病。同样，对不同锻炼者来说，应有一个合理的运动处方才能有效地提高自己的体能水平。

3.2.1 运动处方的组成

运动处方应适合个体的需要。一份运动处方应包括锻炼目标、准备活动、锻炼模式和整理活动。

(1) 设置锻炼目标。确立短期和长期目标对设计一份运动处方十分重要，目标能促使你去实施某一个锻炼方案，而达到目标后又能进一步提高你的自信心，从而激励你终身从事有规律的体育锻炼。你可以为与健康有关的体能的各个成分设置锻炼目标。例如，某人在开始执行锻炼方案前通过测试获得了他的体能水平等级。然后，他确立了一些短期目标，希望在锻炼的前8周内达到这些目标。值得注意的是，短期目标并非固定不变，它可以随个体的情况而进行调整。他的长期目标是希望在前18个月内达到的体能水平。同样，长期目标也可随个体的需要或环境变化而进行调整。

此外，还要考虑设置一些坚持锻炼的目标，即设置保证每周专门有几天用来锻炼的目标。坚持锻炼的目标很重要，因为只有你有规律地锻炼，你的体能水平才能维持和提高。

（2）重视准备活动。准备活动是在锻炼前进行的短暂的练习活动（5~15分钟）。准备活动的内容通常包括小运动量的健美体操、低强度的跑步或伸展性练习等。准备活动的目的是提高肌肉的温度，增加工作肌的血流量。准备活动还可降低大运动量锻炼对心脏的压力以及减小肌肉和肌腱受伤的可能性。

（3）选择锻炼模式。锻炼模式包括锻炼方式、频率、强度和持续时间。锻炼方式指个体从事某种专门性的身体练习活动。每一位想参加体育锻炼的人首先应选择一项适合于自己的运动项目作为锻炼的方式，例如，为了提高心肺功能适应水平，可以从广泛的锻炼方式中去选择，如跑步、游泳或骑自行车。选择某种锻炼方式时应考虑的主要因素是运动的适用性和受伤的危险性。

根据体育锻炼时施加在关节上的负荷量，可将身体运动划分为高冲击和低冲击两种。对关节施加负荷量大的运动叫高冲击运动，而对关节施加负荷小的运动叫低冲击运动。由于高冲击的运动方式易使锻炼者受伤，所以许多体能专家建议，初学者或那些易受伤者（例如老年人或身体肥胖者）最好选择低冲击的运动方式。高冲击运动包括跑步、篮球以及节奏很快的有氧操等；低冲击运动包括散步、骑自行车、游泳及节奏较慢的有氧操等。

锻炼频率是指每周锻炼的次数。为提高与健康有关的体能水平，建议每周锻炼3~5次。运动强度指锻炼时人体承受的生理负荷量。运动强度应根据锻炼者所进行的不同运动类型来确定。例如，锻炼时心率增加与能量消耗成正比，因而在进行提高心肺功能的锻炼时，测量心率是判断运动强度的标准方法。尽管心率也可用来评价力量练习中的运动强度，但计算肌肉疲劳前练习的重复次数对于评价举重练习时的负荷量作用更大。例如，如果某一锻炼者在肌肉疲劳前仅能举起某一重量5~8次，这说明其进行的是高强度的举重练习。相比较而言，如果这一重量被举起20~30次肌肉都不感到疲劳，那么，说明锻炼者进行的是低强度举重练习。

肌肉伸展超过正常长度时，韧性水平就能得到提高。伸展强度是根据伸展练习中所感受到的紧张度以及不舒服度来测定的。低强度的伸展练习只能使锻炼者感到肌肉和肌腱有很小的紧张感或不舒适感。相比较而言，高强度的伸展练习会给伸展的肌群带来高度的紧张感或中度的不舒适感。

锻炼模式中的另一个重要组成部分是锻炼的持续时间，即用在主要锻炼内容上的总时间。锻炼持续时间不包括准备活动或整理活动花费的时间。研究表明，如果要有效地提高体能水平，每次锻炼至少需要20~30分钟，每周至少锻炼3次。

（4）注意整理活动。整理活动是在主要锻炼阶段结束后立即进行的5~15分钟的低强度练习。例如，慢走可作为一次跑步锻炼的整理活动。整理活动能达到几个目的，首先，整理活动可以使血液从肌肉返回心脏。锻炼时，大量的血液被运送到工作肌中，锻炼停止后，如果不能使沉积的血液重新分流，你就会感到头晕甚至昏倒。防止血液沉积的最好办法是对工作肌进行低强度练习。其次，尽管一次整理活动不能完全消除肌肉酸痛，但会减低因运动而引起的肌肉酸痛的程度。最后，整理活动有助于体温的逐渐降低。

3.2.2 强调因人而异

（1）锻炼方式因人而异。锻炼方式应根据个人的需要和目标来制订。尽管每个人锻炼时应用的基本原则相同，但没有两个完全相同的人。因此，选择锻炼方式时应考虑一些因素，如个体的健康、年龄、体能、骨骼肌和身体结构等状况。

（2）合理的运动量。“运动量多大才够”是一个常被涉及的问题，对这一问题的回答应根据自身具体的锻炼目标而定。为改善健康状况所需的最小运动量叫健康阈；为增强与健康有关的体能的最小运动量称为锻炼阈。近年来的研究表明，进行一些很低水平的身体活动（如园艺活动、做家务、慢走等）对健康也有益处。只要这些活动是有规律地进行而且持续相当长的时间（每周至少消耗2000卡热量），你就能从中获益。例如，从事园艺活动9~12小时可能需要消耗2000卡热量。然而，尽管低水平的身体活动可改善健康状况，但通常体能水平得不到提高。因此，要增强体能，你就需要逐渐加大运动量。但运动量过大除了会导致身体受伤以外，还可能引起其他的疾病。

3.3 身心健康的个体评价

3.3.1 体质与健康

3.3.1.1 体质

体质，即人体质量，是指在遗传性和获得性的基础上表现出来的人体形态结构、生理功能、身体素质、适应能力和心理因素的综合的相对稳定的特征。影响体质的因素是多方面的，其中遗传、环境、体育锻炼这三个方面起了重要的作用。

体质在其形成和发展过程中，具有明显的个体差异性和阶段性。不同人体质的差异，主要表现在形态发育、生理机能、心理状态、身体素质、运动能力以及对环境的适应和对疾病抵抗力等方面；从水平上包括了从最佳功能状态，到严重疾病和功能障碍的多种不同的水平。同时，人的不同生长发育阶段，如儿童期、青少年期、中老年期，体质的状况是不断发展和变化的，既有共同的特征，又有不同年龄阶段的特殊特征。人们可以通过改善物质生活条件、建立健康的生活方式和有目的、有计划、科学的身体锻炼等手段来保持良好的体质状况，不断增强体质。

体质的范畴包括人体形态结构、生理功能、身体素质、适应能力和心理因素等方面。体质的强弱，就是由这些方面综合反映出来的。一个人体质的好坏，通常主要表现在以下五个方面。

一是身体形态发育水平：包括体型、姿势、营养状况、体格及身体成分等。

二是生理功能水平：即机体新陈代谢水平以及各器官、系统的工作能力。

三是身体素质和运动能力发展水平：即耐力、柔韧性、力量、速度、平衡、灵敏、协调、反应时等素质，以及走、跑、跳、投、攀爬等身体基本活动能力。

四是心理发育（或发展）水平：即本体感知能力、个性、意志等。

五是适应能力：即对内外环境条件的适应能力、应急能力和对疾病的抵抗力。

这五个方面的状况，决定着人们的不同体质水平。在进行体质测量和评价，以及检查增强体质的实际效果时，必须看到体质的综合性的特点，以及测量和评定的多指标性质。

3.3.1.2 体质与健康

如前所述，体质和健康是从不同侧面、不同范畴来看待人体状况的两个相互关联的概念，健康要大于体质的范畴。从体质的范畴来看，它更趋向于人体的形态发育、生理机能、心理发展、身体素质、运动能力，以及对内外环境的适应和抵抗疾病的能力等。从健康的范畴看，它除了包括体质的范畴以外，还强调对环境（包括自然环境和社会环境）的适应、心理卫生、对疾病的预防、卫生保健以及生活方式对健康的影响等。

3.3.2 体质健康评价的意义

学生体质健康评价是高等学校体育工作中的重要环节，也是整个学校教育评价体系的重要组成部分。建立全面、科学的学生体质健康的评价体系，可以使学生及时了解自己的体质健康状况，调整学习和锻炼的目标。同时，过程评价的本身也是一次很好的体育宣传和教育的过程，是一次自身健康意识提高的过程。更为重要的是，通过评价可以使家长、学校、社会及时了解学生的体质健康状况，引起家长和社会的重视和关心，使学校教育的决策部门及时了解学生体质健康状况的大量真实有效的信息，为学校和教育管理部门制订和调整有关学生体育教育方面的政策提供科学的依据，使学生体质、健康问题引起全社会的关注。所以说，正确、合理地对大学生进行体质健康评价，对于促进学校体育和教育工作有着极为重要的意义。

3.3.3 身体形态的评价

反映身体形态发育的指标主要有身高、坐高、体重、胸围、肩宽、骨盆宽、四肢的围度和径长等。

在《国家学生体质健康标准》中，身高和体重是必测的项目，而身高标准体重则是身体形态和营养状况的评价指标。

（1）身高。身高是指人站立时头顶正中线上最高点到地面的最大垂直距离，它是反映人体骨骼的发育状况和人体纵向发育水平的重要指标。

测量时，受试者应赤足立正姿势站在身高计的底板上（上肢自然下垂，足跟并拢，足尖分开，组成60°角）。足跟、骶骨部及两肩胛间与立柱相接触，躯干自然挺直，头部正直，耳屏上缘与眼眶下缘呈水平位。测量者的两眼应与水平压板呈水平位进行读数，以厘米为单位，精确到小数点后一位，误差不得超过0.5厘米。测量身高最好在上午，因为身体受重力影响，身高存在1.5~2.0厘米的差异。

（2）体重。体重是人体横向发育指标，它反映人体骨骼、肌肉、脂肪及内脏重量的综合情况和身体的发育程度。体重大小受年龄、性别、身高、季节、生活条件、营养状况、工作环境等因素的影响。测量体重应采用经过检验和核对的杠杆秤或电子体重计，计量以公斤为单位，准确度要求误差不超过0.1公斤。测试体重时，受试者应赤足，男性身着短裤；女性则身着短裤、短袖衫，站在秤台中央，上下杠杆秤或电子体重计时要轻，不要晃动。

3.3.4 身体机能的评价

身体机能是指机体新陈代谢的水平和各器官系统的工作能力。主要指标有脉搏、血压和肺活量，可以从静态和动态两个方面来进行评定。

（1）脉搏。脉搏是心脏节律性收缩和舒张，由大动脉内的压力变化而引起四肢血管壁扩张和收缩的一种搏动现象，也称为心率。它主要反映心脏和动脉的机能状态。安静脉搏是指相对安静状态下的脉搏频率，即单位时间内（分）动脉管壁搏动的次数。它可以检查心脏生长发育的程度。测量安静脉搏前应静坐 10 分钟以上，保持情绪安定。测量人员用食、中、无名指端摸准受试者腕部的桡动脉处，连续测 3 个 10 秒，其中 2 次脉搏次数相同，并与另一次相差不超过 1 次时，即可以认为是相对安静脉搏。然后再测 30 秒脉搏，所得数值乘以 2 后即为每分钟心率。记录为：脉搏次数/分。

（2）血压。血压是指血液在血管内流动时对动脉血管壁产生的侧压力，也称为动脉血压。血压与心脏搏动的力量、动脉血管的弹性、末梢血管的抵抗力和血液黏滞性有密切关系，它反映了心脏、血管的功能状况。

血压的测量一般采用水银血压计测量。测量血压时，要求被测者右臂自然前伸，使血压计零位与被测者心脏和右臂止血袖带处于同一水平，先将止血袖带围于受测者上臂，充气加压使血液暂行停止流动，然后慢慢减压，同时用听诊器听肱动脉的搏动声，第一次听到跳动声时压力为收缩压，继续减压到完全听不到跳动声的瞬间时的水银柱高度为舒张压。记录以毫米汞柱为单位，精确到个位数：收缩压/舒张压（mmHg）。

（3）肺活量。肺活量是指一个人全力吸气后再全力呼气，呼出的最大气体量。肺活量是一种常用的反映呼吸机能的指标，它和身高、体重、胸围成正相关。一般情况下，体重和胸围大的人，肺活量也大。因此，在对学生进行评分时，多采用肺活量体重指数来进行评价。采用电子肺活量计测试时，应站立测试，中途不得二次吸气。每位受试者测三次，间隔 15 秒，选取最大值为测试结果。记录以毫升为单位，不保留小数。

3.3.5 身体素质的评价

身体素质是指人体在运动、工作和生活中所表现出来的力量、速度、耐力、灵敏性、平衡性、柔韧性等素质，和走、跑、跳、投、攀登、爬越等身体基本活动能力的总称，是人的体能状态的反映。

（1）50 米跑。50 米跑是国际上通行的测试项目，它通过较短距离的高强度奔跑测试人的速度素质。它可以反映人体中枢神经系统的机能状态和神经与肌肉的调节能力，也可以综合地反映人体的爆发力、灵敏、反应、柔韧等素质。同时，50 米跑还可以反映人体无氧代谢的能力和水平。

50 米跑测试成绩以秒为单位，保留 1 位小数，小数点后第二位数非“0”则进 1，例如 9.01 秒应为 9.1 秒。

（2）1000 米跑（男）、800 米跑（女）。1000 米跑（男）和 800 米跑（女）是测试人体持续工作能力，即耐力水平的项目。由于耐力是衡量人的体质健康状况和劳动工作能力的基本因素之一，是从事各项运动必不可少的一种运动素质，因此，测试耐力水平对于评价学生体质健康状况有非常重要的意义。

1000 米跑（男）和 800 米跑（女）的测试和评价以分、秒为单位记录成绩，不计小数，然后进行查表评分，例如，5 分 30 秒 8，按 5 分 30 秒查表评分。

（3）立定跳远。立定跳远是测试爆发力的项目。爆发力是指人体在最短时间内发挥最大力量的能力，爆发力的大小不仅取决于力量，而且取决于力量和速度的结合。

测试立定跳远时，应两脚原地同时起跳，丈量起跳线后缘至最近着地点后缘的垂直距离。每人试跳三次，记录成绩最好的一次。

立定跳远的测试和评价以厘米为单位，不计小数，例如，158.7 厘米，按 158 厘米查表评分。

（4）握力和握力体重指数。握力是反映被测者上肢肌肉力量素质的项目。过去测上肢力量一般是采用引体向上，考虑到这一指标区分度较差，所以现在把测握力列为测试项目。因为握力的大小与人的体重有关，所以采用了握力体重指数进行评价。

$$握力体重指数 = 握力(公斤)/体重(公斤) \times 100$$

测握力要求受试者成直立姿势，两臂自然下垂。一手持握力计，要全力紧握，不能让握力计接触衣服和身体。要用有力手握两次，取最大值，以公斤为单位，测试时保留 1 位小数。

（5）仰卧起坐（女）。仰卧起坐是反映被测试者腹肌耐力的一个项目。腰腹肌力量素质的强弱对于女生将来生育等方面有着十分重要的作用。仰卧起坐要求受测者全身仰卧于垫上，两腿稍分开，屈膝呈 90°角左右。两手指交叉贴于脑后，另一同伴压住其踝关节固定其下肢。受试者起坐时，两肘必须触及或超过双膝才为完成一次。仰卧时，两肩胛必须触垫。测试人员记录 1 分钟内完成次数，精确到个位。

（6）坐位体前屈。坐位体前屈是测量人体在静止状态下的躯干、腰、髋等关节可能达到的活动幅度，主要反映这些关节、韧带和肌肉的伸展性和弹性，反映身体柔韧素质的发展水平。测试采用坐位体前屈计进行。测试时，受试者两腿伸直，两脚平蹬测试板，坐在平地上，两脚分开约 10~15 厘米，上体前屈，两臂伸直向前，用两手中指尖逐渐向前推动游标，直到不能推动为止。测试计的蹬板内沿平面为零点，向内为负值，向前为正值。记录以厘米为单位，保留一位小数，测试两次，取最好成绩。

3.3.6 心理健康的个体评价

随着医学科学的发展，人们开始意识到只从生物学角度来评价人体健康的认识是不全面的，因为生活在社会中的人不仅有生理活动，还具有心理活动和社会活动。所以对健康的评价应有生理、心理、社会的三维观念。现介绍一种比较全面评估个体健康状况的方法。

仔细阅读下列问题，假如答案是“否”，则记“0”分；假如部分对，则记“1”分；假如完全对，则记“2”分。

（1）当弄伤自己，不管是刀割还是扭伤足踝、骨折或接受外科手术，是否较其他人恢复得快，或比医生预料的快？

（2）当受侮辱、挫折、失恋、拒绝、轻视或蔑视时，能否在一两天内恢复一向乐观的情绪？

（3）当你做实在不愿意做的事，并且做完后不久即感后悔时，能否很快原谅自己，继续工作，而不是良久地沉溺于自责中？

(4) 目前是否在培养自己能力，以完成生命中最重要的事情？

(5) 每一两天想做的家务活动（如洗衣服、烹调食品等）是否都能做到，没有觉得不适或者觉得非常累？

(6) 最近能否开始实行一项新计划或新工作，或对自己生活做一些新的尝试？

(7) 参加宴会、舞会、音乐会或看电影能否很好地娱乐？

(8) 是否酷爱运动锻炼，能喜好3种以上运动项目的锻炼或竞赛？

(9) 耳垂是否平滑（有斜角的折痕便不算平滑）？

(10) 是否渴望种花、养花、养鱼、种菜？

(11) 起床后是否能在数分钟后就感到精力充沛、精神焕发？

(12) 是否最近好发脾气，或闷声不语、不愿管事？

(13) 是否在淋浴、坐车、散步中经常唱歌、唱戏？

(14) 是否经常微笑？

(15) 是否穿着一双合脚而舒适的鞋子？

(16) 是否感到深呼吸、闭目养神是一种享受？

(17) 是否在无需奔跑时渴望奔跑？是否在上到7层楼以上时不感到气喘？

(18) 照镜子时，是否喜欢自己的形象？

(19) 在端坐工作、学习两小时以上时，是否感到腰酸眼花或四肢无力？

(20) 是否身体某个部位有疼痛或不适感？

将上述20个问题得分相加，如果你得到40分，那么你已经比许多人健康。假如得分在30~40之间，那说明你比较健康。

思考训练

(1) 怎样进行科学锻炼？

(2) 怎样才是合理的运动量？

(3) 什么是有氧锻炼？

4 体育文化

学习要点

（1）体育文化的发展；
（2）中西方体育文化差异。

4.1 体育文化概述

4.1.1 体育文化的概念

“体育”一词形成的本身就寓有深刻的文化含义。我国的“体育”一词是19世纪从日本引进的，而日文的“体育”一词，是由三个英文单词翻译而来：（1）physical training；（2）physical education；（3）physical culture。这三个单词的中文意思分别是：（1）身体锻炼、身体训练；（2）身体教育、体育教育（往往与学校教育中的德育、智育、美育等同级概念的体育）；（3）身体文化、体育文化。按英语本义“体育”是对身体的培育，即本来意义上的体育，一般称为“广义的体育”。“文化”一词，本义是指对土地的开垦和对植物的栽培，从而很容易地转义到对人的身体和精神的培育。“体育”作为人对自己身体和精神有目的、有意识的培育或改造活动，毫无疑问也是一种对人自身的“人化”，它一开始就是超越本能和自然的实践活动。在这种活动中，人既是活动的客体，又是活动的主体和结果，是人不断发展完善起来的身体以及不断增长的精神能力。因此，体育的本质是文化。

体育文化是以身体练习为基本手段，增强人的体质，提高运动技术水平，丰富社会文化生活的一种有目的、有意识的活动及其赖以实现的物质手段、社会思想、社会关系的总和。

在体育生活中，体育文化不仅要满足人的自然本能的需要，还要满足人们对体育文化的社会心理需要。比如人们需要体育去缓解现代人的社会心理压力，需要在体育过程中寻找自我、实现自我、超越自我，正是因为体育文化能够满足人的生理、心理需要，才会使体育与人之间形成稳定的价值关系。因此引用文化的概念，体育文化就是人类社会活动中和体育活动中所建立起来的一整套规范体系和价值体系，以及体育活动的方式和设施等。它主要满足人自身的身心需要，是改造自身的文化类型。

4.1.2 体育文化的构成

从对文化概念的阐述中，我们已经可以概括出，文化是由物质文化、规范文化或制度文化、精神文化三大层面构成的。那么，作为文化的重要组成部分的体育文化，应该也是由体育物质文化、体育规范文化或制度文化、体育精神文化三大层面组成的。从体育物质文化层面来讲，体育物质文化应指人们在从事体育运动时所需要的场地、运动器材、运动服装、科研设备及运动技术等，也就是人们在从事体育活动时所依赖的物质条件。体育规范文化或制度文化层面主要是指体育理论、体育制度以及各种体育组织等。而体育精神文化层面主要包括体育价值观念、体育审美情趣和体育道德情操，如奥林匹克精神、奥林匹克原则等。而本教材所探讨的体育文化主要是围绕着人类对体育的认识来进行的，也就是体育的精神文化层面。

4.1.3 体育文化的特征

作为文化重要组成部分的体育文化既有文化的特征，也有它自身的鲜明特征。通过对体育文化的基本特征的了解，我们可以更好地理解体育文化的含义。总的来说，体育文化的特征可以分为健身性、竞争性、休闲娱乐性、教育性、民族性和时代性。

（1）健身性。体育活动的强身健体功能已经被世人所公认。早在古代中亚细亚，著名的哲学家、医学家伊本·西拿就曾说过："保持健康的因素主要是体育活动。适度地和及时地从事体育活动的人，不需要任何旨在消除疾病的治疗，体育活动是预防各种病痛最有力的因素。"公元2500年前，古希腊的山崖上也镌刻着这样的标语："如果你想健壮，跑步吧！如果你想健美，跑步吧！如果你想聪明，跑步吧！"在我国古代也有人用"流水不腐，户枢不蠹"来揭示生命的规律。可见，人类在很早以前就对运动的防病抗衰老、维护健康的作用有了一定的认识。在现代社会，科学工作者更是用大量的科学实验研究进一步揭示了运动与人类健康之间的密切关系。为了有更健康的体魄，许多人开始选择通过体育活动来增强体质。但是在充分认识到体育文化健身功能的同时，还必须要注意健身方法的科学性，即"动"必有序，"动"必有道，否则，就会适得其反，有损健康。

（2）竞争性。竞争是体育的灵魂，没有竞争就没有超越，就没有创新和发展。但是体育的竞争，毕竟是文化领域的竞争，它提倡一种公平竞争的精神，即"fair play"。通过竞争，揭露矛盾，从而发现对手的优势是什么，自己的劣势是什么。随之而来的"危机感"鞭挞着人们的惰性，使参加者每时每刻都想着要置身于优胜者的殿堂，终年刻苦训练，"闻鸡起舞"。每当他们克服一切困难而使自己的成绩有所提高并最终战胜对手时，精神也随之获得了升华。这种竞争精神也是我国在改革开放和经济建设中所亟须的。与此同时，因为体育比赛的激烈性与比赛结果的不确定性，使得体育运动的竞争性与其他文化活动相比更具有独特的魅力。

（3）休闲娱乐性。体育是从"play"（玩耍）、"game"（游戏）逐步演变而来的，因此它的休闲娱乐性可见一斑。据有关资料显示，在美国，人们认为如果没有体育运动，电视节目的收视率要减少1/3，街上的汽车要减少1/5。一场高水平的体育比赛，总会吸引数以亿计的人观赏，就是因为它能给人们以健美的享受和精神上的快乐。有时甚至使人达到入迷的程度。近几十年来，大众体育日益受到人们的喜爱。以身体活动为主要媒介的休闲体育较其他休闲方式相比，还具有"双重功效"，即休闲体育不仅能增强人们的健康，而且能使人高度紧张的神经系统得以放松，调节人们的情绪和心理，在运动的激励下，还能增强自信心、自尊心和自豪感，增添生活乐趣。在欧美一些发达国家，大众体育俱乐部已经成为最基层的体育组织。最新统计资料表明，德国8200万居民中，每三个人中几乎就有一个人是体育俱乐部会员，平均每个体育俱乐部有 965 个居民。在二战后不到 50 年的时间内，德国体育俱乐部数量增长了 4.3 倍，俱乐部会员人数增长了近 8 倍。科学和实践证明，参加体育活动，特别是参加那些自己喜爱和擅长的活动项目，不仅能增进健康、增强体质，而且能使人精神愉快、陶冶情操，以更加饱满的精神投入到紧张的、快节奏的工作中去。

（4）教育性。体育的一种说法是“physical education”，顾名思义，就是身体的教育，而广义的教育包括体育，因此教育性是体育文化固有的特征和功能。体育的教育性时时刻刻地体现在体育运动中。首先，它与德育、智育、美育等相结合，是全面教育的重要内容和手段。通过身体教育，培养社会需要的人才。其次，竞技场上的体育道德是社会公德的主要组成部分。运动员在赛场上顽强拼搏、誓不言败的精神对青少年影响至深，教育意义是深远的。在 1996 年亚特兰大奥运会赛场上，我国著名的射击运动员王义夫带病坚持参加比赛，当他坚持打完最后一枪，终因体力不支昏倒在赛场上时，全世界的观众都被感动了。当中国足球取得世界杯入场券时，当中国北京 2008 年奥运会申办获得成功时，举国上下欢欣鼓舞，沉浸在一片胜利的喜悦之中。而申办过程中的许许多多细节体现出了国民的空前凝聚力。体育的这种教育作用是任何一种活动都无可比拟的。

（5）民族性。由于民族区域的生存环境不同，文化积累和传播不同，社会和经济不同，历史和发展的原因不同，世界上各民族都有自己的传统体育项目，因此，体育具有鲜明的民族特征。如中国的武术、龙舟，印度的瑜伽，西班牙的斗牛，日本的柔道等。同一国家、不同民族的体育特色也比较鲜明，如我国西藏的牦牛比赛、蒙古族的摔跤等。如今，民族与民族之间的交流日益频繁，尽管民族体育之间的差异仍然存在，但相互之间的融合与吸收，更加促进了民族体育文化的发展。

（6）时代性。时代性也是体育文化的又一个基本特征。不同时代，人们对体育的认识也不尽相同。第二次世界大战刚结束时，世界处于两极对立的时代，这时体育的政治功能表现得更为明显，与此相对应的是竞技体育更被看重。因为当一个国家的国旗在世界级比赛的赛场上一次又一次地被升起时，当一个国家的国歌一次又一次地在赛场上被奏响时，体育从另一个侧面阐释了强国的含义。在知识经济时代，人们关注的是生活的质量，因此大众体育更被世人所喜爱。随着经济的发展，体育的商业化是历史发展的必然，是时代的产物。与此相对应的是职业运动员、职业运动队开始代表国家参加奥运会。每次国际体育大赛的盛大场面与体育赞助、体育广告等紧密地结合在一起，而这一切又无不体现出体育文化的时代性。

4.2 中西方体育文化

世界各民族都有自己的文化传统和各自社会发展的道路，人类历史的经验表明，不同文化只有相互比较、借鉴，才能共同繁荣。作为文化重要组成部分之一的体育文化也不例外。东方体育文化和西方体育文化都是人类共同的体育文化，是人类相互交往的结果，对东西方体育文化进行比较研究，有利于加强不同背景文化之间的交流与合作，通过相互吸收、相互借鉴、优势互补，有利于我们更好地发展世界体育文化，实现共同繁荣。

4.2.1　中国传统文化的特征

中国传统文化以汉族文化为主体，融合多种民族文化而形成，是各民族养生、健身和娱乐体育活动的总称，它决定着传统体育文化所表现出来的种种特征。

中国传统体育文化内容丰富，源远流长。中华民族在几千年的发展过程中，以自己的聪明才智创造了极其丰富灿烂的中国体育文化。对人类的体育文化做出了巨大贡献的中国传统体育文化，经历了漫长的历史发展过程，兼容了各个历史阶段的优秀体育文化成果。中国传统体育文化以中国传统哲学思想为理论基础。中国传统哲学思想中的“天人合一”和“气一元论”等重要观点，具有典型的整体观，强调人与自然是一个整体，把“神”与“形”视为一个整体，强调神形合一。以此为基础，中国体育文化呈现出丰富的文化内涵和广博宏大的理论体系。

中国传统体育以防病健身、竞技表演、文化娱乐为基本模式。中国古代的养生主张形神兼顾、内外同修、以外练身、以内修心，并认识到了心理对健康的重要作用。这些延年益寿的健身活动成为寓竞技性、表演性、游戏娱乐性、艺术观赏性、趣味性为一体的综合运动形式。中国传统体育文化以宽厚、礼让、和平为价值取向。古代中国注重情感和尊崇道德观念，这种观念在体育活动中得到了充分体现。儒家的“尚仁”、墨家的“兼爱”等思想在规范人们的体育行为、平和体育气氛方面具有积极意义。传统文化中重义轻利的价值观念历代相传，反映在体育中即是崇尚体育的伦理价值而贬低体育的实用价值，使中国体育文化呈现出以宽厚、礼让、平和为特征的伦理价值取向。

4.2.2　西方体育文化的特征

西方文明在开始阶段就表现出了对现实功利的积极追求，讲究在平等的基础上开展竞争，努力获得个人的最大利益和幸福。在这样的基础上，早期西方社会就逐渐形成了功利主义的道德原则、强烈的竞争意识和对力量的崇拜。

强调以人为中心，以个人为社会本位。西方传统价值观中主张竞争为贵，物竞天择，适者生存的信条和德性。在这种理念下也就自然诞生了以个体为本位的体育思想，人们的比赛代表个人，参加体育活动纯粹是个人的爱好，这些思想也深刻地反映在奥林匹克运动上。西方从事体育活动坚持的是个人主义，提倡个性解放，宣扬个性独立，突出个人自由，尊重个人权利，重视契约关系。在竞技体育运动中，充分肯定个人的奋斗与个人价值，将个人英雄主义推到极致。

多元的文化价值。长期以来，西方体育文化产生与发展的经济基础是以海洋贸易为本的商品经济，具有开放性和外向性；此外，欧洲历史的特点之一是文化的多样性，民族国家众多林立。因此，不同国家和民族的体育一经产生，在融入西方体育中，不但没有受到排斥，而且被很好地融为一体，同时在人们选择运用这些体育运动时也体现出鲜明的多元文化特色。不同民族丰富多彩的体育汇成了西方体育文化的大家庭，经过不断的融化，形成了西方体育文化的完整体系，并成为当今世界体育的主流。受世人瞩目的现代奥林匹克运动，就是西方的多元文化价值观对世界体育的重大贡献。

4.2.3 中西方体育文化的差异

（1）中西方体育文化产生和依存的社会环境不同。中国传统体育是以农业文明为基础，是在独特的社会环境中孕育和发展起来的。农业社会形成了相应的封建社会政治条件，专制、集权以及儒家为主的文化伦常形成了中国人传统的思维方式和社会价值体系，因此，不热衷于冒险、冲突和对抗的竞争活动，武术修身、气功、太极等体育形式得到强化。西方体育以工业文明为依托，西方较短的历史传统刺激了自由、平等、民主、竞争观念的产生。工业革命后，能调节快节奏的体育活动方式迅速发展起来，这种体育具有世界性、竞争性、科学性和商品性等特色，与中国农业型体育文化相比，在价值观念、理论认识、运动方式方法等方面都具有巨大的差异。

（2）中西方体育思想基础不同。中国传统体育以古代朴素唯物主义哲学作指导，强调整体，以心为本。在传统文化影响下的中华民族的体育观念大致分为两个方面：一是中国传统体育文化是一个以内达外，追求内在超越的精神理念，如天人合一、顺应自然的体育理念，鼓吹养生之道，其典型代表产物有气功、导引、养生术等；二是伦理道德观压制了个人外在超越和公平公正意识的竞技体育的发展。西方体育文化以自然科学为依据，注重分解，以身为本。西方古典文化影响下的西方体育理念大体现在三个方面：第一，竞争是西方体育的灵魂，在竞争中追求更快、更高、更强的外在超越的个人价值实现。第二，以自然科学和人文科学知识为基础发展起来的西方体育理念中的科学性和民主性比较强。第三，西方体育充满对健美人体的崇拜和对力的赞美，在运动中力求透射出雄劲的阳刚之气，注重竞技能力的培养，追求肌肉强化，多讲究动作的自然性，尽量要求动作的舒展，并强调要用大肌肉群参与动作的完成。中西方对待竞技的态度和胜负观不同。中国体育强调不借助外力之功，而是通过自娱性活动，通过较心较智、较人格的高度、较修养的高低达到价值实现，而胜负是无足轻重的。西方体育提倡竞争，提倡超越对手，超越自然，胜者被视为偶像、英雄。而竞技场上的结果、成绩、名次直接影响到做人的价值以及人本身的尊严。

思考训练

（1）体育文化有何内涵？
（2）试比较中西方体育文化的差异。

5 田 径 运 动

学习要点

（1）掌握田径运动的锻炼价值；

（2）了解和掌握田径运动中奔跑、跳跃、抛投的相关知识。

5.1 田径运动的锻炼价值

5.1.1 田径运动的健身价值

人们通常把田径运动的内容概括为走、跑、跳和投四种运动形式，这正是人类维持正常生活的基本活动能力，也是人类赖以健康生存的基本条件或基本生活能力。正因为田径运动能有效地发展速度、力量、耐力以及灵敏、协调性等身体素质，增强体质，获得运动技能，提高运动能力，培养意志品质。所以，现代社会才更加重视田径运动的健身价值。

跑是最为常见的一项运动。不同距离的跑对人体影响各异。短距离跑是人体在无氧条件下的一种运动，它能导致有氧系统酶活性的增加，能提高人体的最大摄氧能力。生理学家指出，短距离全力跑，呼吸运动往往受到制约，甚至可以憋气跑到终点，因此，跑后恢复期呼吸功能有显著变化。同时，短跑能提高中枢神经系统兴奋和抑制过程的灵活性。所以，短距离跑较普遍地在青少年中作为一种主要的发展身体能力和提高无氧代谢能力的重要手段。

中距离跑时，心脏得到很大锻炼，心率可高达人体最高指标。有些运动员心率每分钟可达 220 次。长期从事中距离跑，心脏体积可呈运动性增大。中距离跑对人体的呼吸机能以及糖酵解能力都有显著促进作用。

长距离跑能提高人体一般耐力，是增进心脏和呼吸系统能力最普遍采用的练习项目。由于长距离跑是在人体有氧情况下进行的，运动中消耗的能量较大，大部分能量来源于肝糖原、葡萄糖和脂肪的有氧分解。因此，长距离跑是提高人体抗疲劳能力的重要手段，也是防止体内脂肪过多储存的有效手段。

跳跃项目是典型的人体克服自身体重、对抗引力以实现腾越高度和远度的运动。跳跃运动能使人体的感觉机能得到提高和加强。

投掷项目是一种表现人体力量的项目。一般来说，从事投掷练习可使肌肉发达，改善肌肉机能的灵活性，提高速度和力量。大量研究表明，投掷标枪运动员大脑皮质的兴奋过程具有高度的均衡性，前庭分析器具有很高的稳定性。

由于田径运动可以有效地增进人的各项机能，因此，把田径运动作为基础运动项目，不仅是提高机体素质、锻炼意志品质和增强各种运动能力的需要，而且也是提高健康水平的需要。

5.1.2 田径运动的锻炼优势

尽管各项体育运动都是某种形式的身体活动，都具有一定的健身价值，但是，田径运动却有着其他体育运动无法比拟的特点和优势，因而更容易在群众中开展与普及。

第一，田径运动大部分是个人项目，参加者不受人数的限制，可以是个人，也可以是几个人、几十人甚至几百人，机动性较强。比赛规则简单，以时间、距离和高度判断胜负，也可以采取不分胜负的纯锻炼方式。

第二，田径运动项目所需要的场地和器材非常简单，所有的走跑项目都可以在较平坦的道路上进行，强度较小的中长距离项目甚至可以在山路或沙滩上进行；跳跃项目可利用一块沙坑或在较松软的地上进行；而投掷项目可因陋就简，就地取材。

第三，田径运动项目的运动强度和运动量可以根据练习者的不同年龄、性别和身体状况等客观因素进行自我控制和调节，以达到适宜的运动状态，所以它是一项老少皆宜的项目。

第四，田径运动项目的技术来源于人类的基本活动方式，锻炼者不经过特殊学习就能掌握一般技术。

第五，田径运动项目的运动形式简单，没有身体接触，所以安全性强，不易发生冲撞性伤害事故。

第六，田径运动可以经济、有效地发展力量、速度、耐力、灵敏和柔韧等多种素质，也可以提高机体对疾病的防御能力，达到增强体质、防病治病的健身目的。

第七，田径运动是其他体育运动的基础。因此，经常从事田径运动有助于提高多种运动技能水平。

5.2 跑

5.2.1 奔跑与人类的生存

在遥远的古代，人类在同大自然和猛兽的斗争中，为了获取维持生命的食物，奔跑作为一种求生手段，除需要不断提高奔跑的速度，以便缩短与被猎取动物之间的距离外，还要在随时的迁徙中，具有持续跑更远路程的能力。

此后，当人类一旦意识到自身繁衍可能受到威胁，又亟待要把这种生存技能世代相传，于是“奔跑”又成为原始教育最重要的一项内容。随着阶级的产生和战争的出现，奔跑还是步兵用于“克敌制胜”和保证自身安全的军事手段。比如，春秋战国时期著名军事家孙武就有“兵之情主速，乘人之不及，攻其所不戒”的精辟论述，表明为达到“兵贵神速”，奔跑不可不快。

到了现代社会，奔跑已被作为一种运动文化，常通过体育场上的竞技比赛，显示人类在高速与持续奔跑中，克服最大生理极限的能力；而采用中等负荷的长时间慢跑，目前已作为一项有效提高生命活力的锻炼手段被广为利用；至于在应急状态下的快速奔跑，尽管仍是衡量现代人的一种生存能力，但由于缺乏“重新学会生存”的意识，绝大多数人几乎已把它排除在健康锻炼之外。

5.2.2 怎样提高奔跑能力

奔跑能力主要是指快速跑、持续跑和障碍跑的能力，它们之间并不完全相关，所以在衡量奔跑能力时，又要注意不同性质与强度上的区别。但不管提高何种奔跑能力，都首先需要了解奔跑的基本要素，然后再按科学的方法与步骤坚持经常性的锻炼，唯此才能达到提高奔跑能力的目的。

5.2.2.1 跑的反应速度

反应速度是指从感受器接受刺激到效应器（肌肉）做出反应所经历时间的长短。反应速度的快慢既取决于大脑皮层神经过程的灵活性，又可以通过后天锻炼不断得到提高。

练习方法：依次采取正面、背面、侧面站位于起跑线前，当听到不同信号后，分别按信号规定的方向快速跑 10~15 米，要求起动迅速，但方向不要跑错。

甲乙两人相隔 1 米，相向站立，听到不同信号，快速判断由甲追乙或由乙追甲。

甲乙两人相隔 1 米，相对站立，先由甲随意用下肢做前后、左右开立或并立动作，乙快速判断后依样模仿，然后改由乙做甲模仿，每人各做 10 次，计算谁正确模仿的次数最多。

注意事项：进行反应速度练习时，所发信号要短促清晰，练习者注意力集中，重复次数不宜太多。

为了提高锻炼兴趣，可采取摆擂台或分组淘汰等游戏方式进行。

听信号做出反应后，要注意快速用高频率完成动作。如果要求动作一步到位，完成动作后，应尽量使身体不再移动。

5.2.2.2 跑的动作速度

动作速度是指在身体锻炼中完成单个动作的时间长短，主要取决于大脑皮层神经过程的转换速度，也与肌肉紧张和放松的交替速度有关。为了提高动作速度，除应提高爆发力的基础水平，还要加强关节的灵活性及运动神经过程的兴奋程度。

练习方法：按预先规定的时间做快速高抬腿，快速摆臂，快速单、双脚跳绳等练习。在规定的 20~30 米距离内，分别划 0.5 米的间隔区 15~20 个，甲乙两人站于起跑线前，听信号后采用单脚跳或碎步跑，依次快速通过每个间隔区，先抵达终点者为胜。

注意事项：发展动作速度时，要合理安排涉及该动作环节肌肉群的用力顺序，用力前要拉长主动肌群，尽量缩短用力过程的时间。

完成快速动作时极易疲劳，故重复练习次数宜少，每次练习质量要高，应严格按规定的要求进行练习。

5.2.2.3 跑的位移速度

位移速度通常是针对周期性练习而言的，以单位时间通过的距离来衡量。比如，可以用时间多少来作为衡量位移速度的判断标准。

练习方法：为了提高位移速度，可采取加速跑、让距跑、接力跑、行进间跑等方法进行练习。

为了突破速度障碍，应特别注意提高跑步的频率，可采取顶风跑、下坡跑、牵引跑等方法进行练习。

注意事项：在进行上述练习时，要注意步频与步幅的合理调配，原则上应在不影响步频的前提下提高步幅。

提高位移速度要注意动作用力与放松的协调交替，每次练习都要在体力充沛的情况下进行，重复次数不宜太多，距离不宜过长。

5.2.2.4　跑的一般耐力

一般耐力通常以能够长时间坚持运动为衡量标准。在锻炼过程中，为满足呼吸与循环系统的工作需要，氧气的充足供应是至关重要的，因为只有具备这种条件，大脑皮层神经细胞在接受较长时间的刺激下，才能始终保持兴奋和抑制的协调能力，并使神经和肌肉的能量消耗达到合理和节省化程度。

练习方法：一般耐力锻炼应以有氧耐力练习为主，可先按规定的时间、距离和数量进行，然后逐渐增加，让运动负荷始终保持在中等强度。

可采取持续时间较长、强度较小的定对跑、定距跑、匀速跑、越野跑等手段进行练习。或采取持续时间较长、强度较小的爬山、游泳、远足和球类等活动进行辅助性练习。

注意事项：练习时要做到保持经常，每次练习的间隔时间不要太长，运动负荷要循序渐进，强度以适中为宜。

为了提高对练习的兴趣，最好采取多种方法结合进行练习，或使练习手段游戏化。

5.2.2.5　跑的专项耐力

专项耐力是指不同运动项目所需要的某种专门性的耐力，它包括速度耐力、力量耐力和静力性耐力。运动实践表明，提高专项耐力必须在一般耐力的基础上，采用增加练习强度和密度的方法，使这种耐力锻炼超过原来的耐力水平，并逐步接近极限负荷。

练习方法：在使一般耐力提高的基础上，按预先设定的距离、时间和重复次数，采取重复跑、变速跑、间隔跑等练习，重点发展速度耐力。

在使一般耐力提高的基础上，可采取时间较长、重复次数较多的徒手或轻重量负荷的肌肉用力练习，重点发展力量耐力。

注意事项：发展速度耐力时，要注意在规定距离和次数的练习中，尽可能保持速度、休息与间隔的时间不变。如果不能保持规定的速度，则不要再继续进行练习。

发展力量耐力时，应以小肌肉群为主，并使伸屈肌群都能同时得到锻炼。

5.3　跳　　跃

5.3.1　跳跃与人类的生存

大家知道，古代人类在与自然和猛兽的斗争中，必须进行很长距离的行走或奔跑。但在这段艰难的求生旅途中，有时会遇到溪流、沟渠等障碍，这时人类必须用敏捷的动作跳越障碍，或连续在跑跳中踏石过河，或用树枝竹竿支撑而过，有时遇到不太高的陡壁、岩崖，还要向高处跳跃。

后来在军事作战中，除了步兵在奔袭敌人的过程中要具有越过战壕、沟渠等障碍物的技巧，手执枪矛作战的骑兵战士，也往往需要利用枪矛作为支撑工具跨上战马或跳过矮墙、篱笆等不太高的障碍。恩格斯曾在他著名的《军队》一书中写道“在罗马……对兵士的训练是非常严格的，目的在于用一切可能的方法增强兵士的体力，除了使用武器和做各种运动的正规训练外，还广泛地练习跑步、跳跃、撑杆跳高……”。这表明，跳跃同样是人类生存不可或缺的基本技能。

5.3.2　怎样提高跳跃能力

跳跃能力主要是指腾越远度、高度与连续跳跃的能力。他们表现形式虽不尽相同，但都需要利用腿部肌肉的爆发力，通过助跑或原地跳跃的最有利于身体重心合理移动的动作结构。根据上述特点，我们唯有先提高腿部力量，充分发挥助跑水平速度以及起跳动作速度，与确定适宜腾起角度这三大要素的作用，使动作体现力量与速度的完美结合，才能达到跳得更远、更高的目的。

5.3.2.1　跳跃的预跑速度

跳跃前的预跑速度与奔跑速度密切相关。为了在起跳时使预跑速度达到最大，且又不影响起跳动作的完成，预跑动作应均匀有力、高抬大腿、逐渐加大步频和步幅，按向远跳、向高跳或连续跳的要求，调整身体重心的移动方向与起跳角度，并以不损失预跑速度为前提。

练习方法：在跑道上随意放松地做有节奏或变换节奏的加速跑练习。在练习基础上，将约为30~40米距离大致划为三段，按助跑、加速、保持匀速、加快节奏的方式进行练习。

利用一段较长距离，采取走、跑、跳相结合的方法，进行走中带跑、跑中起跳、连跑带跳等练习。

注意事项：在做有节奏或变换节奏的加速跑练习时，要在先加速、后保持步幅均匀的基础上，再通过提高步频，加快节奏，使速度始终处于相对稳定状态。

向远跳的技术要求，在助跑最后阶段，应使身体稍呈前倾姿势，适当提高身体重心，避免前蹬支撑产生过多制动而导致跑速下降。

向高跳的技术要求，在助跑最后阶段，应使身体稍呈后仰姿势，适当降低身体重心，髋关节积极前送，带动起跳腿的前蹬支撑产生制动，使助跑水平速度转化为起跳垂直速度。

5.3.2.2　跳跃的动作速度

跳的动作速度是指通过肌肉收缩带动骨骼，在符合向上跳、向远跳或连续跳技术规范的前提下，支配身体各环节的动作速度。为了使这种动作达到快速有力，并与跑速之间有机衔接，应提高肌肉、特别是腿部肌肉的力量、弹性与合理用力的技巧。

练习方法：面对沙坑或距沙坑一段距离，采用双脚立定跳、连续蛙跳、羊脚跳、跨步跳等手段反复进行练习。

利用楼梯或运动场设置的看台，采用双脚蹲跳、连续单跳与跨跳等手段，反复进行台阶跳练习。

利用跨栏架、跳箱盖或两头固定且可调节高度的皮筋等器材，采用屈伸跳、踏上跳下、左右横跳等手段，反复进行障碍跳练习。

利用悬挂物、篮板、篮圈或在墙面设标记，采用助跑或原地摸高等手段，反复进行垂直纵跳练习。

注意事项：为了提高跳的动作速度，应注重每次练习的质量，尽可能使动作做得快速有力。

如果身体感到疲劳或动作速度下降，就不应再继续进行练习。

当徒手练习次数达到一定限度，在已开始逐渐适应负荷的基础上，可适当减少练习次数，采用身系或背负重物等手段，再进行新一轮的负重跳跃练习。

在练习起跳动作时，除需要重视起跳腿肌肉的爆发力，还应根据身体各环节运动的互动原则，注意提高非起跳腿和手臂动作的摆动速度。

5.3.2.3 跳跃的适宜角度

跳的适宜角度是指合理的起跳腾起角度，由助跑的水平速度与起跳产生的垂直速度的对比关系所决定。如果改变它们之间的关系，将直接影响跳跃的高度和远度。通常向远跳要多利用水平速度，使腾起角小于45°；向高跳则应多利用垂直速度，使腾起角大于45°。

练习方法：在离沙坑不远处，设置不同高度的障碍，要求助跑起跳后，做各种团身、挺身或跨步等空中动作，注意保持身体平衡。

在设障碍前方不远处再设悬挂物，或在沙坑中由近及远放置标记，然后按上述方法反复练习，并根据向上跳和向远跳的不同要求，在每次调整腾起角的练习之后，都要通过用标记来检验实际效果，且据此大致确定起跳的适宜高度。

注意事项：在起跳取腾空姿势后，无论是向高跳或向远跳，都要重点体会怎样才能保持身体平衡，并使起跳的作用力不致引起身体向前、后方向旋转。

当助跑的水平速度较快，首先要在保证身体有足够腾空时间的前提下，确定向远跳的适宜腾起角。如果是想向高跳，则应在起跳时注意做好制动，用增大腾起使水平速度转化为垂直速度。

5.4 抛 投

5.4.1 抛投与人类的生存

原始人在与大自然的抗争中，逐渐积累了许多成功的经验，也随时都在总结失败的教训。比如，原始人在最早的渔猎生活中，就学会了用木制的鱼叉去捕获水中的游鱼。为了提高在丛林原野中生存的能力，通过抛投石块和短棍，既可以避免因近距离与野兽搏斗而导致自身的伤害，还可以用这种方法缩短与被猎动物之间的距离，使搏杀猎物成功的机会大为增加。

到原始社会后期，由于部落间的冲突和战争频繁发生，出于制服对手与保存自身的需要，人类在自身进化的过程中，通过发明金属冶炼术，用金属枪尖取代石质或角质枪尖，并把装有金属枪尖的长矛充当武器，使攻防双方的杀伤与防御能力都有了明显的提高。

随着社会的不断发展，抛投作为一种最原始的生存技能，以后又通过游戏的方式延续至今。但从游戏的产生、延续与发展情况看，抛投作为原始教育中的重要内容，后演变为训练武士或选拔斗士的手段，现又用于锻炼臂力和增强体质，并发展成为一项极具文化色彩的比赛活动，都充分显示了“抛投”在人类生存与教育中的意义。

5.4.2 怎样提高抛投能力

抛投能力是指通过肌肉力量用推、掷、撇、甩等方法，抛投手中物体或器械的能力，通常以抛投的远度与准确度为衡量标准。根据抛投所要达到的目的，肌肉爆发力将是决定抛投能力的关键因素。但能否取得理想的实际效果，则又离不开抛投时的加速度、最后用力和适宜的抛投角度这三大要素。

5.4.2.1 抛投时的加速度

抛投时的加速度是指在抛投物体之前，采用助跑、滑步、旋转等方式，使抛投物获得的预动速度以及通过最后用力合成的使抛投物获得的最大出手速度。

练习方法：对墙手执垒球或在空旷的自然环境手执石块于肩上或体侧，然后助跑或在原地进行投远、掷准或做打水漂游戏等练习。

结合军事野营活动，采用跪、俯撑姿势，或在匍匐前进中做实用性的抛投练习；结合专业实习或野外活动，采用旋转撇缆以及将一头拴有重物的长绳投向目标等方式进行练习。

注意事项：为了更有利于提高抛投物的预动速度，应根据抛投物体的重量、形状与实际需要，来选择不同的预动方式。

在开始练习时，应在先学习不同抛投技术的基础上，用慢速体会预动速度与抛投出手速度之间的衔接，如果双方产生矛盾，则宁可降低预动速度，也不要本末倒置地影响最后的出手速度。

无论采取何种方式进行抛投，都必须特别注重加强提高出手速度的练习，即在大肌肉用力的基础上，注意小肌肉的快速用力，以便设法提高末端关节的动作速度。

5.4.2.2　抛投的最后用力

抛投的最后用力是指抛投出手前的肌肉用力。比如，为了便于右侧臂用力，应以左侧肩与脚构成良好的左侧支撑。为了提高最后用力的效果，还必须让身体超越器械（抛投物），尽量拉大抛投手臂肌肉的长度，使抛投物在出手前有足够的用力时间和工作距离。

练习方法：两脚分开侧对肋木架站立，用抛投臂（右臂为例）拉住肋木，左肩上顶、左腿牢固支撑地面后，通过转动颈、肩关节，做引臂用力的“满弓”动作。

利用掰手腕、拔河等游戏练习，反复体会一侧牢固支撑、有利于另一侧身体用力的感觉。

选用垒球或其他重量较轻的抛投物体，在原地或侧向助跑中，使抛投臂尽量后引，体会身体始终走在抛投物前面的感觉。

注意事项：鉴于最后用力的效果与用力的大小、用力的距离和用力的时间长短有关，所以在助跑结束前，为了便于最后用力和做好“超越器械”的动作，上肢移动速度应稍慢于下肢。

鉴于下肢移动速度加快，会给牢固的左侧支撑带来困难，所以无论采用助跑、滑步或旋转方式提高预动速度，都必须使“最后用力”前的左侧支撑脚的脚尖与抛投方向垂直，否则将容易使膝关节弯曲而导致左侧支撑不稳。

5.4.2.3　抛投的适宜角度

抛投作为一种斜抛运动，其飞行远度首先决定于抛投出手时的加速度，也和适宜的抛投角度有关。在体育比赛中的抛投，抛投点总是高于落地点，加上受空气阻力的影响，抛投角都应小于45°。但如果把抛投置于我们的日常生活中，根据实用性原则选择的抛投方式，除了有远度的要求，还必须解决投准的问题。而在此种情况下的抛投，尽管抛投点仍高于地面，却因为落地点有时会高于地面或低于地面，所以抛投角有时也可能大于或小于45°，这需要视具体要求进行灵活调整。

思考训练

(1) 如何认识田径运动。
(2) 介绍几种跑的锻炼方法。
(3) 怎样提高跳跃能力？

6 篮　　球

学习要点

（1）领会篮球运动的价值和意义；

（2）熟练掌握篮球的基本技术，了解篮球运动的基本战术和篮球竞赛规则；

（3）运用所学的知识来欣赏国内外篮球比赛。

6.1 篮球运动概述

篮球是以技术为中心的对抗性体育运动之一，是1892年1月（另一种说法是1891年12月），由美国马萨诸塞州菲尔德基督教青年会训练学校教师詹姆士·奈斯密斯博士所创立的。他的初衷是给学院的学生们发明一种适合在室内进行的运动。最初，他将两个装桃子的篮子，钉在学校健身房楼上看台的两端，以橄榄球作为比赛用具，向篮内投掷，后来改为铁制的圆圈，挂上线网。再后来剪开网子下口，成为今天篮筐的样子。为了完善篮球游戏，他在1892年制订了13条规则，后逐步修改和增加条款，出场人数也逐渐减少，直至规定每队5人，这才成为现代的篮球运动。在1936年的第11届奥运会上，男子篮球被列为正式比赛项目。1976年，女子篮球被列为奥运会正式比赛项目。1946年，美国出现职业篮球联赛，并发展为目前的NBA。

篮球运动是在固定场地内，双方以投篮为中心的竞赛项目，并以投中得分获得乐趣，可见篮球运动始终具有浓厚的游戏性。篮球运动不受年龄、性别和技术的限制，因而开展十分广泛，成为丰富人们业余文化生活的重要内容。

篮球比赛是在攻防的不断变化中进行的，运动员应具有良好的身体素质。在场上既要不断地快速奔跑，又能急起急停，所以，经常参加篮球运动，通过跑、跳、技的锻炼，对促进人体的协调性、灵活性和应变能力都会起到良好的作用。

篮球运动要求运动员对场上各种变化情况具有精细的感受能力。运动员在场上完成许多复杂的动作时，动作要十分准确，而这在很大程度上要靠人体运动分析器对肌肉感觉做精确分析才能实现。如篮球运动员能够在没有视觉参加的情况下完成运球动作，就是靠运动及触觉两种分析器的精确判断来实现的。

经常参加篮球运动者，不仅肌肉会变得更加结实有力，而且内脏器官的机能也会得到明显提高。以心脏机能为例，正常成人安静时每分钟心跳72次左右，并且每次心跳只能输出50~60毫升血液。而篮球运动员安静时，心脏每分钟跳50~60次，每次心跳输出血液可达80~100毫升。安静时心跳次数减少，说明篮球运动员的心脏肌肉强壮有力，收缩一次输出的血液大大超过一般人，是机能良好的一种现象，确实有助于改善人体的心肺机能。

6.2 篮球基本技术

6.2.1 移动技术

移动技术的练习，应根据篮球运动的特点，做到快、活、稳。快是指起动速度快、脚步移动快、抢断球移动要快；活是指进攻与防守脚步移动要灵活、场上战术配合要灵活、进攻时处理球的方法运用要灵活；稳是指传接球要稳、投篮要稳、比赛过程中控制球要稳。正因为篮球运动的各种技术都要配合移动来完成，所以移动技术在篮球比赛中是非常重要的。

移动技术很多，目的都是摆脱对方的防守，跑到有利的位置去接球。防守时脚步要提前抢位进行断球，不断地给对方造成威胁。

6.2.1.1 突然快速起动

突然快速起动是摆脱防守最简单的方法，一般在对方防守较紧时，为了迅速抢断篮球或接同队的传球，运用突然快速起动，进行各种配合。持球队员也可用突然快速起动摆脱对方防守，切入篮下投篮或进行配合。

动作要领：起动前应保持两脚左右分开做原地小碎步跑，重心下降成屈膝姿势。起动时用一脚前脚掌的内侧做短促有力的蹬地动作，以腰部力量带动身体重心迅速向起动的方向前进。起动后两臂迅速摆动，前三四步跑要短而快，然后逐渐加大步伐，进入正常快速奔跑。

进攻时练习方法：队员在球场端线上面向或背向或侧向站立，根据教师的信号，队员凭听觉做突然起动，向场内快速跑过半场或全场。

两人一组，各持一球，相对站立相距 5~6 米，每人同时将球向自己右侧或左侧上方抛去，双方立即起动交换位置，并将对方抛出的球接住。

区域联防阵容的进攻与退守的起动练习。五人一组，教师发信号，队员听信号后，做集体起动跑至对方篮下或过中线后，并快速起动退守至本篮下，如此反复进行 3~5 次后轮换另一组做。

防守时练习方法：全场曲线做后滑步，听信号做手触地的练习，做 2~3 组。

全场曲线做后滑步，突然听信号做上步后跳起抢断球的练习，做 2~3 组。

三人一组，两人做传接球进攻，一人做抢断球防守，练习手脚迅速移动和判断球的意识能力，做 2~3 组。

6.2.1.2 急停

进攻队员在急速跑动中，防守者紧跟着无法摆脱时，可利用急停的动作把防守者甩开。急停与突然起动结合运用，会更有效地摆脱防守，急停的动作有两种：跨步急停和跳步急停。

（1）跨步急停。在急停的瞬间先跨出一大步，后脚跟先着地，同时降低重心，上体稍后仰以减少向前冲力。第二步跨出着地时，身体侧转（左脚跨第一步身体左转），脚尖稍向内转，用脚掌内侧蹬地，同时两腿深屈，上体前倾，急停后身体重心落在两脚上，这种急停一般在运球过程中运用，也适用于由进攻转为防守的快速跑动中，如图 6-1 所示。

图 6-1

（2）跳步急停（一步急停）。急停前，单脚或双脚跳起离地，上体稍后仰。接着两脚同时平行或前后落地。落地后两膝弯曲，重心下降，两臂屈肘微微张开帮助维持身体平衡。这种急停一般适用于跑动中向前接球，如图 6-2 所示。

图 6-2

练习方法： 慢跑或快跑中做跨步和跳步急停练习。

运球中做跨步和跳步急停练习。

接球时做跨步和跳步急停练习。

运球后急停，跳起投篮。队员 A 持球运球至罚球线附近急停后跳起投篮，队员 B 在 A 急停后投篮时向篮下抢篮板球传给 C，A 投篮后至 B 队排尾，B 传球后至 A 排尾，依次轮流进行。

6.2.1.3 移动

（1）侧身跑。侧身跑是在跑动中为了更好地观察场上情况所采用的一种方法。

动作要领： 侧身跑时，头部和上体放松地向球的方向扭转，同时侧肩，脚步朝着跑的方向。既要注意观察，又要保持速度。

（2）变向跑。变向跑是队员在跑动中突然改变方向，摆脱防守的一种移动方法。

动作要领： 变向时（以从右向左跑为例），上体稍向前倾，同时右脚前脚掌内侧用力蹬地，随之腰部扭转，上体向左前倾，移动重心，左脚向左前方跨出一小步后，右脚迅速向左脚的侧前方跨出一大步，继续跑动。

（3）侧滑步。侧滑步是队员防守时重要的移动方法。

动作要领： 由两脚平行站立开始，向左侧滑步时，左脚向左跨出，落地的同时，右脚蹬地滑动，跟随左脚移动，保持屈膝低重心的姿势。身体不要上下起伏，两脚不要交叉，重心要落在两脚之间。

（4）跨步。它主要用于持球突破，是超越防守的一种步法。

动作要领： 是以一脚为中枢轴，另一脚向侧前方跨步，但不改变身体方向，它与转身动作结合运用，可以摆脱防守和保护球。

练习方法：

沿篮球场直线慢跑，听口令急停后加速跑，再听口令急停。

沿直线跑，听信号变侧身跑，再听信号变向摆脱跑。

教师喊口令做各方向的滑步练习，也可结合手势做练习。

两人一组，一攻一守，徒手练习变向、变速跑。

两人一组，一人持球一人防守，持球者做跨步摆脱过人后运球前进，两人交替练习。

6.2.2 传、接球技术

传、接球是篮球比赛中运用最多的基本技术，它是组织进攻的纽带，是战术配合的必要手段。

(1) 双手胸前传接球。

动作要领：双手持球于胸前，五指自然分开握球的后侧方，两肘自然下垂于体侧，两腿自然地前后（或左右）开立，两膝微屈；传球时，两脚蹬地重心前移，两臂向传球方向伸出，用手腕外翻和拇指、食指、中指力量加速，直到手心向前将球传出，身体重心随球前移；接球时，两臂前伸迎球，手指自然分开，两拇指成八字形，两手呈半球状，当手指触球时，两臂随球迅速收回，减缓球速和冲击力，然后将球握住置于胸前，行进间接球时要跨步迎出接球，如图 6-3 所示。

图 6-3

(2) 双手击地传接球。

动作要领：将球向斜前方地面传出，球击地点两人间距靠近接球人的 1/3 处，球弹起高度在接球人的腰腹部；接球时，掌心向着来球反弹的方向，屈膝弯腰伸手迎球，接球后手腕上翻持球于腹前，如图 6-4 所示。

图 6-4

(3) 单手肩上传接球。这是比赛中经常运用的一种远距离传球方法。它的速度快、准确性高，快攻长传中经常应用这种方法。

动作要领：以右手传球为例，双手持球于胸前、两脚平行开立，左脚向前迈出半步，身体右转重心后移，同时把球引至右肩上方，手指分开，手腕后屈托球后下部；传球时右脚蹬地转体，右臂前挥，手腕前屈，用手指拨动的力量将球传出；接球时，手臂伸向来球方向，掌心微凹正对来球，当手触球后顺势后引，翻腕，双手持球于腰腹前，如图 6-5 所示。

(4) 行进间传接球。

动作要领：主要是传接球动作和脚步配合要协调、连贯，一般是跨出第一步接球，最迟在

图 6-5

第三步落地前传出球；根据接球人的速度，将球传至同伴身前一步左右的距离和胸部位置。

练习方法：

（1）原地五角形传接球练习。五人站成五角形，A 传球给 C，C 传球给 E，E 传球给 B，B 传球给 D，D 传球给 A。如此反复。

（2）迎面跑动传接球。分成两组，相距 8 米成纵队相对站立，用一球做迎面跑动中传接球。

三角形传接球。三人保持三角形，进行传接球的练习。中间加上两个防守者，传球者可运用双手胸前传球、击地球、单手肩上传球等方法，这样就练习了接近比赛情况下所需要的传接球技术。被防守队员接触球，即算失误，谁失误就去做防守队员。

将学生分为人数相等两队，跑动中两队排头做对角线传球，练习单手肩上传球和跑动中击地反弹传球，传球距离逐渐增加至 10 米左右。

将学生分为四路纵队成方形，距离 7～8 米。开始用一个球练习，可按顺时针或逆时针方向进行。传给跑动队学生接球，邻侧队学生即起动准备接球，按此顺序练习。熟练后，同时用两个球进行，由对角的两队传球开始。

（3）全场跑动传接球练习。两人一组在同一端线的两侧站好，相距 4～5 米，两人曲线跑动斜线传接球，要求在快速奔跑中完成传接球。

6.2.3 投篮技术

原地投篮一般在远距离投篮和罚球时运用较多，远距离投篮不仅可以增强个人和全队的攻击力度，而且具有较大的战术意义。

（1）单手肩上投篮。

动作要领：持球手五指自然分开，用手指根以上部位托球后下方置于肩上，另一手扶住球的内侧方；两脚前后或左右站立，两膝微屈，重心在两脚之间，上体自然正直，两眼注视球篮；投篮时；投篮手臂随下肢伸直和脚蹬地力量向前上方伸出，球出手时手臂完全伸直，身体重心随出球方向上升，脚跟提起，用手腕前压的动作使球从食指、中指指端飞出，如图 6-6 所示。

图 6-6

(2) 跳起投篮。跳起投篮具有突然性强、出球点高和不易防守的优点，可以与传球、突破和其他假动作相结合，在不同距离情况下都可运用。

动作要领： 跳投的手法与原地肩上投篮相同，其区别只是跳起在空中将球投出，两手持球上举同时，两脚用力蹬地身体垂直向上跳起，当腾空至最高点时，扶球手离开，持球手迅速向前上方伸臂，用手腕和手指力量将球投出，落地时要屈膝来保持身体平衡，如图 6-7 所示。

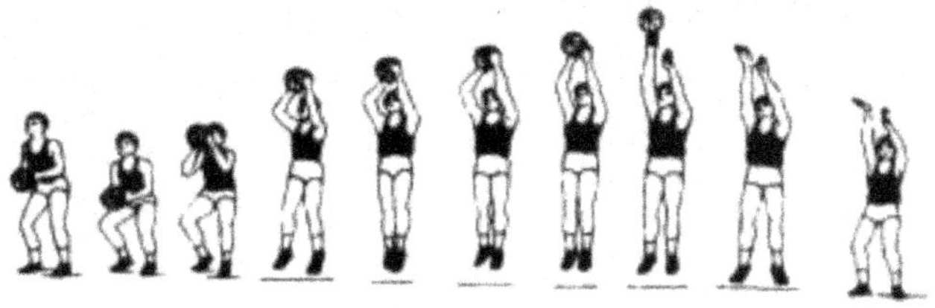

图 6-7

(3) 行进单手肩上投篮。一般在快攻与切入篮下时采用较多，投篮出手点高，接近篮圈容易命中。

动作要领： 以右手投篮为例，右脚大步跨出接球，左脚步伐小些，随即蹬地远跳，右腿提膝，左手保护球，当身体跳至最高时，右臂和身体充分向上伸展，掌心向上，用手腕和手指的力量将球投出，一般称之为"跑篮"，如图 6-8 所示。

图 6-8

(4) 行进间单手低手投篮。这种投篮适用于在摆脱防守后切入篮下或与防守者平行时，利用速度和空中身体伸展动作进行投篮。

动作要领： 以右手投篮为例，当右脚前跨在空中时用双手接球，接球后两臂放在右侧，以身体保护球，右脚落地后，左脚再前跨一步，用力向上起跳，右腿自然提起，身体尽量向上伸展，右手顺势向前方伸出，至最高点时用手腕手指挑拨球，使球从食指和中指指端向前旋转，拨球入篮，如图 6-9 所示。

图 6-9

练习方法： 队员分为两组，相对站立距离为 4~5 米，原地做双、单手投篮动作练习。

体会投篮时的手法和身体的协调配合。如练习跳投，先做徒手起跳动作。

原地站立投篮练习。学生分两组排成两路纵队，排头一人各持一球，投篮后抢篮板球，各自传给本队第二人，依次轮流进行。要求手法正确，提高命中率。

移动上步接球后做原地或跳起投篮练习。开始时A自己投篮后抢篮板球传B，B传C。要求C移动上步接球后，马上投篮，投篮后立即前去抢篮板球，再传给跑到B原来位置上的A，B则移动到C原来位置上，依次循环。

练习快速弧线运球上篮。将学生分为两队，在两侧端线站好，排头队员运球走弧线，即"∞"字。改变方向时，要求左右手交换运球，不减慢速度，快速运球上篮，可用单手肩上投篮，也可用单手低手投篮，投篮后学生将球传给端线处学生后站到对面队伍，依次进行。

综合练习行进间运球、传接球、投篮。将学生分为两路纵队排于两侧端线处，每队第一人先做行进间运球，将球传给老师或组长，继续前跑接回传球，然后运球上篮。自投自抢篮板球，将球传给另一队的第二个人，自己跑至排尾，依次进行。

6.2.4 持球突破技术

持球突破是持球队员利用快速的脚步动作和良好的运球技术超越防守者的一项进攻技术。

6.2.4.1 交叉步持球突破

动作要领：从左面过人时即以左脚为轴，用右脚前脚掌蹬地向防守者右脚外侧跨出第一步（步子要大些），同时向左侧身探肩，用右肩前冲的动作保护球，用左手将球拍至右脚前侧方，再蹬左脚跨第二步随即运球。

练习方法：做右晃左过或左晃右过假动作，移动重心及探肩练习。

在消极防守下结合假动作突破练习。

两人一组，一攻一守，互相练习徒手突破、持球突破，防守时由消极到积极。

行进间接球突破练习，队员奔跑中接同伴传球后，摆脱防守，运球过人上篮。

要求：第一步要快，步幅要适中，重心前移，转体探肩护球动作要连贯。

6.2.4.2 同侧步持球突破

动作要领：以左脚为轴从防守左侧突破为例。左脚前脚掌蹬地，右脚向防守左侧迈出，中枢脚左脚离地前用右手推拍球于迈出脚侧前方，同时左脚蹬离地，加速超越防守者。同时上体右转身，将左肩压到防守者的左肩，利用上体保护球。

练习方法：同交叉步持球突破。

要求：第一步要快而小，重心前移，转体探肩护球。

6.2.4.3 跳步急停突破

动作要领：在准备接同伴传球时迅速迎接球，在腾空中接球、两脚依次或同时落地，重心落在前脚掌，根据防守者的位置迅速用交叉步或同侧步突破，超越防守者。

练习方法：两人一组，防守者将球传给进攻者，进攻者根据防守者位置和动作，判断时机突破。

一对一从消极防守到积极防守练习。

要求：接球后正确落地（位置）控制身体平衡，接球与突破要紧密衔接、连贯。

6.3 篮球基本战术

基本战术即战术基础配合，是两三个人之间组成的简单配合，包括进攻与防守两个部分，它是组成全队战术的基础。比赛中战术变化多端，但都离不开这些战术基础配合。

6.3.1 进攻战术

进攻战术包括传切配合、突分配合、掩护配合和策应配合。

6.3.1.1 传切配合

半场做2~3人利用传球和切入所形成的简单战术。根据以上的介绍可依照以下方法分组进行练习。

（1）一传一切。一传一切是指持球队员传球后向篮下切入，接回传球投篮。

（2）空切。空切是指无球队员掌握时机，摆脱对手，切向防守空隙区域，接球投篮或做其他进攻动作。

（3）突破分球。当持球队员运球突破上篮受阻，立即将球传给同伴，如图6-10所示。

6.3.1.2 掩护配合

掩护配合是采用合理的行动用自己的身体挡住同伴防守的一种配合方法。掩护配合有前掩护、侧掩护和后掩护三种形式。

以侧掩护为例。④传球给⑤后跑到△5的侧后方做掩护，⑤利用这一机会，持球突破上篮，如图6-11所示。

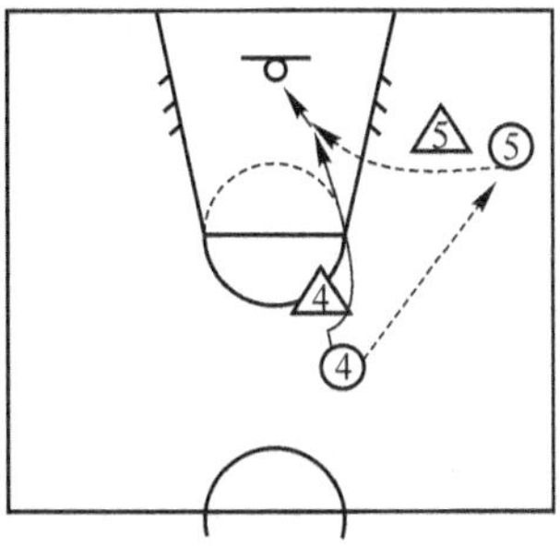

图6-10

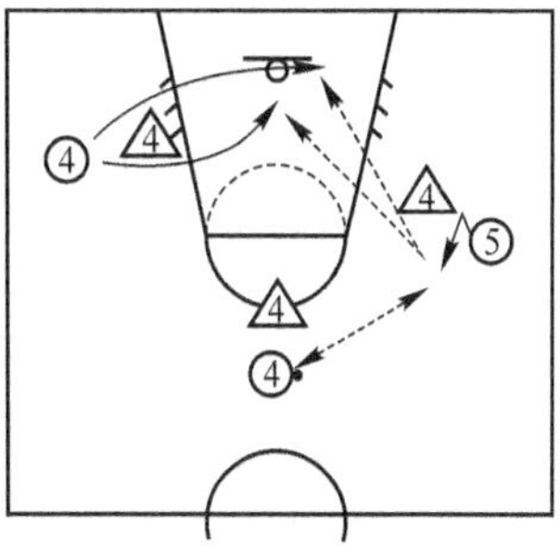

图6-11

6.3.1.3 快攻

快攻是在比赛中转守为攻时，以最快的速度创造人数上、区域上的优势，在对方没有部署好防守前结束进攻。

（1）快攻的组织形式。快攻的组织形式主要有长传快攻、短传快攻和结合运球突破快攻三种。

1）长传快攻：是防守队员在后场获球后，用一两次传接球迅速摆脱对手而快下的一种方法。

2）短传快攻：是队员防守获球后，立即以短促的传接球和快速的奔跑迫近对方篮下进行攻击的一种进攻配合。

3）结合运球突破快攻：防守队员获球后，无法采用长、短传球推进时，应立即快速突破，再寻找配合机会。

（2）快攻的组织结构。快攻的组织由发动、推进、结束三个阶段组成。

（3）发动快攻的时机。发动快攻的时机有抢篮板球、抢断球、掷后场端线界外球和跳球等。

（4）快攻方法及防守。

1）二攻一：二攻一多在快攻结束时运用，利用快速传球、运球，形成以多打少的局面；两个队员要保持适当的距离，根据防守情况投篮或分球，如图 6-12 所示。

2）一防二：当对方发动快攻、在后场出现以少防多的局面时，防守者应及时选择有利位置，根据“防强放弱，防有球，放无球”的原则进行防守，如图 6-13 所示。

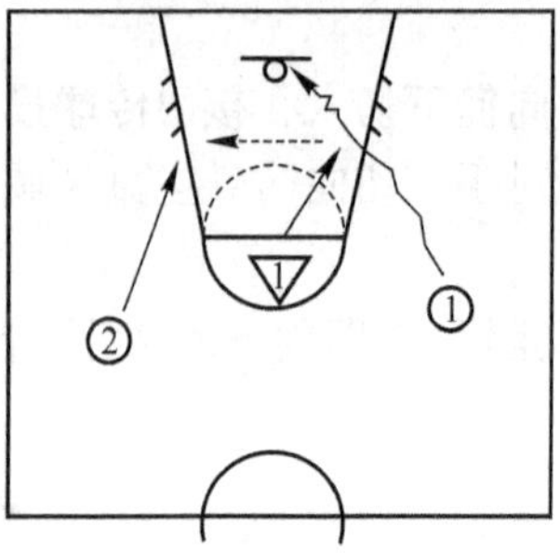

图 6-12

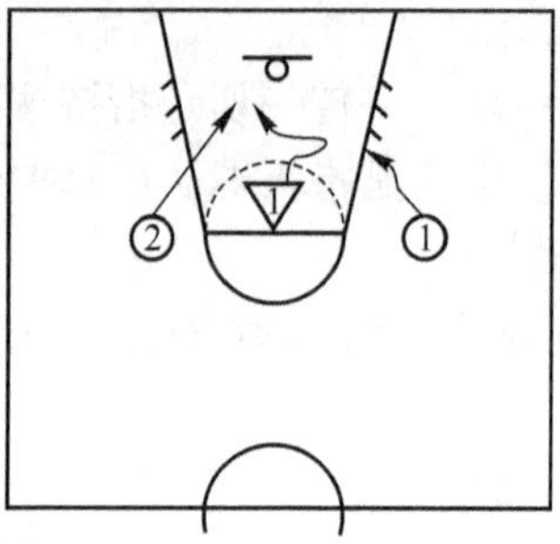

图 6-13

6.3.2 防守战术

（1）“关门”配合。它是防守战术基础配合方法之一。“关门”是临近的两个防守队员协同防守突破队员的配合方法，如图 6-14 所示。

（2）挤过配合。挤过配合是防守战术基础配合的一种方法，如图 6-15 所示。

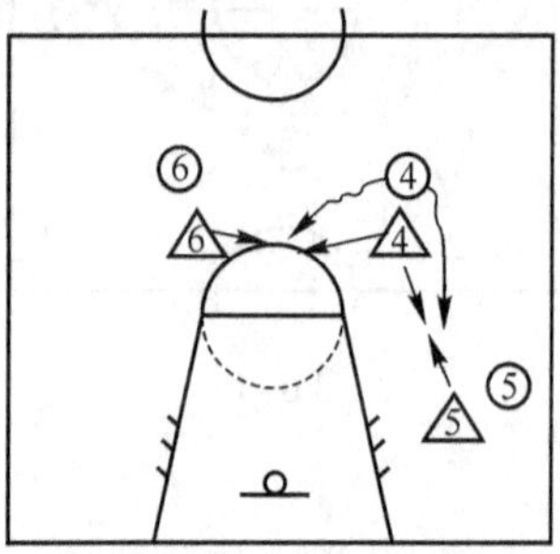

图 6-14

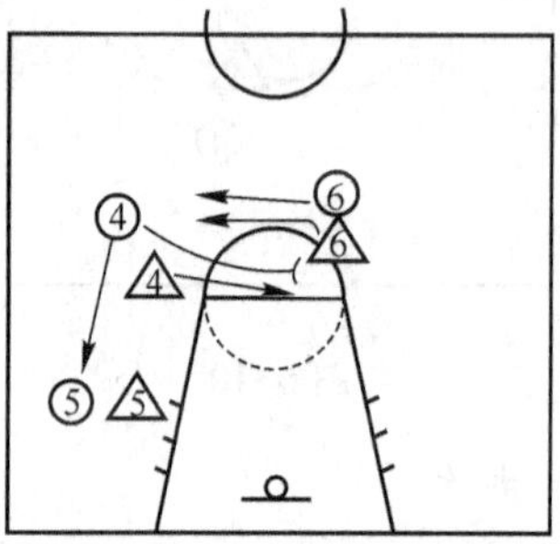

图 6-15

（3）半场人盯人防守。全队退至后场盯住自己的对手。常见的有半场缩小（松动）人盯人防守和半场扩大（紧逼）人盯人防守。

半场人盯人防守应遵循“以人为主，人球兼顾”和“有球则紧，无球则松”的原则。合理运用防守基本配合，进行强有力的抢、堵、封、断，控制和破坏对手的进攻配合行动。

当对方外围中投不太准而篮下攻击力量较强时，采用半场缩小人盯人防守；当对方外围攻击力强（中、远距离投篮较准）而内线攻击力较弱时，则采用半场扩大人盯人防守。

（4）半场区域联防。

1）“二一二”阵形。队员在防区内的分布比较均衡，外线可防投篮、突破，内线可防中锋进攻，有利于队形的及时调整。

2）“三二”阵形。如对方远距离投篮较准，为了控制外围进攻，防范对方中、远距离投篮，可采取此阵式。

3）“二三”阵形。如对方在底线两角投篮较准，且突破又具威胁时，为了加强底线防区，可采取此阵式。

6.4 篮球竞赛规则简介

6.4.1 队员人数和号码

每队一般由 12 名队员组成。上场比赛为 5 人。每队队员号码应是 4~15 号，目的主要是避免队员得分（1~3 分）、3 秒违例与队员犯规后罚球次数等在判罚手势中造成的混淆不清。

6.4.2 比赛时间

每场比赛分为 4 小节，第 1、2 节和第 3、4 节分别为上、下两半时。每节比赛为 10 分钟。第 1、2 节和第 3、4 节之间的休息时间为 2 分钟。两个半时中间正常的休息时间为 15 分钟。在头 3 节的每节中，每队可准予 1 次要登记的暂停，第 4 节中准予 2 次要登记的暂停，每一决胜期准予 1 次要登记的暂停，每次 1 分钟。决胜期比赛时间为 5 分钟。

6.4.3 跳球（争球）

比赛开始，由双方各 1 名队员在中圈跳球。比赛中，双方队员抢球相持不下，或球由双方队员同时拍出界外，或球卡在篮圈与篮板之间，则执行交替拥有。

6.4.4 违例

比赛场上队员出现以下情况时判违例，判由对方在违例地点附近边线外发界外球。

（1）带球走。带球队员移动，必须以一脚为中枢脚方能转身、跨步等。中枢脚不可离地，若要离地，必须在未离地前将球掷出，否则为带球走。

（2）两次运球。下面情况均为两次运球：两手同时运球；运球时手掌向下时有明显的翻腕动作或球在手中有明显的停留现象；运球结束后，球自行离手而又重新将球拿住（视有意无意）；运球后将球接住又继续运球。

（3）球出界。球或持球队员触及界线或界线以外的区域则为出界。在场外发球，触及界线及场内地面亦为违例。

（4）有关时间的违例。

1）3 秒违例：控制球队队员在对方限制区内停留超过 3 秒。

2）5 秒违例：在罚球、掷界外球和持球队员被夹击时 5 秒内未将球掷出。

3）8 秒违例：进攻队从后场控制球开始，未能在 8 秒内使球进入前场。

4）24 秒违例：控制球队队员在 24 秒内未能投篮出手。

6.4.5 犯规

（1）侵人犯规。与对方队员发生不合理的身体接触。

罚则：对投篮队员犯规判给两次罚球（3 分线外的投篮判罚 3 次）；若投篮命中有效，则追加罚球 1 次。对非投篮队员犯规，则判发界外球。

（2）故意犯规。队员不是为了抢球，而是故意和对方队员发生身体接触，称为故意犯规。

罚则：对不持球或持球没有投篮动作的队员犯规，判罚两次罚球后由罚球一方队员在中场边线外发界外球。

对投篮队员故意犯规，则投中有效，判罚球 1 次后，无论投中与否，均由罚球一方在中场发界外球。

（3）双方犯规。双方队员同时相互犯规。

罚则：应给每一犯规队员登记一次侵人犯规；如犯规时有一方投篮命中，则投中有效，由对方在端线发界外球；如果某队控制了球或拥有球权，应将球判给该队在最靠近犯规的地点掷球入界；如果任一队都没有控制球或拥有球权，则执行交替拥有。

（4）5 次犯规。某队员全场各种犯规累计达 5 次。

罚则：自动退出比赛，不得再参加本场比赛，由其他队员替换。

（5）每节全队 4 次犯规。比赛的每节（决胜期作为下半时的继续）犯规达 4 次以后，每一次犯规均判罚球。

罚球：对不投篮的队员犯规，判 2 次罚球。对投篮队员犯规，则投中有效，并追加 1 次罚球。

（6）控制球队队员犯规。失去球权，由对方在就近的边线外发界外球。

（7）技术犯规。技术犯规是指场上队员、场外教练员、替补队员等违反规则，不服从裁判，影响比赛顺利进行的犯规。

罚则：视情节轻重，可判罚为劝告、提醒、警告；判罚球两次后在中场边线外由对方发界外球，直至取消比赛资格。

（8）取消比赛资格的犯规。情节十分恶劣的侵人犯规（含教练员、替补队员严重技术犯规）。

罚则：令其退出比赛，并按故意犯规的罚则进行判罚。

6.4.6 得分相等和决胜期

下半时结束如比分相等，应延长 5 分钟作为决胜期继续比赛。必要时可用几个决胜期，直至分出胜负为止。在所有的决胜期中，球队应朝向第 4 节中相同的球篮继续比赛。每次决胜期前，有两分钟休息时间。决胜期允许有 1 次暂停。另外，决胜期应看作是下半时比赛的继续，或者是下半时的延时。所有决胜期间发生的犯规，都应累加在第 4 节全队犯规栏内和个人犯规栏内。

6.4.7 三人篮球赛

三人篮球赛是近年来新兴起来的一种休闲运动和比赛方式。由于它具有参加人数少、场地小、时间短等特点，易于在基层开展，现在已经成为深受青少年喜爱的运动形式。

6.4.7.1 场地

标准的半个篮球场地（14 米×15 米），或按半场比例适当缩小（长度减 2 米，宽度减 1 米），地面坚实，场地界线外有 1.5~2 米的安全地带。距地面 3.05 米的球篮提供给男女成年及女子高中以上、男子初中（含初中）以上青年组，距地面 2.08 米的球篮提供给女子初中及男女小学组。

6.4.7.2 工作人员及职责

设 1~2 名裁判员和 1 名记录员。

裁判员与记录员着装一致，但其颜色、款式应区别于运动员。

裁判员是比赛中唯一的宣判和终决的人员，负责在记录表上签字，兼管计 20 秒违例。

记录员兼管计时、记分。记录两队累计的分数（包括投篮和罚球的得分）、全队及个人犯规次数以及比赛时间，并按规则要求宣布比赛进行的时间、比分。

6.4.7.3 特殊规则

除下列特殊规则外，比赛均按照最新国际篮球规则执行。

比赛双方报名为 4 人，上场队员为 3 人。

比赛时间：初赛、复赛不分上、下半时，全场比赛 10 分钟，组织者可根据参赛队多少修订时间为 12 分钟或 15 分钟。比赛进行到第 5 分钟和第 9 分钟时，计时员各宣布一次时间。10 分钟内双方都不得暂停（遇有球员受伤，裁判员有权暂停比赛 1 分钟）。决赛时分上、下两个半时，每半时 8 分钟。上半时之后休息 2 分钟再进行下半时。

比赛开始，双方以掷硬币的形式选发球权。

比赛开始和投篮命中后，均在发球区（中圈弧线后）掷球入场算作发球。

每次投篮命中后，由对方发球。所有犯规、违例及界外球均在发球区发球，发球队员必须将球传给队友，不能直接投篮或运球，否则处以违例。

守方队员断球或抢到篮板球后，必须迅速将球运（传）出 3 分线外，方可组织反攻，否则判违例。

24 秒违例的规则改为 20 秒。

双方争球时，争球队员分别站在罚球线上跳球。

比赛中，每个队员允许 3 次犯规，第 4 次犯规罚出场。任何队员被判夺权犯规，则取消该队比赛资格。

每个队累计犯规达 5 次后，该队出现第 6 次以后的侵人犯规由对方执行两次罚球。前 5 次犯规中，凡对正在做投篮动作的队员犯规：如投中，记录得分，记对方个人及全队犯规次数，不追加罚球，由对方发球；如投篮不中，则判给攻方 1 次罚球，罚中得 1 分，并由攻方继续发球，如罚不中，仍由攻方继续发球。

只能在死球的情况下进行替换，被换下场的队员不能重新替换上场（场上队员不足 3 人时除外）。

比赛中，队长是场上唯一发言人。

比赛时间终了，以得分多者为胜方。如出现平局，初赛及复赛阶段执行一对一的依次罚球，只要出现某队领先 1 分时即为胜方，比赛结束。如果在决赛阶段，比赛时间终了，双方打成平局，则加赛 3 分钟，发球权仍以掷硬币的形式决定。如果加时赛仍打成平局，则以一对一依次罚球的形式决胜，某队领先 1 分即为胜方，比赛结束。

在使用小篮架的比赛中，不允许队员出现扣篮动作，绝不允许队员将身体任何部位悬挂于篮圈（或篮架）上，否则，可被判罚离场并不能再替换进场。

比赛中应绝对服从裁判，以裁判员的判罚为最终决定。

思考训练

(1) 试述篮球运动的特点和价值。

(2) 篮球运动的基本技术有哪些？试述跳起投篮的运动技术要领。

(3) 试述篮球比赛的基本战术。

7　足　球

学习要点

（1）领会足球运动的锻炼价值和意义；
（2）熟悉掌握足球的基本技术，了解足球运动的基本战术及足球竞赛规则；
（3）学会欣赏国内外重大足球比赛。

7.1　足球运动概述

足球运动是以脚支配球为主，两个队在同一场地内进行攻守的体育运动项目。足球运动是世界上最受人们喜爱、开展最广泛、影响最大的体育运动项目，被誉为“世界第一运动”。

1863 年 10 月 26 日，英国足球协会召开了一次现代足球史上十分重要的会议，来自 11 个伦敦俱乐部和学院的代表们在这里制订规则并创立权威的足球组织，因此，这一天被公认为现代足球的诞生日。

足球运动对抗性强，运动员在比赛中采用规则所允许的各种动作包括奔跑、急停、转身、倒地、跳跃、冲撞等，同对手进行激烈的争夺。比赛时间长、观众多、竞赛场地大，是其他任何运动项目所不及的。

经常参加足球运动不仅能有效地锻炼身体、增强体质、提高人体各器官系统的生理机能，而且有助于培养勇敢顽强、机智果断、勇于拼搏和团结互助、热爱集体的优良品质。

第一，有利于增强体质、促进健康。足球运动是全面锻炼和健全体魄的良好手段，是全民健身活动中一项行之有效的体育运动。经常从事足球运动，可以提高人们的力量、速度、灵敏、耐力、柔韧等身体素质，并能使人的高级神经活动得到改善，尤其能增强人体的心血管系统、呼吸系统等内脏器官的功能，从而促进人体的健康。据测定，一名优秀足球运动员的肺活量比正常人要多 2000～3500 毫升，安静时的心率要比正常人低 15～22 次/分。

第二，有利于良好的心理品质和思想品德的形成。经常从事足球运动，不仅对自身良好性格的形成能产生巨大的影响，而且还可以培养人的意志力、自制力、责任感及勇敢顽强、机智果断、坚忍不拔、勇于克服困难、团结协作、密切配合、集体荣誉感、遵守纪律等思想品德。

第三，有利于精神文明的建设。足球运动是一种特殊的教育，是精神文明建设不可缺少的组成部分。在改革开放的今天，足球已成为人们生活的一部分。人们从踢足球中得到情绪体验，从看足球中得到艺术享受，从谈论足球中进行思想交流。足球吸引着千千万万的人，它反映了城市的精神面貌，已成为一些城市的政治、经济、文化生活的重要组成部分。

第四，有利于振奋民族精神。一个国家要保持国家强盛、民族振兴，必然要以民族精神的弘扬和爱国主义精神的深入宣传为前提，而足球运动则成为弘扬民族精神，掀起爱国主义热潮的强大动力。国家队在重大国际比赛中的胜利像巨石击水，会在国民心中产生巨大的冲击波，使千万人乃至整个国家沸腾起来，民族精神得到升华，爱国激情得到弘扬，民众之心联成一体，为国家的腾飞、民族的昌盛提供了难以比拟的精神力量。

7.2 足球基本技术

7.2.1 颠球

颠球是运动员用身体的各个有效部位连续地触击球，并加以控制尽量使球不落地的技术动作。颠球是运动员熟悉球性的一种练习手段，以增强对球的弹性、重量、旋转及触球部位、击球时用力大小的感觉。

7.2.1.1 技术动作要领

脚背颠球：脚向前上方摆动，用脚背击球，击球时踝关节固定，击球的下部。两脚可交替击球，也可一只脚支撑，另一只脚连续击球。击球时用力均匀，使球始终控制在身体周围。

7.2.1.2 练习方法

（1）一人一球颠球。体会触球的时间、触球的部位、触球的力量和整个动作的协调。

（2）两人一球颠球。用脚背、大腿、头部以及除上肢外的身体各部位颠球，掌握好触球的力量，尽量不让球落地。

（3）多人围圈用两球颠球。可规定每人触球的次数与部位，也可自由掌握触球的次数与部位。颠传时要注意观察，防止两个球同时颠传给同一伙伴。

7.2.2 踢球

踢球是运动员有目的地用脚把球击向预定目标的技术。踢球是足球技术中最重要的技术，主要用于传球和射门。

7.2.2.1 技术动作要领

踢球的方法很多，但主要有脚内侧踢球、脚背正面踢球、脚背内侧踢球、脚背外侧踢球。

（1）脚内侧踢球（又称脚弓踢球）。它是用脚内侧部位踢球的一种方法。其特点是脚与球接触面积大，出球准确平稳且易于掌握。但由于踢球时要求大腿前摆到一定的程度时需要外展且屈膝，故大腿与小腿的摆动都受到限制，因此出球的力量相对较小。这里重点介绍脚内侧踢定位球：直线助跑，支撑脚的最后一步稍大些，支撑脚在球的侧面约 15 厘米处，脚尖正对出球方向，支撑腿膝关节微屈。在支撑脚着地时，踢球腿大腿带动小腿由后向前摆动，在前摆过程中大腿外展，当膝关节的摆动接近球的正上方时小腿做爆发式摆动，在触球前将脚跟送出使得脚内侧部位所形成的平面与出球方向垂直，踢球脚脚底与地面平行，脚尖微微翘起，踝关节功能性紧张使脚型固定，触球后身体跟随移动，髋关节向前送，如图 7-1 所示。

图 7-1

（2）脚背正面踢球。脚背正面踢球摆幅相对较大，加之接触面相对较大，因而踢球力量也较大，准确性也较强。但受以上因素影响，出球的方向及性质相对变化也较小。在比赛中经常使用脚背正面踢定位球、地滚球、空中球、反弹球及倒勾球。球的性质多为不旋转的直线球，但也可用来抽击前旋球。这里重点介绍脚背正面踢定位球：直线助跑，最后一步稍大些，支撑脚积极着地支撑，在球的侧面 10~15 厘米处，脚尖正对出球方向，膝关节微屈，踢球腿随跑动以髋关节为轴，大腿带动小腿由后向前摆动。当膝关节摆至接近球的正上方时，小腿做爆发式的摆动，脚趾屈，以脚背正面部位击球后中部，击球后身体及踢球腿随球前移，如图 7-2 所示。

图 7-2

（3）脚背内侧踢球。这是一种用第一距骨及趾关节部位触击球的踢球方法。其技术结构与前两类踢球方法相同，但技术细节则有所区别。这里重点介绍脚背内侧踢定位球：斜线助跑，助跑方向与出球方向约成 45°角，最后一步稍大，以支撑脚积极着地，脚尖指向出球方向，距球侧后方约 20~25 厘米，膝关节微屈。在支撑脚着地的同时，踢球腿已完成后摆，并开始以髋关节为轴大腿带动小腿由后向前摆动，当大腿摆至与支撑腿近同一平面时，小腿做爆发式摆动，此时脚尖外转、脚背绷直，以脚背内侧部位触击球。击球后踢球腿及身体继续随球向前，如图 7-3 所示。

图 7-3

（4）脚背外侧踢球。脚背外侧踢球是用第三、四、五跖骨部位接触球的一种踢球方法。由于踢这种球脚踝灵活性较大，摆腿方向变化较多，且助跑时又是正常的跑动姿势，故其出球隐蔽性较强，适用于足球比赛中各种距离的弧线球及非弧线球。这里重点介绍脚背外侧踢定位球：助跑、支撑脚站位及踢球腿摆动均与脚背正面踢球技术的三个环节相同，脚触球部位是脚背外侧。此时要求膝关节和脚尖内转，脚背绷紧，脚趾紧屈并提膝，触球后身体随踢球腿摆动前移。

7.2.2.2 练习方法

(1) 各种踢球技术动作的模仿练习。设想地面有一目标，跨步上前做踢球动作，然后发展到几步慢速助跑踢球的模仿动作练习，最后可做快速助跑踢球的模仿练习。

(2) 一人用脚底挡球，另一人踢球练习。此方法应注意踢球摆动与触球部位的正确与否，同时还要检查其支撑阶段的状况。

(3) 距足球墙5米左右进行踢球技术练习。此方法主要强调小腿的摆动，大腿带动小腿进行摆动，脚与球接触面以及支撑环节是否正确。练习一段时间后，可将距离加到25米左右。

(4) 利用足球墙和标杆做踢旋转球的练习。可将标杆插在踢球者与墙之间，标杆与人及墙的距离视需要而定，开始可大些，当技术掌握后再逐步缩小。

(5) 各种脚法的两人练习。不论是传球还是射门练习，都可以两人进行，若两人练习踢定位球，则辅以停球练习；若进行踢活动球练习，则可相隔一定的距离进行不停顿的连续传球练习。

7.2.3 停球

停球是运动员有目的地用身体的合理部位把运行中的球停下来，控制在所需要的范围内，以便更好地衔接下一个技术动作。停球是为下一个动作服务的，停球质量的好坏直接影响下一个动作的顺利完成。比赛中来球的性质、状态不同，所以停球应根据不同情况，采用不同的动作方法。

7.2.3.1 技术动作要领

停球的方法有多种，常用的有脚内侧、脚背正面、脚背外侧、脚底、大腿、腹部、胸部、头部等部位。这里重点介绍以下几种：

(1) 脚内侧停球。这是用脚内侧部位停球的一种技术。由于动作简单，较易掌握，比赛中经常使用这种技术停各种地滚球、平球、反弹球、空中球。

1) 脚内侧停地滚球：支撑脚脚尖正对来球，膝关节微屈，同侧肩正对来球；接球腿提膝大腿外展，脚尖微翘，脚底基本与地面平行，脚内侧正对来球并前迎，当脚内侧与球接触的一刹那迅速后撤，把球停在脚下，如图7-4所示。

图7-4

2) 脚内侧停反弹球：根据来球的落点及时移动到位，支撑脚的位置在球落地点的侧前方，支撑腿膝关节微屈，身体向停球后运行的方向偏移；停球腿提起小腿且放松，脚尖微翘，脚内侧对着停球后，球运行的方向与地面成锐角，当球落地反弹刚离地面时，大腿向停球运行的方向摆动，用脚内侧部位轻推球的中上部，如图 7-5 所示。

3）脚内侧停空中球：根据来球的速度与运行轨迹及时移动到位。若为抛物线较小的平高球则应根据临场的实际情况选择适当高度的停球点，将停球腿抬起，使脚内侧部位对准来球的方向并前迎，脚在接触球的一瞬间后撤，并将球停在所需的位置上，如图 7-6 所示。

图 7-5

图 7-6

（2）脚底停球。由于脚底停球技术便于掌握，易于将球停到所需位置，故常被用来停各种地滚球和反弹球。

1）脚底停地滚球：身体正对来球方向，移动前迎，支撑脚站立在球的侧面，脚尖正对来球方向，膝关节微屈，同时停球腿提起，膝关节微屈，使脚底与地面成小于 45°角，一般以前脚掌接触球的上部为宜；在触球瞬间停球脚可微屈将球停住，也可以根据需要在停球同时将球推向前方或拉向身后。

2）脚底停反弹球：根据来球落点及时前移迎球，支撑脚站在落点侧后方，脚尖正对来球方向，球落地瞬间，用前脚掌去触球的中上部，微伸膝，用脚掌将球停在体前，如图 7-7 所示。

（3）胸部停球。由于胸部停球部位较高，加之胸部面积大、肌肉较丰满等特点，易于掌握，因此是停高球的一种好方法。胸部停球包括挺胸式、收胸式两种方法。这里主要介绍挺胸式停球：面对来球站立，两膝微屈，重心置于支撑面内，上体后仰，下颌微收，两臂自然张开，维持身体平衡，触球瞬间，两脚蹬地，膝关节伸直用于胸部轻托球的下部使球微微弹起于胸前上方，如图 7-8 所示。

图 7-7

图 7-8

7.2.3.2 练习方法

（1）个人停球技术练习。利用足球墙，练习各种方法停地滚球。由开始原地停逐渐过渡到迎上去停，提高反弹球速，增加停球难度。另外，也可以练习停反弹球与空中球，但利用足球墙进行停旋转球的练习效果不佳。

个人将球踢高，然后进行停反弹球的各种练习。

（2）多人停球技术练习。正面停地滚球。两人对面站立，相距 10 米左右，一人踢地滚球，另一人迎上去停球。

两人在跑动中进行传接球练习。两人一组使用一球，在一定范围内跑动练习，要求停球时尽量使用多种方法，传球时可传出各种性质的球，距离近时以地滚球为主，距离远时以空中球为主，以提高停球能力。

两人一组对面站立，相距 5 米左右，一人用手抛球，一人停各种空中球的练习，可逐渐加大距离、加大力量以适应各种变化的来球。

三人一组进行停球转身的练习。每人相距 10 米站成一条直线，甲传球给中间的乙，乙迎上来停球转身，传给另一端的丙，丙迎上来停球然后再回传给乙，乙停球转身传给甲，如此循环往复。中间位置的人可轮流交换。也可采用这种方法练习停反弹球与空中球，并要适当的加大距离。这种形式也可以用来交叉练习停地滚球、反弹球与空中球，若甲传给距离 20 米外的丙，丙就可以练习停反弹球与空中球，再传地滚球给乙，乙练习停地滚球转身后再传给甲，甲停地滚球后再传给乙。乙的位置可轮流交换，甲、乙位置和传出的球也可变换。

7.2.4　运球

运球技术从狭义上讲，仅是指运球的方法，即指用身体的某一部分触球，使球能随运球者一起运动；从广义上看，则不仅让球随人运动，还必须越过对方的防守，也就是说如何使用这些运球方法达到越过对方防守的目的。这里就包含了运球方法的运用问题。

7.2.4.1　技术动作要领

常用的运球技术有脚内侧、脚背正面、脚背外侧、脚背内侧运球。

（1）脚内侧运球。要求在运球前进时支撑脚始终领先于球，位于球的侧前方，肩部指向运球方向，支撑腿膝关节微屈，重心放在支撑腿上，另一条腿提起、屈膝，用脚内侧推球前进，然后运球脚着地。由于肩部指向运球方向，身体侧转，虽然移动速度较慢，但身体前倾有利于将对方与球隔开，因而这种技术多用在运球寻找配合传球时，或有对方阻拦需用身体做掩护时，如图 7-9 所示。

（2）脚背正面运球。运球时身体保持正常跑动姿势，上体稍前倾，步幅不宜过大，运球腿提起，膝关节稍屈，髋关节前送，提踵，脚尖下指，在着地前用脚背正面部位触球后中部将球推送前进。由于脚背正面运球时身体持正常跑动姿势，故可以发挥出较快的速度，因而这种技术多用在运球前方一定距离内无对手阻拦时。

（3）脚背外侧运球。运球时身体持正常跑动姿势，上体稍前倾，步幅不宜过大，运球腿提起，膝关节稍屈，脚后跟提起，脚尖稍向内旋转，使脚背外侧正对运球方向，在运球脚落地前用脚背外侧推拨球的后中部。脚背外侧运球时，身体姿势与正常跑动时相同，因而可以发挥出较快的速度，故与脚背正面运球有相同的用途。另外，利用脚腕的动作可以很快地改变脚背外侧面所正对的方向，故在运球脚一侧改变方向时也多采用这种运球方法。这种方法能用身体将对手与球隔开，因此掩护时也常使用，如图 7-10 所示。

图 7-9

图 7-10

（4）脚背内侧运球。身体稍侧转并自然协调放松，步幅小，上体前倾，运球腿提起外展。膝微屈外展，提踵，脚尖外转，使脚背内侧正对运球方向，在运球脚落地前用脚背内侧推拨球，使球随身体前进。脚背内侧运球由于身体稍侧转，不能采用正常跑动姿势，因而不适用于高速运球。但由于接触部位和支撑位置的特点易于完成向支撑脚一侧的转动，故多用于向支撑脚一侧的转动变向运球。

（5）拨球。利用脚踝关节侧向的转动，以达到用脚背内侧或脚背外侧触球，将球拨向身体的侧前方、侧方、侧后方，如图 7-11 所示。

（6）拉球。将前脚掌放在球的上部或侧上部，另一脚在球的侧后方支持，然后触球脚向后下方用力将球回拉。回拉球一般都是在躲开或引诱对方出脚抢球的瞬间将球拉回造成对方抢球落空，使其重心随抢球脚前移，趁对手难以返回的瞬间将球迅速推送出去越过防守者，如图 7-12 所示。

图 7-11

图 7-12

（7）扣球。这种方法与拨球相同，不同的是它的用力是突然的，并伴随着突然的转身或急停使对手在来不及调整重心的瞬间，突然从反方向推送球越过对手的防守，如图 7-13 所示。

图 7-13

7.2.4.2 运球过人方法

前面所述仅是运球的基本方法，掌握了这些基本方法后，在无对手阻拦时可以将球控制在自己的周围。但若遇对手阻挡时要想越过对手，必须恰当地综合运用这些方法，抓住对手瞬间出现的漏洞，达到越过对手的目的。

（1）利用速度强行过人。持球者以突然的快速推拨球并与快速的奔跑相结合越过对手的阻拦。使用这种方法必须具备以下几个条件：对手身后的较大纵深内无其他的防守者，或其他防守者难以补位，或持球者高速运球；对手跑上来准备抢球，或持球者与防守者僵持时持球者突然推拨球起动。这种方法主要是利用自己的起动速度或抓住对手突停或突然起动时所耽误的时间。

（2）利用身体的掩护强行过人。当持球者接近对手时双方速度减慢，持球者侧身用身体靠住对手以另一侧脚将球拨出，同时转身将对手倚在身后并随球越过对手。这种方法一是要求持球队员有能力倚住对手而不被对方挤开；二是将球控制在远离对手一侧，对手伸脚时不能触及球；三是在抵住对手时不可将重心偏离支撑面，否则一旦对手闪开时自己也失去了平衡。

（3）利用变速运球过人。对手在持球者侧面，运球者用另一侧脚运球，利用运球速度的变化达到甩掉对手或越过对手的目的。这种方法主要针对防守者是被动的，容易被运球者甩掉达到过人的目的。有时则采用突停或突起甩掉对手，运球者必须能很好地控制球与自己的身体，做到球随人来，人随球走，才能达到过人的目的。

（4）人球分路过人。这种方法主要是利用防守者注意力集中在球上，并认为可以触到球的心理，达到过人的目的。因此当防守者出脚抢球时，运球者抢先将球推出至前方，而防守者的抢球脚未触到球着地时，身体重心也移过来了，这时运球者迅速从防守的另一侧越过去控制球，防守者再转身起动很难追上。若在推球时使用“蹭”的方法，蹭出弧线球来，就更有利于运球者越过防守者后控制球。

7.2.4.3 练习方法

在慢跑中分别用单脚脚内侧运球，脚背正面运球，脚背外侧运球，运球方向沿直线进行。

在慢跑中沿弧线运球，用脚内侧、脚背内侧、脚背外侧沿中圈线做顺时针、逆时针运球。

慢跑中一只脚交替用脚背内侧和脚背外侧运球沿折线运行。

在慢跑中双脚交替用脚背内侧运球沿折线运行。

拨球练习。在一定范围内自由运球，按手势用一只脚做支撑，另一只脚用脚背内侧或外侧拨球绕支撑脚做圆周运球，两脚轮流练习。

拉球练习。在一定范围内自由运球，听哨音后用一只脚做支撑脚，另一只脚用脚前掌触球顶部，拉球绕支撑脚做圆圈运动，一步一步拉球。

拉球转身180°运球练习。在一定范围内自由运球，听哨音后用一只脚支撑，另一只脚拉球至身后，沿拉球脚一方转体180°继续运球。

扣球转身变向运球练习。在一定范围内自由运球，听哨音后用一只脚支撑，一脚用脚背内侧做扣球，使球改变方向应在90°以上，身体随其转动沿改变后的方向继续运球。

运球绕杆练习。队员成一路纵队，第一人依次过杆后传球给后人，后人重复第一人的动作，依次进行。若每人一球则可在前一个人运球后，下一人即开始，依次运球绕杆。

7.2.5 抢截球

抢截球是运动员在规则允许的范围内，使用身体的合理部位将对手的控球权夺过来或破坏掉的一种技术。

7.2.5.1 技术动作要领

（1）正面跨步堵抢。抢球者两脚前后开立，迎着运球者而站，两膝微屈，身体重心下降并置于两脚间，当运球者与抢球者间的距离缩小到一定的范围，运球者脚触球后即将落地或刚刚落地时，抢球者后脚用力蹬并跨步向前，以脚内侧去堵截球，当已堵住球时，另一只脚应迅速上步。若抢球脚堵住球，同时对手也堵住球时，则抢球者应将另一只脚迅速前移做支撑脚，抢球脚在不脱离情况下迅速向上提拉，使球从对手脚面滚过，身体重心也迅速跟上并将球控制好。

（2）正面铲球。移动接近控球者，膝关节微屈，重心下降，当控球者触球后尚未落地时，抢球者双脚沿地面向球滑铲，随即用手扶地做向一侧的翻滚，并尽快起身。

7.2.5.2 练习方法

两人一球练习。将球放在队员甲的脚前，队员乙与其相距 2~3 米，队员乙上步做正面脚内侧堵抢练习，当队员乙触球瞬间队员甲也用脚内侧触球。让抢球队员乙体会上步动作及触球部位，两人可轮换做抢球。

两人同方向慢跑，在跑的过程中两人可做适当的合理冲撞，体会冲撞的时机和冲撞的部位以及冲撞时如何用力等。

在两队员前 5 米处放一球，听哨音后两人同时向球跑去。要求两人同时跑动选择适当的位置和时机合理冲撞将球控制。经过一段练习后，可将静止球变为活动球，即教练员持球站立，两队员站立在其两侧，当球沿地面抛出后，两队员同时起动追赶球，利用合理冲撞将球控制住。

一人直线运球前进，另一队员由后赶上成并肩时伺机实施合理冲撞控制球。练习时要求运球者能给予抢球者配合，让抢球者得到练习，速度可以由慢到快循序进行。

铲球练习。一人将球放在前面某一位置，练习者选择适当位置站立，原地蹬地做铲球动作练习。当基本掌握铲球动作后，练习者可将球沿地面缓慢抛出，自己追球将球铲掉，以体会如何对滚动的球实施铲球动作。待较熟练地掌握铲球动作后，再用以上方法进行铲控、铲传的练习。

一人直线运球前进，另一人由后追赶至适当位置抓住时机进行铲球练习。要求运球者给予适当的配合，使铲球者能在对手运球过程中体会实施铲球动作。

将抢截球的练习与射门或传球等练习结合起来进行，根据练习任务，对攻守双方分别提出不同的要求。

7.2.6 头顶球

头顶球是运动员有目的地用前额将球击向预定目标的动作。足球比赛中不仅要处理各种各样不同形式和不同性质的地滚球，同时也要处理各种空中球。当遇到胸以下部位不能触及或规则不允许触及的一些球时就需要用头部来处理，因为头是人体最高的一个部位，额骨的前面较为平坦，只要掌握顶球技术，顶出的球就会有力。头顶球技术分前额正面头顶球与前额侧面头顶球，这里主要介绍前额正面头顶球。

7.2.6.1　技术动作要领

前额正面头顶球是用额肌覆盖着的额骨正面部分去击球的一种动作方法，触球部位为前额的阴影部分。

（1）原地头顶球。身体正对来球方向，眼睛注视运动中的球，两脚左右开立，膝关节微屈，重心置于两脚间的支撑面上，两臂自然张开。当球运行到身体垂直面时，两腿用力蹬地，迅速向前摆体，微收下颌，在触球瞬间颈部做爆发式振摆，用前额正面击球中部，上体随球前摆，如图 7-14 所示。

（2）原地跳起头球。这种技术用在本方或对方传来高球时运用。两膝微屈，重心下降，然后两脚用力蹬地起跳，同时两臂屈肘上摆，在身体上升阶段展腹挺胸，两臂自然张开，眼睛注视来球，身体自然成背弓。当球运行至身体额状面时，迅速收腹，上体前摆，触球瞬间颈部做爆发式振摆，用前额正面将球顶出，同时两腿向前做振摆，球顶出后两腿屈膝屈踝落地，如图 7-15 所示。

图 7-14

图 7-15

7.2.6.2　练习方法

（1）个人进行头顶球练习。做各种头顶球的模仿动作练习。

自己双手举球在头前，用前额正面或侧面去触击球，体会触球部位，培养顶球过程中注视来球的习惯。

利用吊球架进行练习。改变吊球架上足球的高度进行各种顶球的练习。

利用足球墙进行练习。自抛球由墙弹回进行各种顶球练习，这样就更进一步接近场上实际情况，也能提高自己对来球的判断能力。

（2）多人头顶球练习。两人或两人以上在一起进行抛球的头顶球练习。这样可以培养对运行中球的速度、轨迹的判断能力，身体摆动协调及击球的准确性等。

顶球射门练习。顶球队员站在罚球弧线附近，掷球队员站在球门内或球门侧面将球抛至罚球点附近，顶球队员跑上顶球入门。

两人一球，相距 20 米左右，甲传过顶球给乙，乙顶回给甲。数次后轮换传、顶球。

7.2.7　掷界外球

由于掷界外球时接球人不受越位规则的约束，因此不仅用于恢复比赛，而且可以为进攻创造有利条件。尤其是在前场 30 米内掷界外球，将球直接掷入门前，可以给对方造成很大的威胁。

7.2.7.1　技术动作要领

（1）原地掷界外球。面对出球方向，两脚前后或左右开立，每脚均应有一部分站立在边线上或边线外。膝关节弯曲，上体后仰成背弓，重心后移，两手自然张开，拇指相对，持球的侧后部，屈肘将球置于头后。掷球时，脚用力蹬地，两腿迅速伸直，身体重心前移，收腹屈体，同时两臂急速前摆，后脚可沿地面向前滑动，两脚均不得离地。

（2）助跑掷界外球。两手持球放在胸前，在助跑迈出最后一步时，上体后仰成背弓，同时将球上举至头后，掷球时的动作与原地掷界外球动作相同。将球掷出后，后脚可在地面上向前滑行，但不得离地。

7.2.7.2　练习方法

两人一球，相距 15 米，原地对掷界外球。

两人一球，相距 25 米，两端设两条平行线，助跑对掷界外球。

前场界外球战术练习。选择掷球力量较大的队员，将球直接掷入罚球区内攻门；将球掷向近门柱的罚球区线附近，由身体高大的前锋将球蹭顶给罚球点附近的同伴攻击球门；通过队员跑动，调动对方的防守，将球掷入空当，继续组织进攻。

7.3　足球基本战术

足球战术是指在足球比赛中，为了战胜对方，根据主客观情况所采取的个人行动和集体配合的方法。比赛实践证明，合理而巧妙地运用战术是夺取比赛胜利的重要因素。足球比赛由进攻与防守组成，攻守的转换，构成比赛过程，足球战术可分为进攻战术和防守战术两大系统。各系统又都包括个人战术、局部战术和整体战术。

7.3.1　比赛阵形

比赛阵形是比赛场上队员的位置排列、攻守力量搭配和职责分工的形式。阵形的人数排列，一般是从后卫排向前锋，根据队员排列的层次分成后卫线、前卫线和前锋线。阵形可使每个场上队员明确基本位置和主要职责。足球比赛中采用的阵形主要有以下几种：

（1）“四三三”阵形。“四三三”阵形是由“四二四”阵形变化而来的，是把一名前锋回撤到中场而形成的，这就加强了中场控制，使防守更加稳固，进攻更加灵活。

（2）“四四二”阵形。“四四二”阵形是由“四三三”阵形变化而来的，它是将一名前锋回撤到中场，以两名前锋突前而形成的。主要特点是全队防守更加稳固，有利于快速反击，场上队员更加机动，中、后场队员可随机插上进攻。

（3）“五三二”阵形。“五三二”阵形是由“四四二”阵形变化而来的，它是把一名前卫回撤到后卫线，成为盯人中卫而形成的，主要特点是能组成稳固的防线，有利于快速反击，中、后场队员可随机插上进攻，增加了进攻的突然性。

7.3.2　进攻战术

进攻战术是指在比赛中为了战胜对方所采取的个人进攻行动和集体配合的方法。

（1）个人进攻战术。个人进攻战术是队员在比赛中为了战胜对手，完成整体进攻任务而采取的个人行动。

1）传球。传球是队员在比赛中有目的地把球踢（顶）给同伴或踢（顶）向预定的方向的方法。传球是整体战术配合的基础，是组织进攻、变换战术和创造射门机会的重要手段，也是迅速逼近对方球门最有效的方法。

2）跑位。跑位是指在比赛中队员在无球情况下，通过有意识的跑动，为自己或同伴创造进攻机会的行动。跑位是整体进攻战术的基础，是进攻队员为获得球的准备行动，也是拉开对方防线、创造传球空当的重要手段。根据跑位目的和开始跑位状态可分为：摆脱跑位或接应跑位；切入或插上；扯动牵制或制造空当。

（2）局部进攻战术。局部进攻战术是指进攻中两个或几个队员之间的配合方法，它是集体配合的基础。

1）交叉掩护配合。在局部地区两名进攻队员在运球交叉换位时，以自己身体掩护同伴越过一名防守队员的配合方法。

2）传切配合。控球队员将球传给切入的进攻队员的配合方法。传切配合的形式有：局部一传一切和长传切入。

3）二过一配合。在局部地区两名进攻队员通过两次连续传球配合越过一名防守队员的配合方法。二过一配合的形式根据传球和跑位的路线有：斜传直插传二过一、直传斜插直传二过一、踢墙式二过一和回传反切直传二过一等。

（3）整体进攻战术。整体进攻战术是为了完成进攻战术任务所采用的全局性的进攻配合方法。整体进攻战术涉及的人员比较多，是全队协同一致的行动，体现一个队的进攻实力和配合能力。依据进攻发展的场区可分为边路进攻和中路进攻。一次完整的进攻由发动、发展和结束三个阶段组成。

7.3.3 防守战术

防守战术是在比赛中，为了阻止对方的进攻和重新获得球权所采取的个人防守行动和集体配合的方法。防守战术包括个人防守战术、局部防守战术和整体防守战术。

（1）个人防守战术。

1）选位。选位是指防守队员在防守时选择占据合理防守位置的行动。选位是防守的基础，合理的选位不仅能控制防守面和有效地运用防守动作，而且也决定整体防守布局的合理程度，对防线的稳固性具有重要作用。选位的基本原则是本方丢失球权后快速回位，并处在对手与本方球门中心所构成的连线上，与对手的距离要根据场区以及球所处的位置决定。

2）盯人。盯人是指防守队员限制进攻队员所采取的行动。盯人是现代足球比赛中广泛采用的防守方法，有效的盯人防守是遏制与瓦解对方进攻、重新获得球权的重要手段。

盯人分为紧逼盯人和松动盯人两种。紧逼盯人是贴近对手（也叫贴身紧逼），不给对手从容活动的机会，一般运用于罚球区附近地区和有球的局部地区以及对对方进攻的核心队员的防守。松动盯人是与对手保持一定距离，既能盯住对手，又能保护同伴，一般运用于防守离球远的进攻队员。

（2）局部防守战术。

局部防守战术是指两个或几个防守队员之间的配合方法，它是集体配合的基础。基本配合形式有保护和补位。

1）保护。保护是指同伴紧逼控球对手时，自己选择有利位置来保护同伴，防止对手突破的配合。在防守中，积极主动地逼抢控球队员是十分重要的，但是一对一拼抢一旦失败，很容易被对方突破。因此，防守队员之间必须进行互相保护，当距离较近的同伴逼抢控球的对手时，离球较远的队员应撤到同伴身后进行保护，控球队员一旦越过同伴，可以及时补位，防止突破。

2）补位。补位是指防守队员弥补同伴在防守中出现漏洞所采取的互相协助的战术配合。比赛中，通过同伴间的相互补位，可以有效地遏制和破坏对方的进攻行动，变被动为主动。

补位分为补空位和相互补位。补空位用于当防守队员插上进攻退守不及时，其他同伴暂时补他的位置，以防对方利用这一空当进行快速反击。相互补位用于当同伴被对手运球突破或对手突然快速插入同伴背后接球，同伴来不及盯抢时，邻近队员进行补位防守。

（3）整体防守战术。整体防守战术是指全队所采取的防守战术方法。整体防守战术主要有区域防守、盯人防守和综合防守三种，严密封堵球门前 30 米范围是全队整体防守的关键。

7.3.4 定位球战术

定位球战术是指比赛开始或比赛成死球后恢复比赛时所采用的战术配合方法。

（1）任意球进攻战术。在中、后场的任意球，一般要求传球队员快速准确的传球，以便迅速将攻势推进至前场。在前场，尤其在罚球区附近的任意球，能直接威胁对方球门，是得分的重要手段。因此，一定要珍惜和组织好罚球区附近的任意球。采取的方法有以下两种。

1）直接射门。当守方尚未组织好人墙，或人墙有漏洞，或守门员的位置不当，或攻方某队员又善于踢弧线球时，可直接射门。如果守方已组织好人墙，可采用穿插跑位，阻挡守门员的视线等行动干扰守方队员并进行直接射门。

2）配合射门。不能或不适合直接射门时可采用配合射门。

（2）任意球防守战术。防守中、后场任意球时，防守队员要迅速回防。罚球区附近的任意球，直接威胁本方球门，因此全队一定要迅速回防，严密防守。采用的战术方法有以下几种：

1）干扰对方罚球，以争取时间回防和组成人墙，避免攻方队员突然袭击；

2）迅速组织好人墙，封堵对方射门角度；

3）为了防止对方配合射门，除组墙人员外，还要有人防守人墙两侧的空当。

（3）角球进攻战术。直接长传至门前同伴包抄射门或配合射门。主要形式有传后点同伴包抄射门、传前点配合射门。

短传配合射门。一般在对方身材高大、争顶头球能力强，本方队员身材较矮、头球较差或碰到较大逆风时运用这种方法。

（4）角球防守战术。当对方发角球时，前锋、前卫要快速回防（前锋可留一人在中圈附近，准备反击）迅速组织防守。一般以头球好的队员守住门前危险区，其他队员进行人盯人防守，守门员站在稍靠远端门柱处，其他队员要抢占近端门柱内侧、远端门柱内侧、球门区前沿、禁区前沿等重要位置。

7.3.5 足球基本战术的学习

足球基本战术的学习与运用应该在掌握了一定足球技术的基础上，按照从个人到局部、从局部到整体、从非对抗到对抗、从防守到进攻的步骤进行。在学习具体的战术时要了解战术的名称、方法、战术环节的具体要求。在演练时首先要熟悉跑动的路线，然后在非对抗的条件下进行战术练习，要掌握跑动的时机、线路，传球的时机、速度、线路、性质和力量的大小。在进行对抗练习时，要先进行消极防守，待配合比较熟练后，再逐渐加大对抗的强度。在进行攻守对抗时，一般先练习进攻战术，后练习防守战术。随着进攻战术配合熟练程度的提高，再相应提高防守的要求。

7.4 足球竞赛规则简介

7.4.1 比赛场地

（1）场地面积。足球比赛场地应为长方形，其长度不得多于 120 米或少于 90 米，宽度不得多于 90 米或少于 45 米（国际比赛的场地长度不得多于 110 米或少于 100 米，宽度不得多于 75 米或少于 64 米）。在任何情况下，长度必须超过宽度，如图 7-16 所示（单位为米）。

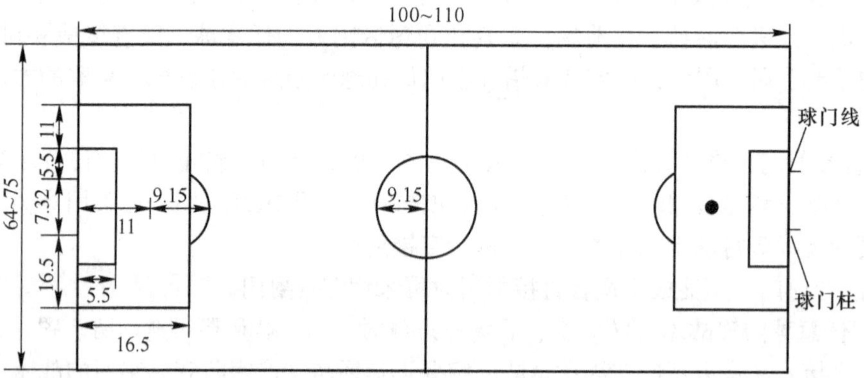

图 7-16

（2）画线。比赛场地应按照平面图画出清晰的线条，线宽不得超过 12 厘米，不得做成“V”形凹槽。较长的两条线叫边线，较短的叫球门线。场地中间画一条横穿球场的线，叫中线。场地中央应当作一个明显的标记，并以此点为圆心，以 9. 15 米为半径，画一个圆圈叫中圈。场地每个角上应各竖一面不低于 1. 5 米高的平顶旗杆，上系小旗一面；相似的旗和旗杆可以各竖一面在场地两侧正对中线的边线外至少 1 米处。

（3）球门区。在比赛场地两端距球门柱内侧 5. 5 米处的球门线上，向场内各画一条长 5. 5 米与球门线垂直的线，两端与球门线相接，另一端画一条连接线与球门线平行，这三条线与球门线范围内的地区叫球门区。

（4）罚球区。在比赛场地两端距球门柱内侧 16. 5 米处的球门线上，向场内各画一条长 16. 5 米与球门线垂直的线，一端与球门线相接，另一端画一条连接线与球门线平行，这三条线与球门线范围内的地区叫罚球区，在两球门线中点垂直向场内量 11 米处各做一个清晰的标记，叫罚球点。以罚球点为圆心，以 9.15 米为半径，在罚球区外画一段弧线，叫罚球弧。

（5）角球区。以边线和球门线交叉点为圆心，以 1 米为半径，向场内各画一段 1/4 的圆弧，这个弧内地区叫角球区。

（6）球门。球门应设在每条球门线的中央，由两根相距 7.32 米、与两面角旗点相等距离、直立门柱与一根下沿离地面 2.44 米的水平横木连接组成，为确保安全，无论是固定球门或可移动球门都必须稳定地固定在场地上。门柱及横木的宽度与厚度，均应对称相等，不得超过 12 厘米。球网附加在球门后面的门柱及横木和地上。球网应适当撑起，使守门员有充分活动的空间。球网允许用大麻、黄麻或尼龙制成。尼龙绳可以用，但不得比大麻或黄麻绳细。

7.4.2　球

比赛用球应为圆形，它的外壳应用皮革或其他许可的材料制成，在它的结构中不得使用可能伤害运动员的材料。球的圆周不得大于 71 厘米或小于 68 厘米。球的质量，在比赛开始时不得多于 453 克或少于 396 克。充气后其压力应相等于 0.6~1.1 个大气压力（海平面上）。在比赛进行中，未经裁判员许可，不得更换比赛用球。

7.4.3　队员人数

上场比赛的两个队，每队队员人数不得超过 11 人。每队必须有一名守门员。每队在比赛时可有 3 名替补队员，如果是“友谊比赛”，可以有 5 名以下的替补队员。在经裁判员同意后，在比赛暂停时，替补队员可替换队员。只有在被替补队员下场后，替补队员才能上场。未经裁判员同意，任何队员不得上场或下场。

7.4.4　比赛时间

比赛时间应分为两个相等的半场，每半场 45 分钟。特殊情况双方同意另定除外，并按下列规定执行：

（1）在每半场中由于替补、处理伤员、延误时间及其他原因损失的时间均应补足，这段时间的多少由裁判员决定。

（2）在每半场时间终了时或全场比赛结束后，如执行罚球点球，则应延长时间至罚完为止。除经裁判员同意外，上下半场之间的休息时间不得超过 15 分钟。

7.4.5　场地选择

通过掷币，猜中的队决定上半场比赛的进攻方向。另一队开球开始比赛。猜中的队在下半场开球开始比赛。下半场比赛两队交换比赛场地。

7.4.6　计胜方法

除规则另有规定外，凡球的整体从门柱间及横木下越过球门线，而并非攻方队员用手掷入、带入，故意用手或臂推入球门（守门员在本方罚球区内除外），均为攻方胜一球。在比赛中，胜球较多的一队为获胜队，如双方均未胜球或胜球数目相等，则这场比赛应为“平局”。

金球制胜法：这是在规定时间内未分出胜负而又必须分出胜负，采取的上下半场各 15 分钟的比赛方法。上下半场间没休息时间，交换场地后继续比赛。在该加时比赛中，任何一方先进球就为胜方。

点球制胜法：即在规定时间和加时赛后仍未分出胜负后采取的互罚点球，先由每队各派 5 人依次罚完点球，如还未分出胜负，每队各派一人罚，依次进行，直至分出胜负的方法（任何场上队员不得在本方队员未罚点球前连续罚第二次）。

7.4.7 越位

凡进攻队员较球更接近于对方球门线者，即为处于越位位置。不存在越位的三种情况：球门球（当球的整体不论从地面或空中越过球门柱以外的球门线，而最后触球者为攻方队员）；掷界外球；角球。

7.4.8 任意球

任意球分两种：直接任意球（这个球可以直接射入犯规队球门得分）及间接任意球（踢球队员不得直接射门得分，除非球在进入球门以前曾被其他队员踢或触及）。

队员在本方罚球区内踢直接或间接任意球时，在球被踢出罚球区前，所有对方队员都应站在该罚球区外，并必须至少距球 9.15 米。当球滚至球的圆周距离，并出罚球区后比赛即为恢复。守门员不得将球接入手中后再踢出进入比赛，如球未被直接踢出罚球区，则应重踢。

队员在本方罚球区外踢直接或间接任意球时，所有对方队员在球被踢出前应至少距球 9.15 米，除非他们已站在自己的球门线上，当球滚动至球的圆周距离时，比赛即为恢复。如果对方队员在任意球踢出前，进入罚球区或距球少于 9.15 米，裁判员应令其退到规定的位置后，方可执行罚球。

7.4.9 罚球点球

罚球点球应从罚球点上踢出，必须明确主罚队员。踢球时除主罚队员和对方守门员外，其他队员均应在该罚球区外及比赛场内，并至少距罚球点 9.15 米处。对方守门员在球被踢出前，必须站在两门柱间的球门线上（两脚不得移动）。主罚队员必须将球向前踢出；在其他队员踢或触及前不得再次触球。当球滚动至球的圆周距离时，比赛即为恢复。罚球点球可直接射门得分。当比赛进行中执行罚球点球，以及在上半场准全场比赛终了而延长时间执行或重踢罚球点球时，如踢出的球触及任何一个门柱或两个门柱；或触及横木；或触及守门员；或连续触及门柱、横木或守门员而进入球门，只要没有犯规现象发生，均应判为胜一球。

7.4.10 掷界外球

当球的整体不论在地面或空中越出边线时，应由出界前最后触球队员的对方队员，在球出界处掷向场内任何方向。掷球时，掷球队员必须面向球场，两脚均应有一部分站立在边线上或边线外，不得全部离地，用双手将球从头后经头顶掷入场内。球一进场内比赛立即恢复。掷球队员在球被其他队员踢或触及前，不得再次触球。掷界外球不得直接掷入球门得分。

7.4.11 球门球

当球的整体不论在空中或地面从球门外越出球门线，而最后踢或触球者为攻方队员时，由守方队员在球门区内任何地点直接踢出罚球区恢复比赛。守门员不得将球接入手中后再踢出进入比赛。如球未被直接踢出罚球区，即未进入比赛，应令重踢。踢球门球的队员在球被其他队员踢或触及前，不得再次触球。踢球门球不得直接射门得分，踢球门球时，对方队员在球被踢出罚球区前都应站在罚球区外。

7.4.12 角球

当球的整体不论在空中或地面从球门外越出球门线，而最后踢或触球者为守方队员时，由攻方队员将球的整体放定。在离球出界处较近的角球区内踢角球。

踢角球时，不得移动角旗杆。角球可直接胜一球。踢角球队员的对方队员在球未进入比赛时，即球未滚动至球的圆周距离时，不得进入距球 9.15 米以内。踢角球队员在球被其他队员踢或触及前，不得再次触球。

7.4.13 犯规与不正当行为

判罚直接任意球的 9 种情况：（1）踢或企图踢对方队员；（2）绊摔对方队员，即在对方身后或身前，伸腿或屈体绊摔或企图绊摔对方；（3）跳向对方球员；（4）猛烈地或带有危险性地冲撞对方队员；（5）除对方正在阻挡外，从背后冲撞对方队员；（6）打或企图打对方队员，或向对方吐唾沫；（7）拉扯对方队员；（8）推对方队员；（9）用手触球，如用手或臂部携带、推击球（守门员在本方罚球区内除外）。

判罚间接任意球的 7 种情况：（1）危险动作；（2）阻挡对方队员；（3）阻挡对方守门员发球；（4）守门员用手控球在发出球之前持球超过 6 秒、2 次持球、接回传球、接队员直接掷入的球；（5）擅自进、退场；（6）连踢犯规（角球、开球、点球、球门球、任意球、掷界外球时连踢）；（7）越位犯规。

被警告并出示黄牌的 7 种情况：（1）持续违反规则；（2）延误比赛重新开始；（3）以语言或行动表示异议；（4）犯有非体育道德行为；（5）未得到裁判员许可进入或重新进入比赛场地；（6）未得到裁判员许可故意离开比赛场地；（7）当以角球或任意球重新开始比赛时，不退出规定的距离。

被罚令出场并出示红牌的 7 种情况：（1）向对方或其他任何人吐唾沫；（2）使用无礼的、侮辱的或辱骂的语言及动作；（3）用故意手球破坏对方的进球或明显的进球机会（不包括守门员在本方罚球区内）；（4）用可判为任意球或点球的犯规破坏对方向本方球门移动着的明显的进球得分机会；（5）在同一场比赛中得到第二张黄牌；（6）暴力行为；（7）严重犯规。

思考训练

(1) 足球运动的锻炼价值和特点是什么？

(2) 试述脚内侧踢球的技术要领。

(3) 常用的停球方法有哪些？

(4) 常用的运球技术有哪些？

(5) 足球比赛中通常采用的阵形主要有哪几种？

8　排　　球

学习要点

（1）了解排球运动的起源与发展；
（2）熟练掌握排球的基本技术；
（3）灵活运用排球基本技术；
（4）了解排球竞赛规则，学会欣赏国内外重大排球比赛。

8.1　排球运动概述

排球运动1895年起源于美国，创始人是威廉・摩根。排球从开始仅仅是少数人的一种游戏、娱乐的手段，发展到今天已成为遍及世界各地，成为广大群众所喜闻乐见的体育运动项目之一。1964年东京举行的第18届奥运会首次进行了排球比赛。目前世界性的比赛有：世界排球锦标赛、世界杯排球赛、奥运会排球赛和世界排球联赛。

我国女排从1981年的世界杯到1986年的世锦赛，连续获得了“五连冠”。中国女排在世界性比赛中所表现出来的一往无前的气概，被誉为“女排精神”，激励着中国各行各业的工作人员克服困难，为国争光。进入21世纪后，我国女排又先后取得2003年世界杯和2004年雅典奥运会冠军，为祖国争得了荣誉。

排球运动是广大群众和青少年所喜爱的运动项目之一。运动场地小，设备简单，运动量可大可小，既可比赛也可在空地上进行传垫球练习，不分年龄、性别，融竞技、娱乐于一体。不同技术水平的人都能从中获得愉快的情感体验，不仅有无穷乐趣，而且健身效果显著。排球运动是集体项目，没有时间限制，在激烈的对抗、快速运动、突然变化、复杂的竞争中进行，使人的身体素质、心理素质得到锻炼，有利于培养机智灵活、勇敢顽强、积极果断的优良品质和团结协作的集体主义精神。

8.2　排球基本技术

8.2.1　准备姿势和移动技术

准备姿势和移动是排球基本技术之一，是完成发球、垫球、扣球和封网等各项击球技术的前提和基础。准备姿势的作用是为及时地移动和完成击球动作做好准备。移动的作用是为了及时接近球，调整人与球的位置关系，便于完成击球动作。

动作要领：以半蹲准备姿势为例，两脚左右开立稍比肩宽，一脚在前，两脚尖稍内收，两膝弯曲成半蹲。脚跟稍提起，身体重心稍前倾，两臂放松，自然弯曲，双手置于腹前。身体适当放松，两眼注视来球，两脚始终保持微动。

排球比赛中使用最多的是短距离移动。常用的移动步法有以下几种：

（1）滑步。当来球距离身体较近、弧线较高时，可采用滑步。其动作方法是向右滑步时，右脚先向右迈出一步，左脚迅速并上，落在右脚的左面。连续做并步即为滑步。向前滑步时，前脚先向前迈出一步，后脚迅速跟上落在前脚之后，如此连续做。滑步主要用于完成传球、垫球、拦网等。

（2）交叉步。当来球距身体两米左右时，可采用交叉步移动。其动作方法是向右移动时，上体稍向右转，左脚从右脚前面向右迈出一步，右脚再迅速向右迈出一步落在左脚的右边，同时身体向来球方向转动，做好击球前的准备姿势。交叉步主要用于去完成防守、一传、拦网等。

（3）跨步。当来球较低且距身体较近时，可采用跨步。首先向移动方向跨出一大步，同时屈膝，上体前倾，身体重心移至跨出腿上。跨步可向前、向侧或向侧前方。

（4）跑步。采用跑步移动时，两臂要配合摆动，应根据来球的方向，边跑边转身。

（5）综合步法。将以上各种步法结合起来综合运用。如跑步之后再滑步，滑步之后再交叉步或跨步等。

8.2.2 发球

发球是进攻的开始。发球可以直接得分，可以破坏对方的战术组成，起到先发制人的作用。

8.2.2.1　动作要领

（1）正面上手发球（右手为例）。

1）准备姿势。面对球网，两脚自然开立。左脚在前，左手托球于身前，如图 8-1 所示。

2）抛球。抬臂，手掌平托上送，将球平稳垂直地抛于右肩上方，高度适中。

3）挥臂。在左手抛球的同时，右臂抬起曲肘后引，与肩平，手掌自然张开，同时抬头、展腹，身体重心移向左脚，然后蹬地，上体向左转动，同时收腹带动手臂挥动做鞭甩动作，以腰带肩，肩带动前臂，前臂带动手腕。

4）击球。右肩上方手臂伸直的最高点以全手掌击球，各手指自然张开吻合球，手腕有迅速主动的推压动作使球上前旋飞行。

5）击球部位。球的后中下部。

6）击球后。人体随重心前移，迅速进场。

图 8-1

（2）正面下手发球（右手为例）。

1）准备姿势。面对球网，两脚自然开立，左脚在前，两膝微屈，上体稍前倾，重心在两腿之间，左手持球于腹前，如图 8-2 所示。

2）抛球。左手将球在体前右侧轻轻抛起，离手约一球距离，在抛球前右臂伸直以肩为轴向后摆动。

3）挥臂。右脚蹬地身体重心随后臂以肩为轴向前摆动而移至前脚。

4）击球。指、腕紧张，在腹前以全掌、虎口或半握拳击球。

5）击球部位。球的后下部。

6）击球后。身体随重心前移，迅速进场。

图 8-2

（3）跳发球。

1）准备姿势。面对球网，在发球区距端线 3~4 米处站立，如图 8-3 所示。

2）抛球。将球抛到自己右肩的前上方，抛球的高度和远度要适合发球者的助跑速度和弹跳高度。抛球时以身体和手臂做伴送动作，抛球高度约肩上 2 米。

3）挥臂。一般用扣球时的两步助跑起跳，挥臂动作与正面上手发球相同。

4）击球。在身体上升至最高击球点时击球，击球动作与正面上手发球相同。手腕推压要合适，跳起发侧旋球时，击球动作似发侧旋球动作。击球时，应运用腰腹力量，有明显的收腹收胸动作。

5）击球部位。球的后中下部。

6）击球后。屈膝缓冲双脚落地，保持身体平衡，迅速进场。

图 8-3

8.2.2.2 练习方法

（1）按照动作要求，做徒手模仿练习。

（2）对墙发球，距离由近到远。

（3）隔网发球，两人一组隔网发球，距离逐渐加长。

（4）在发球区发球，要求把球发至规定区域内。

（5）准备活动后，立即转入发球，规定性能，每人发 10~20 个球。

（6）双方人数相等，发规定性能的球，每人发 10 次，计算双方成功率。

（7）二对二、三对三接发球对抗，统计得分率。

8.2.3 垫球

垫球主要用于接发球、扣球、拦回球和其他球，是比赛中争取少失分多得分，由被动转为主动的主要技术。

8.2.3.1 动作要领

（1）准备姿势。两脚左右开立略比肩宽，脚尖内扣稍屈膝，拇趾抠地脚跟提起，身体重心着力点在前脚掌趾根部，上体前倾，肩部放松，两臂自然弯曲置于腹前，手心相对，手指自然张开，两眼注视来球，两脚保持“静中待动”的状态。

（2）击球手型。掌根紧靠，合掌互握，两拇指朝前，两臂自然伸直，前臂稍外展靠拢。

（3）击球和击球点。当球飞至腹前一臂距离时，两臂夹紧前伸，插到球下，用前臂腕关节以上 10 厘米左右桡骨内侧平面触球为宜。

（4）击球用力。来球力量小、速度慢，击球主要靠手臂上抬力量，以增加球的反弹速度，同时配合蹬地，使重心向前上方移动。

来球有一定力量，迎击动作要大，速度要小，手臂适当放松，运用蹬地提肩压腕，向前抬臂动作。

重球，不主动迎击球，采用收腹含胸，手臂随球后撤，并适当放松以缓冲来球力量，同时用微小的手臂和手腕动作控制垫球方向和角度，如图 8-4 所示。

图 8-4

8.2.3.2 练习方法

（1）徒手模仿垫球练习。根据教师的口令或手势集体练习。两人一组，一人双手持球于对方的正确击球点，另一人用垫球动作击球（不把球击出）；持球者将球自上向下运动，垫球者用正确动作击球的后中下部，持球者可稍加力。

（2）每人一球，自己抛球后，连续向上自垫。

（3）两人一组，相距 3~5 米，一抛一垫。

（4）每人一球或两人一球，对墙垫球（人与墙的距离可逐步拉长，并逐步增加高度）。

（5）两人一组，一人向另一人的两侧 1.5 米处抛球，另一人移动后正面垫球。

（6）三人一组，两人抛球，一人左右移动后正面垫球。

（7）教师在 2 号位向 5 号位抛球，学生依次轮流垫球。

（8）两人一组隔网站立，一人持球站在端线后，另一人站在场内，端线后的队员用下手或上手发球，发至对方场区，站在场区内的队员将球垫至2号位或3号位，一定数量后两人交换。

（9）两人一组，相距5~6米，一人抛球，一人快跑转身背对同伴垫高球。

8.2.4 传球

传球是组织战术的基础，主要用于衔接防守和进攻。

8.2.4.1 动作要领

（1）准备姿势与迎球。稍蹲，上体抬起，但身体重心不后移，抬头看球，双手自然抬起，屈肘，放松置于脸前。来球接近额头时，开始蹬地伸膝伸臂，两手微张从脸前向前上方迎球，全身各部位动作应协调一致。

（2）传球手型。两手张开斜相对，手指微屈成半球状，拇指相对成八字形，根据传球的具体要求从两肘向内、外收展来调整手型。

（3）击球点。向前传球，在额前上方约一球距离处；向后传球，手臂比向前传球时偏后。

（4）传球用力。向前传球时，是用蹬地伸膝向上展体和伸臂的顺序来协调手臂传球动作，迎球伸臂由拇指、食指、中指负担球下落的力量，无名指和小指帮助控制球。手触球的刹那，手指和手腕应保持一定的紧张程度，用手指的弹力和手腕、手臂与身体伸展的协调力量将球传出。

向后传球时，靠蹬腿、展腹、抬臂、伸肘动作，通过指腕弹力把球向后上方传出，手腕要始终保持后仰，大拇指应多发力，如图8-5所示。

图8-5

8.2.4.2 练习方法

（1）徒手模仿传球的蹬地、伸膝、伸臂动作，在额前上方用正确手型做推送动作。

（2）轻轻向额前上方抛球，在额前上方用正确的手型将球接住，然后将球体放掉，自己检查手型和击球点正确与否。

（3）在额前上方轻轻向上连续自传。

（4）将球轻抛至额前上方后，用蹬地、伸膝、伸臂的动作将球传出。

（5）两人一组，一人持球保持正确击球点和手型，向前上方做推送动作，另一人用单手压住球，给球以一定的力量。

（6）两人一球，一抛一传。

（7）一人抛球，另一人向前移动两步传球或向左右移动两步传球。

（8）两人对传。

（9）单、双人传球练习方法：1）一人对墙连续传球。由近距离到远距离，自抛自传。2）一人向墙上固定目标连续自传，自传一次再传向墙上固定目标。3）在排球场内移动自传。4）每向上自传一次，两手击掌一次，依传球高度增高，击掌次数可增加。5）两人隔网对传，由近及远。

（10）变方向及结合球网的基本传球练习方法：1）三人站成三角形传球，三人传两个球或头上自传。2）三人一组，交换位置传球，也可以一人固定两人前后交换位置传球。3）四人四角传球或四人移动传球。4）后排各位置向 4 号位或 2 号位传调整球。5）网前两队一组面对站立，先自传一次，再传向对方，传后跑到对方排尾。6）移动调整传球。6 号位队员向 4 号位做调整传球后跑到 4 号位，4 号位队员将球回传给 6 号位队员后跑到 6 号位。6 号位的第二个队员向 2 号位做调整传球后跑到 2 号位，2 号位队员将球回传给 6 号位队员后跑到 6 号位。7）队员从 6 号位移动到 3 号位正传给 2 号位、4 号位，传给谁就移动到谁的位置上，2 号位、4 号位跑到 6 号位。

8.2.5 扣球

扣球是排球比赛中最积极、最有效的得分手段，是完成全队战术配合的最后一击。

8.2.5.1 动作要领

（1）助跑起跳。根据人与球网的距离不同，可用两步、三步或多步助跑，但最后要选择好起跳点和起跳时机，起跳一般采用两步或三步助跑。第一步是决定助跑方向，第二步是起到调节的作用，以选择良好的起跳和击球点，所以当右脚跨出一大步时，左脚应迅速跟上，两脚着地时两膝弯曲，两臂由体后向前上方挥摆，两脚用力蹬地起跳。

（2）空中击球。起跳后挺胸展腹，上体稍向右转，左臂向后上方抬起，身体成反弓形。挥臂时以迅速转体收腹动作发力，依次带动肩、肘、腕各关节成上肢鞭打向前上方挥动，击球时五指微张成勺形，并保持紧张，以全手掌包满球，击球的后中部。以掌心为击球中心同时主动屈手腕和手指，做挥压动作，使扣出的球加速上旋。

（3）落地。落地时前脚掌先着地再过渡到全脚掌着地，同时顺势屈膝，收腹以缓冲下落力量，并立即做好下一个动作的准备，如图 8-6 所示。

图 8-6

8.2.5.2 练习方法

(1) 助跑起跳练习。

1) 原地由站立开始，屈膝下蹲同时两臂摆动，按教师口令迅速蹬地起跳。

2) 一步助跑起跳，方法基本同上，右脚跨出一大步，左脚迅速跟上起跳。

3) 两步助跑起跳，方法基本同上，左脚先出方向步，右脚跨出一大步并制动，左脚再迅速跟上起跳，同时两臂协调配合，助跑速度由慢到快，步幅由小到大，两步之间衔接紧密，动作连贯。

4) 从进攻线附近做两步助跑起跳。

5) 一步、两步或多步助跑起跳扣固定球。

(2) 挥臂击球手法练习。

1) 徒手做扣球挥臂击球动作练习。

2) 对墙掷小皮球、羽毛球、沙包均可。

3) 扣吊球或一人双手持球于头上，另一人扣球。

4) 原地对墙自抛自扣或原地起跳自抛自扣。

5) 降低球网或拉一根长绳做原地自抛自扣过网练习。

6) 快速挥臂打一定高度的树叶。

7) 手握一垒球或羽毛球、沙包，原地做挥臂甩腕掷球动作或跳起掷球过网。

8) 对墙连续扣球练习。

9) 两人原地对扣反弹球。

10) 网前原地起跳扣对方抛过来的“探头球”。

(3) 扣球完整练习。

1) 助跑起跳扣网前固定吊球。

2) 教师或学生站在网前高台上，手托球（球在网上高度根据学生身高、弹跳高度而定）。学生助跑起跳扣球，在学生击球一刹那间教师及时撤手。

3) 4号位扣抛二传，抛二传高度为网上1.5~2米。

4) 结合二传扣一般高球。

5) 结合一传练习扣球方法。

6) 6号位（或5号位）队员接从对方场地抛或发过来的球垫给网前2号位队员作二传，4号位队员助跑起跳扣球。

7) 两人或三人接从对方场地抛或发过来的球后传调整二传，扣调整球。

8) 对方发球，六人接发球组织进攻。

8.2.6 拦网

拦网是防守的第一道防线，是得分的重要手段，拦网水平的高低直接影响着比赛的胜负。

8.2.6.1 动作要领

(1) 准备姿势。正面近网站立，两脚左右分开与肩同宽，两膝微屈，两臂自然弯曲置于胸前。密切注视对方进攻队员和球的方位，随时准备移动和起跳。

(2) 移动与起跳。根据对方传球和扣球的方向迅速跟随用并步或交叉步沿网平行移动，拦网起跳时间一般比扣球者稍晚一点。

（3）空中击球。起跳时两手从额前贴近并平行球网向网上沿的前上方伸出，两臂伸直，两肩尽量上提，前臂靠近网，两臂保持平行。拦网时，在空中含胸稍收腹，双眼密切注意对方扣球的位置和动作。两臂尽量过网伸向对方上空，两手接近球，两手自然张开，稍屈指、腕成勺形。在击球瞬间，两手要突然紧张，手腕用力下压拦击来球。

（4）落地。落地时应含胸收腹。如已将球拦回，则可面对对方，以双脚前脚掌着地屈膝缓冲；如未拦回球，则下落时要随球转头转体，立即准备做好下一动作，如图 8-7 所示。

图 8-7

8.2.6.2 *练习方法*

（1）徒手模仿练习方法。

1）原地做拦网的徒手动作。

2）教师站在高台上双手持球，学生轮流起跳拦网。

3）两人隔网相对站立，向左（或右）移动一步起跳拦网。

4）低网扣拦练习。扣球人对准拦网人自抛自扣，当扣球人击球时，拦网人伸手拦网但不起跳。

5）由 4 号位向 2 号位、3 号位做并步、交叉步或跑步移动起跳拦网练习，也可从 2 号位向 4 号位方向移动。

6）两队员隔网相对，对称移动起跳拦网，空中两人双手互击掌。

7）两人在中间 3 号位拦网后，向两边移动与 2 号位和 4 号位配合双人拦网，而后站在 2 号位和 4 号位，原 2 号位和 4 号位队员跑到排尾。

8）两人在 3 号位隔网相对站立，听口令后原地起跳在网上双手击掌，落地后根据口令向左或右移动，与站在网边2号位或4号位队员一同起跳拦网，落地后跑到本方排尾。

(2) 空中拦网练习方法。

1) 一扣（自抛自扣）一拦，可用低网不起跳做扣拦，也可跳起扣拦。

2) 教练员在高台上扣球，队员轮流练习（先原地，后移动)。

3) 三人一组，一抛、一扣、一拦，轮流做，定数交换。

4) 教练员抛球，前排三个位置轮流扣球，另一方三人固定位置拦网。

(3) 结合扣球的拦网练习方法。

1) 对方4号位扣固定方向的球，本方2号位拦网，定数交换。

2) 对方2号位扣固定方向的球，本方4号位拦网，定数交换。

3) 对方2号位或4号位扣不定向、不同高度和弧度的球，本方进行单人拦网。

4) 对方组织“中一二”或“边一二”进攻战术，本方组织单人拦网。

8.3 排球基本战术

8.3.1 进攻战术

进攻战术可分为“中一二”“边一二”“插上”“二次球”“后排进攻”五种。这里主要介绍“中一二”和“边一二”进攻战术。

8.3.1.1 “中一二”进攻阵式

由3号位队员作二传，2号位或4号位队员进攻的配合形式称为“中一二”。“中一二”进攻阵式是进攻战术之一，在进攻、反攻中都常采用。“中一二”进攻战术容易组织，比较简单，是初学者常用的进攻阵式，其练习方法如下：

(1) 熟悉位置和跑动路线的练习方法。

1) 本方6号位抛给3号位队员作二传，组织“中一二”进攻战术中主要的2号位或4号位拉开进攻。

2) 隔网抛球，定位垫球，组织“中一二”进攻战术的小组配合练习。

3) 隔网抛球，进行全队战术配合练习，要求场上每个队员熟悉自己的位置和职责。

(2) 二传队员传球的练习方法。

1) 要求3号位队员根据不同的来球，移动抢位，运用正面传球和背传技术传出各种不同弧度和落点的球。

2) 要求3号位二传队员在每传一次球后，立即向传球方向跑动，绕过4号位或2号位队员后，再跑回3号位待球。

(3) 二传和扣球手的配合练习。

1) 由后排专人供球，3号位队员为二传，4号位队员扣球。

2) 由后排专人供球，3号位队员背传，2号位队员扣球。

3) 3号位二传队员运用正面传球或背传，将球传给4号位或2号位队员扣球。

(4) 结合接发球或拦网的对抗练习。

1) 接对方发球后，全队组织“中一二”进攻战术的练习，发球的力量不要太重。

2) 接发球后，全队组织“中一二”进攻，完成进攻后，立即后撤，再次接从对方场内抛来的球，并组织“中一二”进攻战术。

3）双方组织接发球后的“中一二”进攻。

4）全队组织“中一二”接发球进攻，并增加对方拦网，提高实战性的练习。

（5）成队对抗比赛。

1）接场外抛球，双方组织“中一二”进攻。

2）在教学比赛的攻防中组织“中一二”进攻。

8.3.1.2 “边一二”进攻阵式

由前排2号位队员作二传，把球传给3号位或4号位队员进攻，这种进攻的组织形式就叫“边一二”进攻阵式。“边一二”进攻阵式的优点是右手扣球者在3号位或4号位扣球都比较顺手，战术变化也较“中一二”多；缺点是5号位接一传时离2号位距离较远，控球难度大，练习方法如下：

（1）熟悉球路和位置的练习。从对方场地抛球给后排队员，垫给2号位队员，由1号位队员传起后，3号位或4号位队员移动上前把球传过网。每个轮次抛2~3次，然后过渡到3或4号位队员扣球。

（2）二传手与扣球手之间的小组配合练习。

1）本方抛球由二传手传球后，3号位队员扣快球，4号位队员拉开扣一般高球。

2）方法同上，由4号位队员跑动扣快球。3号位队员绕过4号位队员做前交叉进攻。

3）4号位队员持球并将球传给2号位队员，立即跑动上前扣快球，这时在2号位队员身后的教师抛出半高球，由3号位队员绕过4号位队员上前扣球。

4）本场抛球，4号位队员扣快球，3号位队员绕至二传背后扣快球。

5）发、垫、传、扣的整体配合。

6）增加队员拦网的整体配合。

（3）在防守的基础上运用“边一二”进攻战术的练习。由场外抛球式扣球，双方在防守后，组织“边一二”进攻。若失误，则继续由场外抛球或扣球进场，在对抗中提高运用能力。

8.3.2 防守技术

集体防守技术包括“无人拦网防守技术”“单人拦网防守技术”“双人拦网防守技术”“集体拦网防守技术”四种，这里主要介绍“双人拦网防守技术”。

8.3.2.1 双人拦网防守“边跟进”与“心跟进”技术

双人拦网防守技术，一般是在对方进攻威力较强，为了加强本方防守反攻的情况下采用。如对方4号位队员进攻（与从2号位进攻原理相同），本方由2号位和3号位队员组织双人拦网，4号位队员后撤参加后排防守，四个防守队员形成面对进攻方向的弧形防线(边跟进马蹄心防守)。

这种防守方式的缺点是拦网和防守队员之间的空隙较大，形成“中空”，如果对方突然改变进攻方式，用吊球或轻扣至“中空”地区，就会给防守造成很大的困难。为了解决“中空”的问题。通常是明确规定1号位队员随时跟进，担负保护拦网和防吊球任务。1号位队员要根据对方扣球的特点、二传的情况和己方拦网的情况做出判断，机动灵活地采用“跟进”的行动。“跟进”的方向和地点，要根据临场的情况来选择，一般不要跟的离网太近。当1号位队员“跟进”后，6号位队员应注意弥补1号位的空档。对方吊到球场中央空档的球，可以由不参加拦网的4号位队员做内撤接救。但这种方法对组织反攻不利，4号位队员由防守转入反攻比较困难，这需要快速才能完成连续动作。

还有采用6号位专职“跟进”保护拦网和防吊球的阵式，即心跟进技术。其弱点是后区有空档区，可用加强拦网及5号位队员加强判断来弥补。

8.3.2.2 练习方法

（1）六个队员在场上站在1号位至6号位置上，教师在对方场区2号位、4号位持球高举网上（不掷球）。当教师在4号位持球时，2号位和3号位队员立即移动拦网，其他队员迅速组织“双人拦网防守”，徒手跑动变换到位。

（2）教师在2号位或4号位高台上扣球结合吊球，队员做“双人拦网防守”和组织反攻战术练习。

（3）结合教学比赛，提高在实战中运用防反攻战术的能力。

8.4 排球竞赛规则简介

8.4.1 排球比赛通则

排球比赛是在长18米、宽9米的长方形场地进行的。男子比赛网高2.43米，女子比赛网高2.24米，场地的所有界线均宽5厘米，场地的长和宽包括界线，压线球为界内球。距中线3米处有一条进攻线，以限制后排队员在前排进行进攻性击球，中线和进攻线视为无限延长，如图8-8所示。每队上场六人站成两排自左向右前排4号位、3号位、2号位，后排5号位、6号位、1号位。

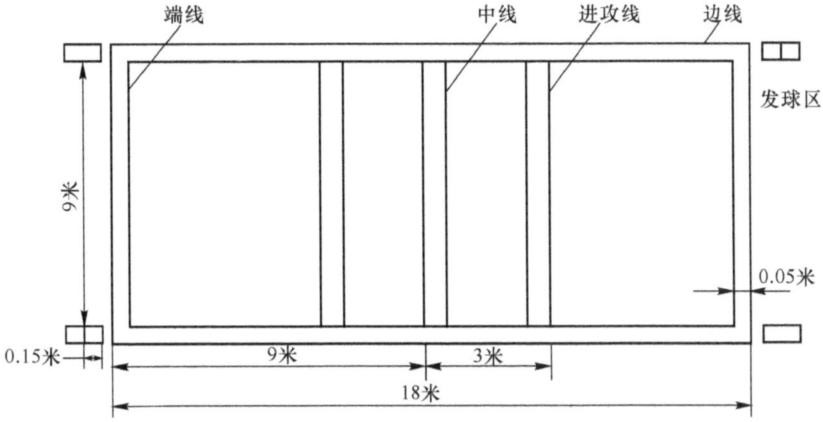

图8-8

发球时队员需按顺时针方向转换到1号位，球未发出前，双方队员左右前后不得错位，否则将被判丢失发球权同时对方得分，发球后每队可接触球三次（拦网触球除外）。正式比赛采取五局三胜制和每球得分制，即攻防任何一方失误均由对方得分并发球。每局比赛队满25分并比对方至少多得2分为胜一局。当双方比分24平时，应继续比赛至某队多领先2分为止，某队先胜三局即取得该场比赛胜利。如双方前四局出现2：2平局时，第五局为决胜局。在该局比赛中，只要一方先得8分应交换场地，位置不变继续比赛。当比分 14∶14 时，此时无最高分限制，先超过对手 2 分的获胜。比赛一至四局中，每局另有两次 60 秒的技术暂停，每当领先队达到 8 分和 16 分时自动执行，决胜局（第五局）没有技术暂停，比赛成死球时教练或队长可请求暂停两次，每次 30 秒钟。每局比赛只准换人 6 次，开赛队员只能退出比赛一次，再上场时只准替换其他的队员。

8.4.2 发球

发球队员将球抛起或持球手撤离后，必须在球落地前，用一只手或手臂的任何部分将球击出。在击球时或击球起跳时，不得踏及场区（包括端线）和发球区以外地面。击球后，可以踏及或落在场地或发球区以外。发球队员必须在第一裁判员鸣哨后 8 秒钟内将球击出。裁判员鸣哨前的发球无效，重新发球。

8.4.3 进攻型击球

（1）吊球是被允许的，但击球必须清晰并无接住或抛出动作。

（2）不准许拦对方发球。

（3）不准许后排自由防守员试图进行个人拦网或参加集体拦网。

8.4.4 比赛中的击球

（1）球可以接触身体的任何部分。

（2）球必须被击出，不可接住或抛出。球可以向任何方向弹出。

（3）球可以触及身体不同部位，但必须是同时。

（4）同队的两名（或三名）队员同时触到球时，被记为两次（或三次）击球（拦网除外），如果只有其中一名队员触球，则记为一次击球，队员之间发生碰撞不算犯规。

（5）如果双方队员同时触球造成“持球”，则判“双方犯规”，该球重新进行。

8.4.5 网下穿越

（1）队员一只（两只）脚或一只（两只）手部分穿越中线触及对方场区的同时，其余部分接触中线或置于中线上空是允许的，不判为犯规。

（2）队员身体的任何其他部位都不允许接触对方场区。

8.4.6 触网

（1）触网或触标杆不是犯规，但队员击球时或干扰比赛的情况下触网除外。

（2）由于球被击入球网而造成球网触及队员不算犯规。

（3）球通过网时可以触网。

思考训练

（1）简述排球运动的起源与发展。

（2）排球垫球的动作要领是什么？列举三种练习方法。

（3）排球的五种进攻战术都是什么？选择其中一种简要说明。

9 乒 乓 球

学习要点

（1）了解乒乓球运动的起源与发展；
（2）熟练掌握乒乓球基本技术；
（3）灵活运用乒乓球基本战术；
（4）了解乒乓球竞赛规则，学会欣赏国内外重大乒乓球比赛。

9.1 乒乓球运动概述

乒乓球最初只是一种活动性游戏，球是用轻而富有弹性的材料制成，拍子是雪茄烟盒盖之类的木质板，像打网球一样在桌上打，因此称为“桌上网球”。1900年左右，由于轻工业的发展，球才改成用赛璐珞制成的空心球。此后，乒乓球运动便逐步发展起来。1900年12月，第一次大型乒乓球比赛在英国伦敦举行。1926年，国际乒乓球联合会正式成立，并决定举行第一届世界乒乓球锦标赛。1959年，容国团获得了第25届世界乒乓球锦标赛男子单打冠军后，中国运动员开始登上了国际乒坛，多次在世界大赛中取得好成绩，乒乓球被称为中国的“国球”。

经常参加乒乓球运动可以培养顽强的拼搏精神。激烈的乒乓球比赛，不仅是比技术、比战术，更是比意志品质和拼搏精神。“人生能有几回搏”就是拼搏精神的写照，胜不骄、败不馁、永不言败、敢为人先、自强不息是一个民族的灵魂，对个人来说更是一种优秀的人格品质。

乒乓球运动的特点是球小、速度快、变化多。经常参加乒乓球运动能提高人的中枢神经系统的灵活性，使人反应灵敏；提高呼吸系统、血液循环系统的机能和耐久力，对调节改善人的情绪、培养良好的心理素质大有益处。

乒乓球运动还能促进人际间的交流。“以球会友”“小球转动了大球——地球”。乒乓外交就是通过中美两国运动员间切磋球艺，增进了解与沟通，促进了国与国之间、运动员与运动员之间交往与交流，增进了友谊，加强了联系，改善了外交关系。

9.2 乒乓球基本技术

乒乓球基本技术包括以下四项内容：握拍；站位与基本姿势；步法；单项技术（发球、推挡、攻球、弧圈球、削球、搓球）。

9.2.1 握拍法

（1）直拍握法。以食指第二指节和拇指第一指节在拍前的前面构成一个钳形，两指间距离 1~2 厘米，拍柄贴住虎口，拍后三指自然弯屈贴于拍 1/3 的上端。

（2）横拍握法。横拍的一般握法如同人们见面时握手一样，中指、无名指、小指握拍柄，虎口贴住拍肩，拇指略弯曲紧捏拍或斜伸拍面，食指斜伸在拍的另一面，如图 9-1 所示。

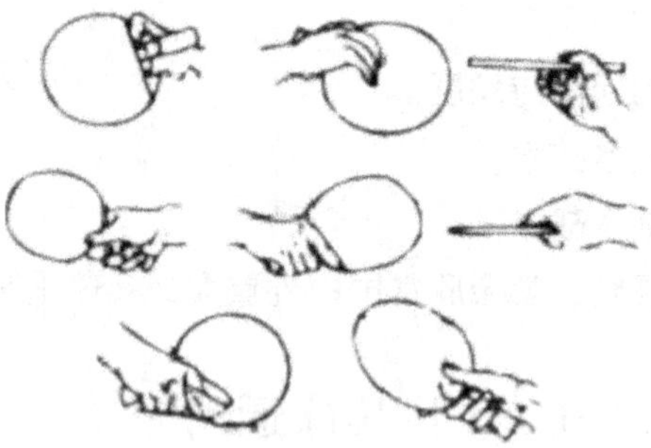

图 9-1

9.2.2 站位与基本姿势

打乒乓球时的基本站位应根据不同类型的打法、个人技术特点和身体特点来选定。(以右手握拍为例)。

（1）左推右攻打法的基本站位。在近台偏左，距球台 30~40 厘米左右；两面攻打法的基本站位在近台中间偏左，距球台 40~50 厘米左右；弧圈球打法的基本站位在中台偏左，距球台 50 厘米左右；两面拉弧圈的基本站位在中间略偏左；攻削结合打法的基本站位在中远台。

（2）击球前身体的基本姿势。两脚开立，比肩稍宽，保持身体平稳，脚跟稍提起，前脚掌着地，两膝微屈，上体略前倾，重心置于两脚之间。下颌稍内下收，两眼注视来球，持拍手自然弯曲，置于身体右侧，手腕适当放松。

9.2.3 步法

（1）单步。以一脚为轴，另一只脚向前或向后、左、右移动，常在打定点球、还击追身球或近网球时采用。

（2）跨步。以一只脚向前、后、左、右的不同方向跨出一大步。身体重心随即移到摆动腿上，而另一只脚再迅速跟着移动，常在扑救险球时，或正手打回头球时采用。

（3）跳步。以来球方向的异侧脚蹬地为主，两脚发力同时离地，异侧脚先落地，另一只脚随即着地挥拍击球，一般在来球离身体较远较急时采用。

（4）交叉步。双脚同时向来球方向侧蹬，以来球方向的异侧脚发力为主，并迅速向来球方向提摆跨出一大步，两脚交叉，然后同侧脚迅速跟上还原成准备姿势，挥拍击球。

（5）侧身步。这是左推右攻运动员常用的打法。击球时以左脚为轴，右脚向左后方移动，微收腹，侧身让出空隙来击球。在来球追身时，侧身就较大，开始右脚蹬地发力，左脚向球台外跨出一步，然后右脚靠腰部扭动后跟上。

9.2.4 单项技术

9.2.4.1 发球与接发球

（1）正手平击发球。平击发球是一种几乎不带旋转、速度一般的发球，是掌握其他复杂发球的基础。发球时身体约离台40厘米，两脚开立，左脚稍前，抛球的同时挥拍手向后引拍，击球时向前挥拍，击球的中部稍偏上，第一落点在球台中间，击球后挥拍继续向前而后还原。

（2）正（反）手急发球。抛球同时持拍手向右（左）后方引拍，拍形稍前倾，持拍手以肘关节为轴内旋向左（右）前方挥拍用力，触球后拍面前倾，快速摩擦球的中上部。球的第一落点应在本方台面端线附近，执拍手迅速放松，立即还原。

（3）正手发下旋球。球由高点下落至约与网同高时，前臂加速向左前下方切削，用球拍左侧偏下部位击球的后中下部并向底部快速摩擦。在发近网下旋球时用力下切动作要快，落点距网较近；发远网下旋球时除用力下切外，还应略加向前的力量，如图9-2所示。

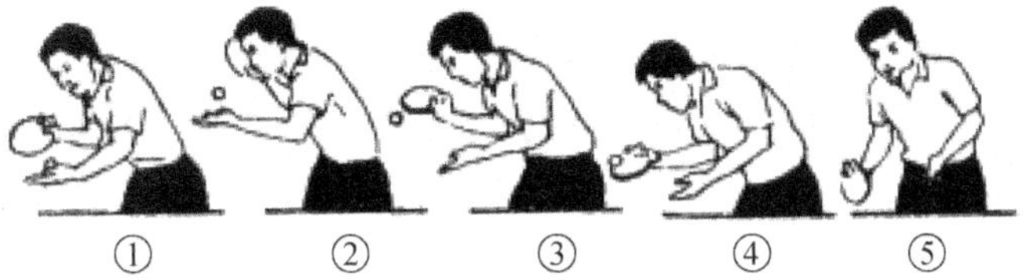

图9-2

（4）发左、右侧旋球。发左侧旋球时，将拍面稍向左倾斜，用力向身体左方发力，摩擦球的中部。发右侧旋球时与之相反，如图9-3所示。

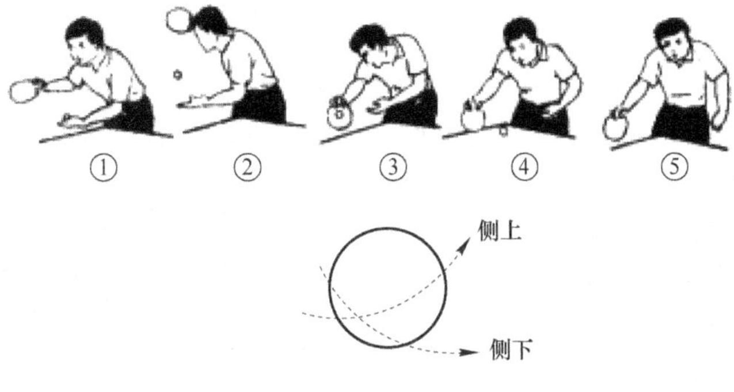

图9-3

（5）正手发左侧上（下）旋球。

1）正手发左侧上旋球。站位左半台，左脚稍前，身体略向右偏，左手掌心托球位于身体右前方。球从高点下落时持拍手从右上方向左下方挥拍，当球落至网高时，持拍前臂加速挥摆，手腕发力使球拍加速向左下方挥动，击球的中部并向左侧上方摩擦。根据发球长短调整第一落点的远近。

2）正手发左侧下旋球。挥拍击球时，侧上旋是屈腕垂拍，侧下旋是沉腕拇指压拍，击球中下部并向左侧下方摩擦。

（6）反手发右侧上（下）旋球。

1）反手发右侧上旋球。站位左半台，右脚稍前或平站，身体略向左偏，上抛球时，右臂内旋，持拍手向左后方引拍，腰部略向左转。球从高点下落时，持拍手从身体左后方向左前挥拍，当球落至网高时，前臂和手腕同时发力挥拍击球，击球的中略偏下部，在触球的瞬间，手腕快速向上方抖动摩擦球，如图 9-4 所示。

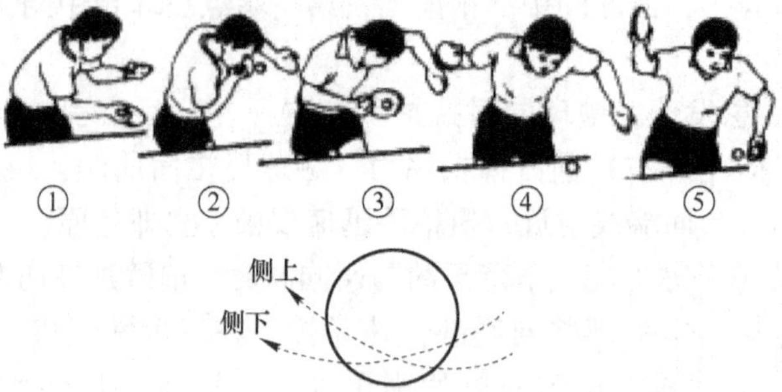

图 9-4

2）反手发右侧下旋球。发侧下旋球是手腕与前臂较平直，拇指压拍，拍面较平。击球的中下部并向右侧下摩擦球，而横拍发反手右侧上（下）旋球时要加大右上臂向右方挥摆幅度。

（7）接发球。

1）接急上旋球。发过来的球速度快，带有一定的上旋力，应用侧身回接。如果侧身有困难，可运用反手推挡或反手攻球回击。如采用削球回接，则必须移动步法向后退一步，待来球力量有所减弱时再回接。

2）接下旋球。用搓球回接时，注意拍面后仰以增加向前上方的发力。用拉攻或弧圈回接时，一定要增加向上提拉的力量。

3）接左侧上旋球。一般采用推挡，攻球为宜。回接时，拍面角度要稍向前倾，拍面向左倾斜，以抵消来球的左侧旋。用搓、削回接，除注意拍面角度和朝向外，还要加大向下摩擦球的力量。用弧圈球回接应加大拍面前倾角度，多向前发力，少向上提拉。

4）接右侧上旋球。接右侧上旋球时与接左侧上旋时的方法基本相同，方向相反。

5）接短球。回接时要注意判断，步法移动及时向前，以获得最适合的击球位置。同时，注意到位后脚步制动，控制身体的前冲力量，以便接球后快速回蹬还原，准备下一拍来球。

9.2.4.2　推挡球

推挡球是乒乓球初学者首先应该学习的技术。推挡球可分为挡球、减力挡、快推、加力推、推挤和推下旋等技术动作。

（1）挡球。以右手为例，两脚单行或左脚稍前，身体离台面约 50 厘米。击球前，前臂与台面平行伸向来球，触球前，前臂和手腕稍向前移动，借助来球的反弹力将球挡回，在球上升期击球中部，拍型与台面接近垂直。

（2）快推。站位和挡球相同。持拍手上臂和肘关节内收，前臂略向外旋，击球时，前臂开始向前推击，同时手腕旋转，食指压拍，拇指放松，使拍面前倾，在上升期，击球中上部，将球快推过去，击球后，手臂继续前送，手腕配合旋转，使球拍下压。

（3）加力推。击球前，前臂后收，球拍稍提高，并及时根据来球弹起的高度，调整好拍形角度，在来球的上升后期或高点期，以前倾拍形推击球的中上部。击球瞬间，上臂、前臂和手腕向前下方发力推压，腰也协助用力。

（4）推下旋。两脚平站或右脚稍前，身体离台约 40 厘米。手臂内旋，拍面角度稍后倾，上臂后引，前臂上提；击球时，持拍手向前下方挥动，拍面稍后仰，击球的中部向前下方摩擦推切；击球后，手臂随势前送，如图 9-5 所示。

① ② ③ ④

图 9-5

9.2.4.3 攻球

攻球分为正手攻球和反手攻球，按站位又可分为近台、中台、远台攻球，按击球点又可分为拉、打、拨、扣、杀等方法。

（1）正手近台快攻。击球之前引拍至身体右侧，当球由台面弹起时，手臂向左前上方迅速回击来球。击球时食指稍抬，拇指压住球拍，使拍面前倾，形成合理击球角度，然后结合手腕内旋动作，在球的上升期击球的中上部，如图 9-6 所示。

① ② ③ ④

图 9-6

（2）正手拉球。提拉球时在球的下降期，大臂和小臂由右后方向左前上方挥击，击球时小臂迅速内收，配合手腕内旋动作，视来球旋转强弱击球的中下部或中部，如图 9-7 所示。

① ② ③ ④

图 9-7

（3）正手扣杀。两脚开立，左脚在前，重心落在右脚上，站位近台；引拍时，手臂自然弯曲并内旋使拍面前倾，拍引至右后上方。当球跳至最高点时，上臂带动前臂加速向左前下方发力挥拍，重心前移时腰腿向左转配合发力，拍面前倾击球的中上部。

9.2.4.4 搓球

搓球是近台还击下旋球的一种基本技术，属于相持控制类技术。搓球比较稳健，旋转和落点变化比较多，简单易学。搓球动作与削球动作近似，可为学习削球技术打下基础，分为正、反手搓球。

（1）正（反）手慢搓。左（右）脚稍前，身体离台40~50厘米，双膝微屈，球拍向后上方引拍，拍面后仰，当球弹起时，向前下方挥拍，在球的下降前期击球的中下部。

（2）正（反）手快搓。身体离台40厘米，两脚平行站立，或左（右）脚稍向前，球拍引向后方偏上位置，引拍动作不宜过大，拍面稍后仰，拍面向前下方挥动，在球的上升期击球的中下部，击球时，手腕明显地发力摩擦。

（3）搓转与不转。搓转球时，除拍面后仰角度要加大外，还要在球拍切击球时切薄一些，使其作用力远离球心，形成较旋转的下旋球。搓不转球时，减小拍面后仰角度。击球中下部并向前上推托，使击球力量接近或通过球心，这样就形成不转球，如图9-8所示。

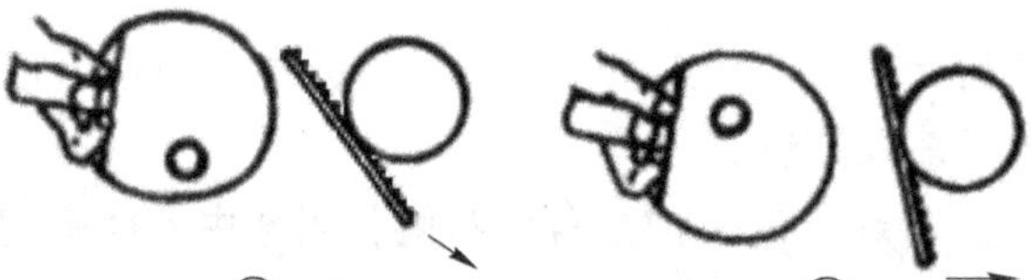

① ②

图9-8

9.2.4.5 削球

削球通过旋转和落点变化来控制对方、扰乱调动对方，为进攻创造机会。

（1）正手近削技术。身体离台1米左右，左脚稍前，重心较低，手臂向后斜侧引拍，身体向右稍斜。挥拍时，球拍向前下方挥拍，与此同时，腰髋向左转动，在球的高点期至下降前期，击球的中下部，击球瞬间，手腕加力摩擦球。击球后，自然向前下方送出去，如图9-9所示。

① ② ③ ④

图9-9

（2）反手近削技术。身体离球台1米左右，右脚在前，身体向左侧转动，肘关节稍离开身体。球拍向前下方挥拍，与此同时，腰髋向右转动，在球的高点期至下降期击球的中下部，前臂发力为主，手腕加力摩擦球，如图9-10所示。

①　②　③　④

图 9-10

9.2.4.6 弧圈球

弧圈球是带强烈上旋球的进攻技术，它具有很强的攻击性和稳定性。

（1）正手拉加转弧圈球。两脚左右开立，稍大于攻球时的距离，右脚在后，两膝稍弯曲，身体重心较低，执拍手沉肩垂臂，引拍至身体后下方，拍面稍前倾，身体重心移至右脚。大臂带动前臂向前上方挥拍，逐渐加快挥拍速度，身体重心左移。拍触球时，右脚蹬地身体向左侧转动，迅速收缩前臂，在摩擦球的瞬间，通过手腕手指加速发力，在来球下降期击球的中部或中上部。拉球后，球拍随势挥至头部高度，身体重心移至左脚，如图 9-11 所示。

①　②　③　④　⑤　⑥

图 9-11

（2）正手拉前冲弧圈球。两脚左右开立，右脚在后，两膝微曲。引拍手向右后方引拍，引拍的位置比拉加转弧圈球稍高，比攻球稍低，身体重心移至右脚，眼睛看来球的方向和落点长短，执拍手向前上方挥拍，挥拍的速度逐渐加快，根据来球的旋转控制好拍面角度。在球的高点期或下降前期擦击球，身体重心逐步转移至左脚。右脚蹬地，转体加力，大臂带动前臂收缩，球拍前倾，触球瞬间通过手腕发力加速摩擦击球。值得注意的是，发力方向是向前为主略带向上，击球时，拍面前倾的角度比拉加转弧圈球大，如图 9-12 所示。

①　②　③　④　⑤

图 9-12

9.2.5 乒乓球技术的学习与运用

（1）由易到难、由表及里、由有规律到无规律地练习。

(2) 由台下到台上、由单个技术到结合技术、由单线到复线、由先上旋后下旋的练习途径。

(3) 在练习时养成眼睛盯球、耳朵听声、手法正确、步法灵活、手法与步法相结合的练习习惯。

9.3 乒乓球基本战术

乒乓球战术是根据自己和对手的具体情况，正确而又有目的地把自己所掌握的各种技术有意识地组合起来，从而充分发挥自己的技术风格特点，抓住对方的弱点，采用合理的方法和手段战胜对手。

9.3.1 推攻战术

特点：主要运用正手攻球和反手推挡的速度和力量，并结合落点变化和节奏变化来压制和调动对方，以争取主动得分。推攻战术是左推右攻打法对付攻击型打法的主要战术，有反手推挡能力的两面攻运动员、攻削结合运动员等常使用这种战术。

方法：左推右攻；推挡侧身攻；推挡、侧身攻后扑正手；左推结合反手攻；左推、反手攻、侧身攻后扑正手。

注意事项：

第一，推、攻都要有线路变化、落点变化和节奏变化，这是推攻战术争取主动和创造扣杀机会的主要方法。

第二，推挡一般以压对方反手为主，然后突然变正手，以创造进攻机会。如果对方正手较差，才可以推对方正手为主。

第三，在推挡中突然加力推对方中路，使对方难于用力回击，然后用正手或侧身扣杀。

第四，遇到机会球时要果断扣杀，这是推攻战术得分的主要手段。

第五，推攻战术要坚持近台，又不能死守近台，要学会近台和中台的位置转换，掌握对手节奏。

第六，推攻战术对付弧圈类打法应坚持近台为主，用快推和加、减力推挡控制落点，伺机采用近台反拉或中等力量扣杀弧圈球，然后进入正手连续进攻。

9.3.2 两面攻战术

特点：主要利用正、反手攻球技术的速度和力量压制对方，争取主动和创造扣杀机会。两面攻技术是两面攻打法对付攻击型打法的主要战术。

方法：攻左扣右；攻打两角，猛扣中路。

注意事项：

第一，正、反手攻球都要有线路变化和落点变化，以便创造扣杀机会。

第二，要以压对方反手为主，然后攻击对方正手或中路，以创造扣杀机会。

第三，遇到机会球时要大胆扣杀。

第四，两面攻战术在主动进攻情况下要坚持近台，被动情况下可适当后退，在中近台或中台进行反攻。

第五，两面攻战术对付弧圈球打法应坚持近台，用快带顶住对方的弧圈球，伺机采用近台反拉或中等力量扣杀弧圈球，然后转入连续进攻。

9.3.3　拉攻战术

特点： 连续运用正手快拉创造进攻机会，然后采用突击和扣杀来作为得分手段。拉攻战术是快攻打法对付削球类打法的主要战术。

方法： 正手拉后扣杀；反手拉后扣杀。

注意事项：

第一，拉、扣的力量要有较大的悬殊，以使对方措手不及。

第二，拉球要有线路和落点变化以调动对方，争取主动和创造进攻机会。

第三，遇到机会球时要大胆扣杀或突击。

第四，采用拉攻战术要有耐心，不要急于求成，对没有把握的机会球不要过凶。

9.3.4　拉、扣、吊结合战术

特点： 由拉攻与放短球相结合而成，是快攻型打法对付削球打法的常用战术。

方法： 在拉攻战术的扣杀或突击后放短球；在拉攻战术中放短球后，结合扣杀或突击。

注意事项：

第一，拉攻中放短球，要在对方站位较远并且来球近网时进行，这样放短球的落点容易靠近球网，可增加对方向前移动的距离和难度。

第二，放短球后扣杀时，如果对方靠台极近，可对准对方身体方向扣杀，这样往往能使对方难于让位还击。

9.3.5　搓攻战术

特点： 主要运用“转、低、快、变”的搓球控制对方，以寻找战机，然后采用低突、快点或拉攻等技术展开攻势并进入连续进攻；在搓球中遇到机会球时进行扣杀，常常带有突然性，往往可以直接得分。搓攻战术是乒乓球各种打法都不可缺少的辅助战术。

方法： 正、反手搓球结合正手快拉、快点、突击或扣杀；正、反手搓球结合反手快拉、快点、突击或扣杀。

注意事项：

第一，搓攻战术既要尽可能早起板，以争取主动，又不能有急躁情绪，否则起板容易失误。

第二，在搓球中遇到机会球时要大胆扣杀，这是搓攻战术的主要得分手段。

第三，在搓短中摆短，可使对方不易抢先进攻，故有利于创造进攻机会，以便伺机用正、反手或侧身进攻。

9.3.6　削中反攻战术

特点： 由削球和攻球结合而成，常以逼角加转削球为主，伺机反攻；或以转、低、稳、变的削球，迫使对方在走动中拉攻，以从中寻找机会，予以反攻。这种战术有“逼、变、凶、攻”的特点，是攻、削结合打法的主要技术。

方法：正、反手削球逼角，结合正手攻或侧身攻对方右侧空当；正、反手削两大角长球，结合正、反手反攻。

注意事项：

第一，正、反手削球都要注意旋转强度的变化。在削加转后用削加转球相似的手法制不转球，是使对方拉出高球，以进行反攻的有效方法。

第二，削球时要尽可能压低弧线，以避免对方扣杀或突击。

第三，削球逼角时要适当配合削另一角，以使对方在走动中击球。

9.3.7 发球抢攻战术

特点：发球抢攻战术是以旋转、线路、落点以及速度不同的发球来增加对方回击的难度，使其出现机会球，或降低回球质量，然后抢先进攻，以争取主动或直接得分，这是乒乓球所有打法特别是进攻型打法的主要战术和得分手段。

方法：发下旋转与“不转”抢攻；发正、反手奔球抢攻；发正、反手侧上、下旋球抢攻。

注意事项：

第一，发球要有线路和落点变化，以使对方在前、后、左、右走动中接发球。

第二，发球后要有抢攻准备，以不失抢攻的机会。

第三，自己发什么球，对方可能以什么技术回击，要做到发球前心中有数。这样才能较好地做好抢攻的准备。

第四，抢攻要尽可能凶，又不能过凶，否则会影响命中率。

9.3.8 接发球抢攻战术

特点：由某一单项攻球技术所形成，进攻性强，可变接发球的不利地位为主动地位，也可直接得分，是乒乓球运动各种打法特别是进攻型打法的主要战术。

方法：用快点、快攻或中等力量突击进行接发球抢攻。

注意事项：

第一，由于接发球抢攻是在对方主动发球，自己处于被动的接发球地位时所采取的进攻型打法，所以难度较大。接发球抢攻一般不可过凶，要看准来球的旋转方向、旋转强度和高度，采用适当的方法进攻。例如，对方发加转下旋球，接发球抢攻时要采用提拉手法，以免下网。同时，攻球的力量不可过大。

第二，接发球抢攻动作结束后，要立即做好对攻或连续攻的准备，以便继续处于主动地位。

第三，接发球抢攻、抢冲的力量越小，应越注意球的路线或落点，一般应多打在对方反手；若对方反手强而正手弱，则可多打在对方正手。

9.3.9 乒乓球战术的学习与运用

（1）知己知彼，有的放矢。即在摸清对手球拍的性能、基本打法、技术、战术运用特点、特长技术等情况的基础上，制订出切实可行的战术方案。

（2）机动灵活，随机应变。自己的某种打法或某种战术一旦被对方适应后，就需要采用旋转、节奏、落点等变化，给对方制造新的困难，达到取胜的目的。

（3）以己之长，制彼之短。每个人都有自己的打法和风格，有的发球好，有的善于快攻等。在比赛时要充分发挥自己的长处，抓住对方弱点，掌握比赛的主动，争取胜利。

（4）勤于观察，善于分析。乒乓球比赛时随场上战局的变化，特别要注意分析对方的心态，及时调整和改变自己的战术，破坏对方的作战意图，从心理上给对方施以一定的压力，争取战而胜之。

9.4 乒乓球竞赛规则简介

9.4.1 定义

（1）重发球：不予判分的回合。

（2）击球：用握在手中的球拍或执拍手手腕以下部分触球。

（3）端线：球台的端线，包括端线两端的无限延长线。

（4）阻挡：对方击球后，处于比赛状态的球尚未触及本方台区也未超过比赛台面或其端线，即触及本方运动员或其穿戴的任何物品。

9.4.2 合法发球

（1）发球时，手掌张开伸平，球应是静止状态。在发球方的端线之后和比赛台面的水平面之上。

（2）发球员须用手将球几乎垂直地向上抛起，不得使球旋转，并使球离开手掌之后上升不少于 16 厘米。

（3）当球从抛起的最高点下降时，发球员方可击球。

9.4.3 合法还击

对方发球或击球后，本方必须击球，使球直接越过或绕过球网装置，或触及球网装置后再触及对方台区。

9.4.4 发球、接发球和方位的选择

（1）选择发球、接发球和这一方、那一方的权利应由抽签来决定。中签者可以选择先发球或选择先在某一方。

（2）当一方运动员选择了先发球或选择了先在某一方后，另一方运动员应有另一个选择的权利。

9.4.5 一局和一场比赛

（1）比赛中先得 11 分的一方为胜一局。如打到 10 分平后，先得 2 分的一方此局为胜。

（2）团体赛一般采用五局三胜制，单项比赛常采用七局四胜或九局五胜制。

9.4.6 乒乓球比赛场地及器材

（1）赛区空间应不少于14米长、7米宽、4米高，地面应平坦、坚硬、不滑。

（2）标准乒乓球台由两块台桌组成，每块1.37米，总长2.74米，台面的宽度为1.525米，厚度0.035米，台面与地面相距0.76米，乒乓球台面四周为宽2厘米的白线，分别称为端线和边线，台面中间3毫米宽的白线为中线，其上架长1.83米、高0.153米的球网。

9.4.7 乒乓球比赛规则最新变化

（1）小球改大球。1996年5月，国际乒联开始改换大球的试验，但是直到2000年2月23日，国际乒联特别大会和代表大会才在吉隆坡通过了40毫米大球改革方案，悉尼奥运会之后，乒乓球比赛使用直径40毫米、重量2.7克的大球，以取代38毫米小球。

（2）每局11分。2001年9月1日，乒乓球比赛由每局21分制改为每局11分制。国际乒联采用11分赛制的初衷是缩短每局比赛的时间，原来打3局的时间，11分制可以打5局，这样比赛就会变得更加激烈精彩。不过，真正能够使比赛精彩的根本原因是提高了结果的偶然性。

（3）无遮挡发球。2002年9月1日，国际乒联正式在各国乒协推行无遮挡发球。发球时，尤其是在侧身正手发球时，不能用身体和抛球的手、手臂及衣服遮挡对方球员的视线。国际乒联主席沙拉拉称："实行无遮挡发球，并无意刁难中国队，只是想使比赛更加透明，这样才显得更加公平，使比赛的回合增多，观赏性增强"。

（4）北京奥运双打改团体。2005年10月27日，国际奥委会执委会在瑞士洛桑宣布了对2008年北京奥运会28个大项下小项的新增和调整决定，对中国影响最大的是乒乓球项目的男女双打被确认调整为男女团体。奥运会乒乓球男女团体比赛将取消1/4决赛。团体小组赛中，只有4个小组的头名才能出线并入围半决赛，从而争夺最后的冠军。

思考训练

（1）乒乓球运动的价值是什么？
（2）正手近台快攻的技术要领是什么？
（3）结合乒乓球技术简要说明乒乓球战术运用的原则。

10 羽 毛 球

学习要点

（1）学习和了解羽毛球的起源和运动价值；
（2）了解和掌握羽毛球的基本技术和战术。

10.1 羽毛球运动概述

现代羽毛球运动起源于1873年，英国格拉斯哥郡伯明顿镇一位叫鲍弗特的公爵，在庄园里进行了一次“蒲那游戏”的表演。因这项活动极富趣味性，很快就风行开来。此后，这种室内游戏迅速传遍英国，“伯明顿”（Badminton）即成为羽毛球的英文名字。

羽毛球运动是比赛双方在一块长13.40米，宽5.18米（单打）或6.10米（双打）的长方形，中间隔着一网的特定场地上用球拍轮流击打一个羽毛球，以把球击落在对方场区内或使对方击球失误为胜的一项球类运动。1992年巴塞罗那奥运会将其列为正式比赛项目。

1934年由英国等十几个国家发起成立了国际羽毛球联合会。1939年国际羽联通过了《羽毛球规则》，从此羽毛球国际比赛日渐增多，有汤姆斯杯赛（男子团体锦标赛）、尤伯杯赛（女子团体锦标赛）、世界杯赛（单项比赛）、全英锦标赛等。中国羽毛球技术处于世界领先地位。在世界大赛中多次获得男子单打、男子双打、男子团体、女子单打、女子双打、女子团体冠军称号。

羽毛球运动是一种全身运动项目，规则及设备并不复杂，无论是进行有规则的羽毛球比赛还是作为一般性的健身活动，都要在场地上不停地进行脚步移动、跳跃、转体、挥拍，合理地运用各种击球技术和步法将球在场上往返对击，从而增大了上肢、下肢和腰部肌肉的力量。羽毛球运动游戏性较强，运动量可根据个人年龄、体质、运动水平和场地环境的特点而定。

羽毛球作为一种娱乐活动，参与者在球的对击过程中，通过不停地奔跑和身体的变化，努力地去把球击到对方的场地。同时球的飞翔又有快慢、轻重、高低、远近、狠巧、飘转等变化，需要练习者有较好的力量素质、速度素质、耐力素质、灵敏素质、柔韧素质以及快速的反应能力。经常从事该项体育活动可以提高人体的灵活性、协调性，可以提高人们上下肢及躯干的活动能力，改善呼吸系统和心血管系统的功能，提高有氧供能和无氧供能的能力，调节神经系统并提高其抗乳酸的能力，而且能起到增进健康、抗病防衰、调节精神、培养顽强的意志品质和坚定信念的作用。由于羽毛球技术的千变万化，羽毛球运动又具有很高的观赏价值。

10.2 羽毛球基本技术

10.2.1 握拍法

羽毛球握拍正确与否，对于掌握和提高羽毛球技术水平有着重要的影响。羽毛球技术中的握拍和指法是多种多样的，但是基本的握拍法有两种，即正手握拍法和反手握拍法。

10.2.1.1 动作要领

（1）正手握拍法。握拍之前，先用左手拿住球拍，使拍面与地面垂直；再张开右手，使手掌在球拍的握柄底托部位，虎口对着球拍框。小指、无名指、中指自然并拢，食指与中指稍稍分开，自然弯曲贴在球拍握柄上。握拍的时候，不要过于用力，手部肌肉要放松。只是在击球的一刹那手指突然紧握拍柄发力，如图 10-1 所示。

（2）反手握拍法。反手握拍法有两种，一种是由正手握拍法把球拍向外转，拇指前内侧部位贴在球拍柄的窄面部位，食指向中指方向稍回收；另一种是由正手握拍法将球框向外转，拇指伸直贴在球拍把的宽面，食指、中指、无名指、小指并拢，如图 10-2 所示。

图 10-1

图 10-2

此外，需注意以下几点：

首先，正手握拍法如同与人握手方式。注意虎口不是对着拍柄宽面，而是对着拍柄窄面内沿。

其次，注意握拍的松紧度。握拍太紧，动作必然僵硬；握拍太松，击球无力，且动作可能变形。

最后，注意握拍的调整。击高球和扣杀球时，击球的瞬间需要握紧拍柄发力，握拍有些变化，虎口变成对着侧面的窄面，才能以球拍正面击球，击球后则应调整恢复到虎口对着拍柄窄面内沿的原有正手握拍法。

10.2.1.2 练习方法

固定球拍，以持拍手的正确部位握拍，体会握拍感觉。

正、反手握拍的转换练习。从正手握拍举在右肩上，到反手握拍举在左肩上。反复练习体会拇指和食指将拍柄捻动后，手指和拍柄接触部位不同的要求和变化。

10.2.2 发球

单打时站在中线附近，离前发球线约 1 米；双打时可稍站前些。左肩侧对球网，左脚在前，脚尖向网，右脚在后，脚尖稍向右侧，两脚距离与肩同宽，身体重心放在后脚上，右手握拍向右后侧举起肘部微屈，两眼注视对方站位位置，如图 10-3 所示。发球按球在空中飞行弧线分为发高远球、平高球、平快球、网前球，如图 10-4 所示。

图 10-3

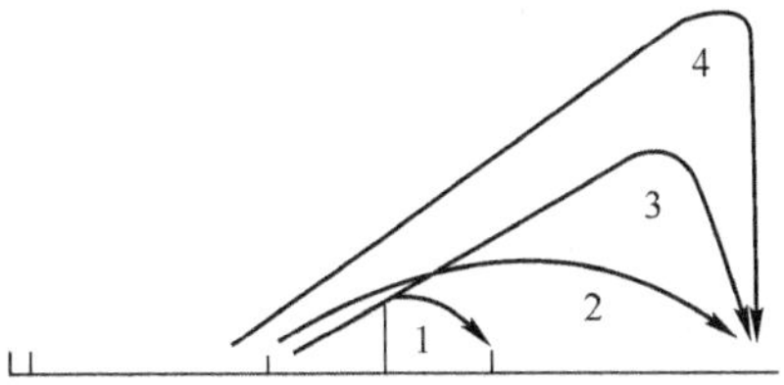

图 10-4

1—网前球；2—平快球；3—平高球；4—高远球

10.2.2.1　动作要领

（1）发高远球。把球发得高而远，球到达底线上空后，几乎垂直下落，落点接近底线。发球时，左手松开使球下落，同时右手握拍沿着右下而上的弧线朝前上方加速挥摆，其仰角要大于 45°，自然伸腕，即将触球时，前臂带动手腕向前上方“闪”动，由伸腕经前臂内旋至屈腕，使击球瞬间造成“爆发力”，击球点在右侧前腰下，如图 10-5 所示。

图 10-5

（2）发平高球。球飞行路线比高远球低，击球时，用前臂带动手腕发力，拍面稍向前推进，仰角小于 45°，其余动作同高远球。

（3）发平快球。站位稍靠后，击球时拍面仰角小于 30°。发平快球带有突击性，使球越网而过，直插后场，向对方反手或空档进攻。

（4）发网前球。击球时挥拍幅度较小，力量较轻，拍面稍后仰，使球恰好越网，落在对方接球区前发球线附近，如图 10-6 所示。

图 10-6

10.2.2.2 练习方法

（1）正手向上颠球的练习。握拍放松，用前臂内旋，中指、无名指和小指由松到紧发力击球，加上手腕的回环动作击球。

（2）用吊线球进行正手发球练习。将球系在5米以上吊线的下端，球的高度调至与练习者膝关节平齐或稍低些。用球拍向前上方击球，模仿正手发高球的动作。要求以完整的发球动作击吊线球。

（3）对墙发球练习。体会球下落时间和挥拍速度之间的时空关系。首先注意技术动作的准确性，然后再强调击球的准确性。

（4）在场地上正式发球练习。始终强调动作的正确性，然后才是飞行弧度和落点的质量要求。

（5）上肢力量练习。

1）羽毛球掷远或掷垒球练习。

2）绕腕练习，手持哑铃于体前或体侧做绕“8”字练习。

3）挥拍练习，挥网球拍，重点进行前臂、腕、指的各种击球动作以发展击球爆发力。

4）转臂练习，手持哑铃于体侧做旋内、旋外练习。

10.2.3 接发球

单打时，站位离前发球线约1.5米处，站在右发球区则靠近中线，站在左发球区则在中间位置，以防对方直线进攻反手部位。双打时，发球线比单打短0.75米，发高远球易被扣杀，因此双打多发网前球。接发球时可站在离前发球线较近处，球拍要举得高些，利用网前击球点高争取主动。

对方发来高远球或平高球时，可用平高球、吊球或扣杀球还击。虚线为发高远球，对方发来网前球时，可用平高球、高远球、放网前球、平推球还击。对方发来平快球时，可用平推球、平高球还击，以快制快，也可用高远球。

10.2.4 击球法

10.2.4.1 高手击球

击球点高、速度快、力量大，是快攻打法的最基本技术。

（1）高远球。进攻时可逼迫对方退离中心位置，削弱对方进攻威力，消耗对方体力，使对方回球失误；防守时，当对方连续进攻使自己步法出现忙乱时，用高远球争取时间，回到中心位置，摆脱被动局面。打高远球有高手和低手两种击法，高手高远球又分正手、反手和头顶三种。

击正手高远球时，判断来球的方向和高度，适当移动位置，使击球点尽量在右肩稍前的上空，左脚在前、右脚在后，身体重心放在右脚前脚掌上；屈臂举拍肩上，握拍前臂向后移动，肘关节向后侧提高，使球拍后引到头后，自然伸腕；接着大臂带动前臂向上，肘关节迅速上升，前臂前“甩”，触球时手臂伸直，“闪”动手腕，如图10-7所示。

击反手高远球时，反手握拍，右脚前交叉跨到左侧底线，背向网，身体重心在右脚，球拍举左胸前，拍面朝上，双膝微屈，利用腿和腰腹协调力，大臂带动前臂，肘部上抬与肩并行时，前臂带动腕部的“闪”动，在右侧上方伸直手臂向后击球，如图10-8所示。

图 10-7

图 10-8

（2）吊球。将对方击来的高远球从后场还击到对方网前区，以打乱对方阵脚。吊球打法用力较小，但要准确地把球击到对方前发球线以内离边线 50 厘米附近。

吊球有多种打法，初学者应先学好高手吊球。高手吊球按球飞行弧线和击球动作的不同，分为劈吊和拦截吊球，如图 10-9 所示。劈吊击球用力较轻，挥拍时拍面偏斜，击球一刹那，前臂突然减速，利用手腕快速“闪”动，向左下“切削”，球拍触球托的偏右部位。拦截吊球是把对方的平高球拦截回去，拍面正对来球，当拍面和球接触时，轻轻一挡，将球以较平弧线、较慢速度越网垂直下坠，如图 10-10 所示。

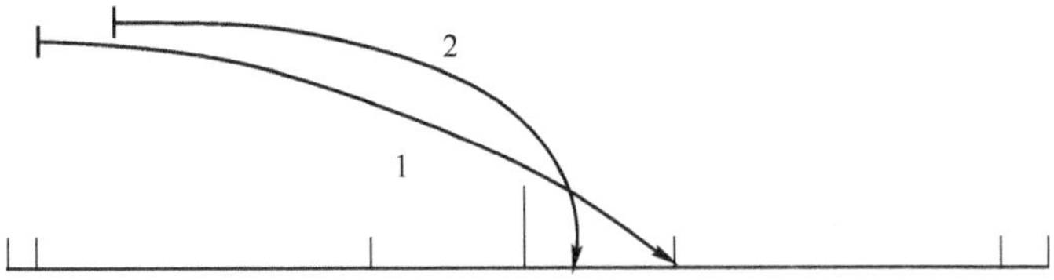

图 10-9

1—劈吊；2—拦截吊

图 10-10

（3）扣杀球。扣杀球是一项主要进攻技术。可分正手、反手和头顶扣杀三种，初学者应先掌握好正手扣杀。击球动作大体和正手高远球一样，不同的是击球一刹那需用全力，前臂快速带动手腕下压，触球时拍面前倾，向前下方用力，击球点在右肩稍前上方，如图 10-11 所示。

图 10-11

（4）练习方法。持拍做好准备、引拍、挥拍、击球（还原）的基本功练习。握拍要正确、合理，左右手、前后脚及转体收腹等动作协调，在最高点击球。

原地进行起跳转 90°着地后即返回原地，再反复起跳并完成上手挥臂动作的练习。

多球式喂球或一对一陪练式喂球，让练习者移动到位击球。练习规律：原地完成动作→起跳完成动作→固定回击一点直线球→回击球点靠前；扣杀球比吊球更靠前。强调用力顺序，即高球是以肩关节为轴，大臂带小臂，小臂带手腕，向前上方用力击球；扣杀球是以肩关节为轴，大臂带小臂，小臂带手腕，但手腕积极向前下方重压，击两点直线加斜线球。

两人分边，用高吊、高杀直线或斜线球进行对练。要求开始速度慢些，逐步加快；注意到位击球，提高稳定性、准确性。

强调高、吊、杀动作的一致性，即在准备、引拍、挥拍到击球前期动作的一致性。注意击球点不同，即高远球是在右侧前上方；吊球和高球相比，吊球则是以肘关节为轴，手腕积极下压，切削球的右侧后下部。

10.2.4.2 网前击球

要求握拍活，击球点高，步法快，搓、推、扑、钩球前的动作一致。

（1）搓球。右脚跨前成弓箭步，侧身对网，重心在右脚，手臂向前伸出，出击要快，击球点要高，握拍的腕部和手指自然放松，拍面右边稍高斜对网。击球前，前臂外旋，手腕外展，引拍至右侧。击球时，用手腕和手指发力加快挥拍的速度，“切”“搓”球托的底部，使搓出的球翻滚贴网，如图 10-12 所示。

图 10-12

（2）推球。在网前将球以低平弧线快速推到对方底线，是一种进攻技术。动作与搓球相似，只是在击球一刹那拍面几乎与网平行，靠腕部转动及手指力量向前快速“闪”动，如图 10-13 所示。

（3）扑球。对方发网前球时，或放网前球时，在球刚越到网顶（偏高时）即迅速上

图 10-13

网向斜下压，是威力较大的一种进攻技术。动作要领：蹬步上网，身体右侧扑向网前，迅速拍向前，拍面前倾，击球时用腕部和手指力量向前下方“闪”击，球触拍后立即回收，以免拍触网违例，如图 10-14 所示。

图 10-14

（4）挑高球。挑高球是在被动情况下的防守技术。举拍在身前，前臂略弯曲，右脚向网前跨出一大步，侧身向网。击球时以肩为轴，自下而上用前臂带动腕部和手指快速朝前上方挥拍。如来球离网较远，拍面可后仰向前上方击球，如来球较贴网，拍面应接近于朝上，击球时要带点儿向上的提拉，如图 10-15 所示。

图 10-15

（5）钩球。钩球是在网前回击对角线的球。它和搓球、推球结合起来运用，常能达到声东击西的效果。

（6）练习方法。正、反手握拍上网前的移动练习。正手握拍上右网前，反手握拍上左网前。一步垫步上网，两步跨步上网，三步交叉跨步上网。

两人隔网对练搓球或钩球。

多球上网搓、钩、推、扑球练习。

吊上网搓、推、钩、扑组合练习。

杀上网搓、推、钩、扑组合练习。

10.2.4.3 低手击球

低手击球是技术难度较大的防守技术。

（1）抽球。这是应付对方长杀、半场球和平球对攻的反攻性技术，有半场正、反手抽球和底线正、反手抽球。半场正、反手抽球时，击球点在肩部以下，用力特点是以躯干为竖轴，做半圆式（与地面平行）的挥拍击球动作，击球点都应争取在身前。击球时，脚的步位要配合好，正手抽球时，右脚向侧稍后跨出。反手抽球时，一种是左脚向侧稍后迈出步，一种是右脚前交叉，向左侧前迈出一小步，背向网。挥拍发力时，重心放在右脚，要借助腰部的扭转，然后以前臂带动腕部，手指作“抽鞭式”向前“闪”动击球，如图 10-16 所示。

图 10-16

（2）网前接杀球。双脚平行站立，略宽于肩，重心稍下降，双目注视来球方向，判断，移动。接球时，握拍要松，主要靠手腕和手指掌握球拍，预摆动作要小，球拍摆在体侧，挡直线网前球时，拍面稍后仰正对网，身体重心移向接球一侧脚上。球拍触球一刹那，或稍向上提拉触球，或稍向下“削”球。挡网前球主要借来球速度和力量将球反弹回去。挡对角线网前球时，要调整拍面朝向对方网前斜对角，如图 10-17 所示。

图 10-17

（3）练习方法。半场正手抽球与反手抽球。在正手放半场球基础上，由多球抽到多球定向抽再到抽球练习；在反手放半场球基础上，由多球抽到多球定向抽再到抽球练习。

正手接杀放网与反手接杀放网。先做无球正、反手模仿练习，再做多球练习，最后两人对练。

速度结合练习。首先，听口令看信号的各种起动挥球拍反应速度练习，再做听口令快速转身跑击球练习。

10.2.5 步法

10.2.5.1 步法的构成

初学羽毛球的人往往重视学习手上的击球功夫，而忽略脚上的移动。在羽毛球运动中，如果步子慢，跑不到位，球拍就常打不到球，就只能被人“攻死”。所以，在某种意义上讲，羽毛球比赛也是在场上比步法，步法稍差的人，则常被击败。

羽毛球步法是由起动、移动、到位配合击球和回动四个环节构成的。

（1）起动。起动包含着判断和反应，判断正确，反应快，就能迅速起动。因此在起动这一环节中，除抓好反应速度练习外，也要提高判断能力。

（2）移动。从中心位置起动后用步子移到击球位置，包含着步数、步频、步幅。步数多少、步频快慢、步幅大小决定了运动员在场上的速度。

(3) 到位配合击球。击球时，上肢与下肢要配合好，协调用力；到位后，步子做小调整，形成一个合理的击球姿势，以便发力击球；下肢位置的适度直接影响击球的速度、力量和准确性。

(4) 回动。击球后要尽快保持身体平衡，并回到中心位置，做好迎击下一来球的准备。

10.2.5.2 常用步法

羽毛球步法中通常运用并步、垫步、交叉步、单足跳步、跨步、蹬步、腾跳步等组成一次移动步法。从中心位置开始向场区各个角落移动，大致可分为上网步法、后退步法和两侧移动步法三种。

(1) 上网步法。上网步法是指从中心位置向网前移动的步法。有正手上网、反手上网以及蹬跳上网扑球步法。

正手上网步法：左右脚稍前后开立，做好准备姿势。距来球较近时采用一步上网，以左脚向后蹬，右脚向前跨一大步；距来球稍远时，采用两步上网，以左脚向来球方向迈出一小步，接着左脚稍向后蹬，右脚向前跨一大步；采用三步上网，右脚向右前方迈一小步，接着左脚后交叉越过右脚向右前方迈出一步，然后右脚冲着来球方向跨出一大步。

反手上网步法：脚步移动方法如同正手上网步法，只是方向朝左前方移动，用反手握拍法击球；起动后，右侧髋部转向左前方，背部半侧向网。右脚在前，击球时姿势成弓箭步，右脚着地是缓冲和回动的关键。

蹬跳上网扑球步法：这是一种特殊的上网步法，当对方发球或回击网前球，球距网顶略高时，为了争取时机，省略了上网步法中的移动过程。从起动开始，身体前倾，双脚蹬地，右脚前跨，身体在空中扑球；扑球后，腾空的身体下降，双脚落地，往往右脚先落地。然后调整身体重心，恢复正常姿势回位，如图 10-18 所示。

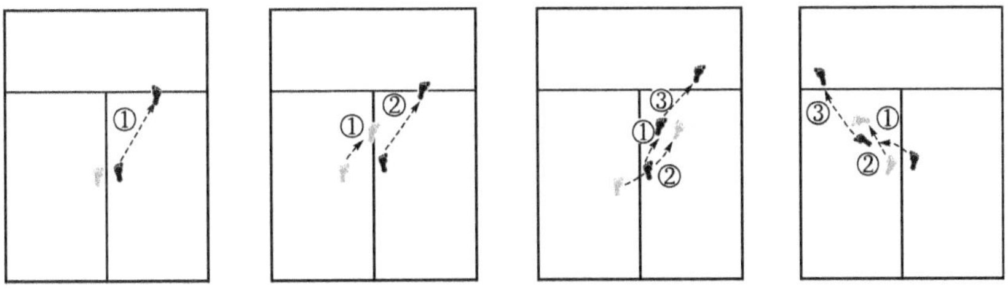

图 10-18

(2) 后退步法。后退步法是指从中心位置后退到底线的步法。

正手后退步法：与上网步法一样，根据来球远近用一、二、三步后退。一步后退是指由接球准备姿势起动，以左脚前掌为轴心，右脚向右侧后场区蹬地，在后转的同时，右脚后退一步，击球时，右脚蹬地向前交叉起跳。左脚右摆，击球后回中心；二步后退是指左脚向右后退一小步，右脚再向右后迈一大步；三步后退，右脚蹬转后，向右后迈出一步(这时侧身向网)，左脚立即向右脚并拢（或左脚后交叉一步)，然后右脚再向右后迈一大步。

反手后退步法：脚步移动方法如同正手后退步法。只是方向朝左后方移动，用反手握拍法击球；起动后，右脚转向左后方，背部向网，如图 10-19 所示。

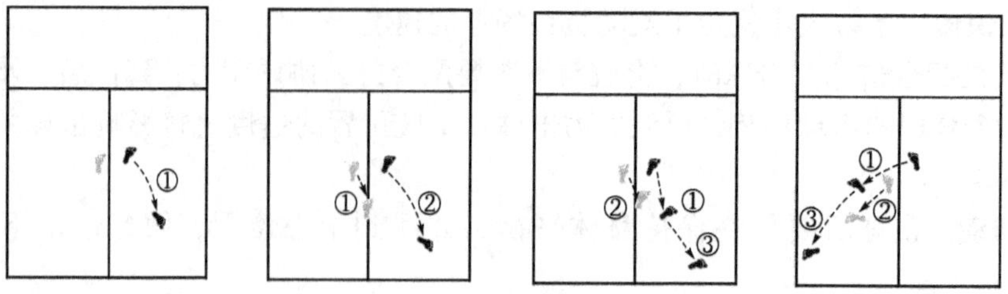

图 10-19

（3）两侧移动步法。

向右侧移动步法：若来球不是很靠边线，以左脚内侧蹬地，上体倾向右侧，右脚向右侧跨步，脚尖朝外；若来球靠边线，可以左脚向右脚靠拢垫一步，然后左脚蹬地，右脚向右侧跨步。

向左侧移动步法：若来球不很靠边线，可用右脚内侧蹬地，左脚向左侧跨出一步。若来球靠边线，以左脚向左侧迈一小步，右侧髋部转向左侧，右脚前交叉向左侧跨一步，背向网。

10.2.5.3 *练习方法*

进行垫步、并步、蹬步、交叉步、跨步等单个步法的反复练习。

上网步法。中心位置→上右网前→回中心位置→上左网前→回中心位置。

正手后退右后场步法练习。从起动开始，右脚向右后侧移动，髋部带动身体转向右后场，以并步或交叉步向后移动到接近底线的位置，然后起跳（单、双脚均可）击球。完成击球后回中心位置再多次重复练习。

后退左后场区正手绕头顶击球步法练习。从起动开始，右脚向左后方移动，髋部带动身体转向左后方，以并步或交叉步移动到位。右脚起跳，随即左侧髋部迅速转向左后方，带动左腿后摆到身后落地，缓冲并支撑身体重心。当右脚落地时，身体前倾，重心移向右脚，左脚开始回动。回中心位置后再多次重复练习。

10.3 羽毛球基本战术

10.3.1 单打战术

（1）发球抢攻战术。发球不受对方干扰，发球者可以根据规则，随心所欲地以任何方式将球发到对方接球区的任意一点。善于利用多变的发球术，能先发制人，取得主动。以发平快球和网前球配合，争取创造第三拍的主动进攻机会，组成了发球抢攻战术。

（2）攻后场战术。采用重复打高远球或平高球的技术，压对方后场两角，迫使对方处于被动状态，一旦其回球质量不高，便伺机杀、吊对方的空当。

（3）逼反手战术。一般说来，后场反手击球的进攻性不强，球路也较简单。对于后场反手较差的对手要毫不放松地加以攻击。先拉开对方位置，使对方反手区露出空当。然后把球打到反手区，迫使对方使用反拍击球。例如，先吊对方正手网前，对方挑高球，我方便以平高球攻击对方反手区。在重复攻击对方反手区迫使其远离中心位置时，突然吊对角网前。

(4) 打四点球突击战术。以快速的平高球、吊球准确地打到对方场区的四个角落，迫使对方前后左右奔跑，当对方来不及回中心位置或失去重心时，抓住空当和弱点进行突击。

(5) 吊、杀上网战术。先在后场以轻杀配合吊球把球下压，落点要选择在场地两边，使对方被动回球。若对方还击网前球时，便迅速上网搓球或钩对角快速平推球；若对方在网前挑高球，可在其后退途中把球直接杀到对方身上。

(6) 先守后攻战术。这一战术可用来对付那种盲目进攻而体力又差的对手。比赛开始，先以高球诱使对方进攻，在对方只顾进攻疏于防守时，即可突击进攻，或者在对方体力下降、速度减慢时再发动进攻。这是以逸待劳，后发制人的战术。

10.3.2 双打战术

双打比赛不仅是比赛双方在技术、战术、体力上的较量，同时也是同伴间默契程度的较量。

(1) 攻人战术。即“二打一”或避强击弱战术。集中力量攻击对方较弱的队员，迫使对方的特长得不到发挥，充分暴露对方的弱点，是此战术的目的。

(2) 攻中路、攻半场战术。当对方队员分边站位时，要尽可能地将球攻到对方两人之间的空隙区，以造成对方争夺回击或相互让球而出现失误。当对方成前后站位时，将球还击到两人之间靠边线的位置上。这是对付配合欠佳、动作不灵活、接半场球技术较差的对手的有效战术。

10.4 羽毛球竞赛规则简介

10.4.1 比赛规则

(1) 场地。单打场地长 13.40 米，宽 5.18 米，球场中间挂一张网，两端高 1.55 米，网中央离地面高为 1.524 米。双方各占网的一边，本场区前有前发球线，此线中点与端线中点连成的一条中线，把场区分成左、右发球区（在发球和接发球时起作用）。双打场地不同之处是宽 6.10 米，离端线前 0.76 米处有一条横线叫后发球线。

一场比赛采用三局两胜制，一方先胜两局即结束比赛。比赛不受时间限制，先得 21 分即结束一局的比赛，然后交换场区，继续比赛。如在第二局（决胜局）中，某方先得 11 分，也应交换场区。

(2) 选择发球或场区。由裁判员召集双方掷挑边器，先选择者只能挑选其中之一。

10.4.2 发球次序和方位

(1) 单打。发球者得分是零或双数时，双方都站在右发球区内；得分成单数时，双方都站在左发球区。单打出现平分后的发球方位同双打。

(2) 双打。每局先由右发球区第一发球员发到对方右发球区内，由对方第一发球员接球。每局开始，先发球队只有一次发球权，以后每队都有两次发球权。每次换发球时，都由右发球区队员开始。发球队每得一分，同队两队员互换左右发球区，由原发球员继续发球，对方站位不动。发球队分数是零或双数时，第一发球员应在右区，分数成单数时，第一发球员应在左区。

10.4.3 违例与犯规

（1）发球时双脚不能触线，必须有一部分与地面接触，不能移动；球拍必须先击中球托，同时球不能超过 1.15 米；不能做晃动球拍的假动作。

（2）接球员在接发球时也不能移动；不能做影响对方发球的行动。发球时任何一方都不允许无故延误发球。

（3）击球时不能连续两次击球，双打时不能连续两人各击一次；不能持球或有拖带动作。

（4）比赛进行中任何人不得触及网或网柱；不能过网击球；身体任何部位不能侵犯对方场区。

（5）在网前不许高举球拍（超过网高）企图把球拦击过去，但可以在低于网高时用球拍保护脸部，以免被球击中。

（6）发球擦网后，若球落在合法区内即为好球，落在界外即为失误。挥拍没有击中球，可以重发。

思考训练

（1）羽毛球拍的握法有几种？
（2）如何进行低手击球？
（3）羽毛球基本战术有哪些？

11 网　　球

学习要点

（1）了解网球的起源和价值；
（2）学习和掌握网球的基本技术和战术。

11.1　网球运动概述

网球与高尔夫球、保龄球、台球并称为世界四大绅士运动。网球的起源可以追溯到12到13世纪的法国，1875年，英国板球俱乐部制定了网球比赛规则。1877年7月由全英板球俱乐部在温布尔顿举办了第一届草地网球赛。

温布尔顿网球赛是历史最悠久的世界网球比赛，已经有一百余年的历史。目前世界上除了许多国际性的公开赛，最有影响的赛事有：英国温布尔顿网球赛、美国公开赛、法国公开赛、澳大利亚公开赛、戴维斯杯男子团体赛、联合会杯女子团体赛以及年终的大满贯网球赛。

打网球具有很高的锻炼价值，经常参加网球活动，能培养出准确的判断、快速的反应，并能提高人的速度、耐力、灵敏等素质。由于网球是通过脚的跑动移位，以及手臂击球来完成技术战术动作，因此对调节肌肉用力的感觉和发展协调性有积极作用。同时网球运动是一项老少皆宜的运动，长期坚持网球活动，能使青年人保持青春活力和健美形态，老年人保持旺盛精力、推迟衰老。

每当你坐在电视机前欣赏着激动人心的世界网球大赛，看到各国网坛精英的精湛球技，或当你观看到我国网坛高手，中华健儿奋力拼搏，你工作一天的疲劳消逝，你紧张一天的精神会放松。你遇到的一切烦恼会忘却，尤其运动员那龙腾虎跃的身姿，机智灵活的战略战术，会令你全神贯注，神采飞扬，尽情地领略网球艺术给你带来沁人心脾的温馨和愉悦。此时，你身心完全地投入，忘记了过去，忘记了烦恼，眼随绒球走，心随比分飞，这是一种消遣，是一种娱乐，是一种休息，是一种观摩，是一项智力的开发，也是一次情操的陶冶。

11.2　网球基本技术

11.2.1　网球拍的选择

（1）硬度（Stiff）。硬的球拍能产生更大的威力、更大的甜区、更稳的方向控制性与更小的振荡（因为硬的球拍击球后振幅小，振动时间短），几乎所有的因素都能减低网球肘的发生。而有弹性的球拍也有一个优点，就是对深度的控制性较佳，适合挥拍速度快或摆动幅度大的球员。

（2）甜区（Sweet Point）。简单地说，甜区就是球拍面的有效击球区。甜区能让你有足够的威力去击球，控球性好。当你用甜区击球，你就感觉很舒适，振荡与振动很小。

（3）网球拍的一般选择原则。一般来说，较重的球拍往往有较大的甜区，产生的力量较大，球拍振动较小。较硬的球拍也会产生较大的力量，但振动更多。同时，无论拍面大小，较硬的拍框回球更精确。大拍面会产生较大的力量，对扭曲的抵抗力也更强，具有较大的甜区。

11.2.2 握拍法

握拍是打网球的第一步，也是十分重要的技术。正确的握拍会使技术动作掌握和提高得更快、更好。

（1）东方式握拍法。东方式握拍法分正手握拍法和反手握拍法。

1）正手握拍法。

动作要领：正手握拍和平时与人握手的姿势十分相似。握拍时将球拍与地面垂直，由拇指与食指形成"V"字形，虎口放在球拍把手的右上斜面，食指与其余三指分开，握住拍柄，拇指稍弯曲，握住左垂直面，手掌根与拍柄齐平，如图 11-1 所示。

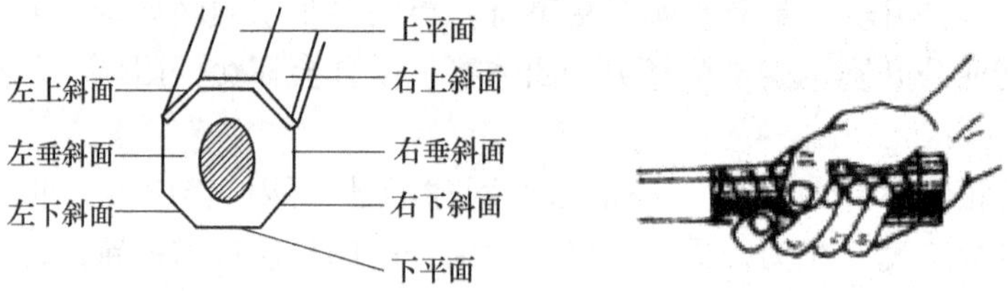

图 11-1

2）反手握拍法。

动作要领：反手握拍是在正手握拍的基础上，手沿逆时针方向旋转个平面，即拇指和食指的"V"字形虎口在把手的左上斜面，如图 11-2 所示。其他手法基本与正手相同。

图 11-2

（2）大陆式握拍法。

动作要领：由拇指和食指的"V"字形虎口放在球拍把手的上平面与左上斜面的交界线上，掌根贴住上平面，与拍柄下端齐，食指与其余三个手指稍微分开，握住拍柄。

（3）西方式握拍法。

动作要领：将球拍平放在地面上，用手抓起来（俗称"一把抓勺"）。拇指直伸压住拍柄上平面，食指下关节握住右上斜面，手掌根贴住右下斜面，与拍柄下端平齐。西方式反手握法是在正手的基础上，手腕按顺时针转动，拇指直压拍子左垂直面，食指下关节压住上平面，手掌根部贴住左上斜面，与拍柄下端齐。简单来说，就是把拍柄上下平面颠倒过来，正、反用同一拍面击球。

11.2.3 准备姿势

动作要领：面对对方场区站立，两脚开立略宽于肩，两膝微屈，上体略前倾，脚跟稍抬起，重心置于两脚前脚掌间，右手握拍柄，左手扶着拍颈部位，持拍于体前，两眼注视对手或来球。

11.2.4 正手击球法

正手击球是网球运动中最主要的打法，也是最可靠的进攻性击球手段。

动作要领：在准备姿势中判断来球后，即开始转动上体和肩，同时球拍后拉，重心移到后脚上。向后拉拍时，球拍不要下垂，拍头应高于手腕。击球时，踏出前脚，重心前移，腰部转动带手臂和球拍，向前挥拍击球，注意绷紧手腕、紧握球拍。击球后，球拍继续向前挥动至左肩前上方，完成挥拍跟球运动。如图 11-3 所示。

图 11-3

练习方法：挥拍练习，体会动作要领。

自己抛球，待球跳起后击球练习。

对墙击球练习。

两人一组，一人送球，一人正手击球练习。

两人正手击球对练，可进行斜线、直线练习。

正手击球，斜、直线结合练习。

11.2.5 反手击球法

（1）反拍上旋球。

动作要领：击球前将拍改为东方式反手握法，身体向左侧转，重心在后脚上，球拍后摆，拍头略低，击球时右脚向前跨，转腰带动上臂、前臂向前上方挥拍，手腕绷紧，握紧球拍，击球后继续向上做随挥动作，至右肩前上方。

（2）反拍下旋球。

动作要领：反拍下旋球时采用大陆式握法，球拍后摆时拍头向上翘起，击球时向前向下挥拍，拍面略仰，手腕绷紧，重心自后向前移，击球后手臂继续向前做随球动作，如图 11-4 所示。

（3）双手反拍。

动作要领：双手反拍击球时右手用反拍握法，左手用正拍握法，转动身体向左后拉拍，拍略低于来球；击球时右脚跨步向前，重心前移，转腰带动双手挥拍向前向上，在腰部高度、膝部前击球；击球后随势挥拍至左肩前上方结束，如图 11-5 所示。

图 11-4

图 11-5

练习方法：挥拍练习，体会动作要领。

自抛球落地弹起后击出。

对墙击球。

一人送球，另一人反拍击球。

两人一组，反拍击球对练。

各种线路的结合练习。

11.2.6 发球

发球是一种主要技术，好的发球可直接得分或为争取主动创造条件。

（1）发球的基本要求：

1）正确的站位。在端线后两脚开立与肩同宽，前脚与端线成45°，身体侧对球网，重心在后脚上。

2）持球与抛球。持球时，可手持两个球或一个球，用拇指和另外两三个手指的顶部拿着将要发的球。抛球时手臂向身体的右前上方直臂抬起，到肩部与头部之间位置时撒手将球推向空中，尽量使球垂直上抛，球落下时在身体前脚的右前方，不要在头顶上。

3）引拍和击球。当抛球手向上时，握拍手也应该向后上方运动，为击球做好准备，如两手配合不协调时，可采用“计数”法。先把球和球拍都放在齐胸处，数“一”时双手往下放，数“二”时两手往上，但抛球手在前，持拍手在身后，数“三”时击球。击球的高度在身体和握拍手臂充分伸展时球拍的上部。

（2）切削发球。

动作要领：采用反拍握拍法，站在端线后7~10厘米处，身体侧对球网。发球时将球和球拍置于与胸同高，抛球时球拍后引在背后，肘关节抬起，身体向后屈。当球拍从后向前上方挥动时，要加快手臂挥拍速度，同时身体充分伸展，在最高点击球。击球瞬间手腕向前扣击，拍面从球的后部向前上擦击，使球产生旋转。击球后，球拍向前下左侧落下，重心前移，向前上步。

（3）平击发球。

动作要领：平击发球时要尽可能地用力击球。动作方法基本同切削发球，只是在击球的一刹那，拍面不绕球切削，而是正对球的后部，用力击打。要充分利用身体、手臂的力量，以及身体重心向前的力量。

练习方法：原地徒手做抛球、挥拍练习。

持球手向上抛球练习。

多球练习发球。

不同落点的发球练习。

不同力量和旋转的发球练习。

11.2.7 截击球

截击技术是单、双打比赛中网前取得成功的关键，是一项不可缺少的技术。

（1）正拍截击。

动作要领：准备时膝盖要弯曲，重心稍前，球拍在身前；采用大陆式握拍法；击球前必须转动上体和肩部，带动球拍向后；击球时握紧球拍，绷紧手腕，在身体前面15~50厘米处迎击球；拍头上翘，拍面稍向后仰，向前向下挥拍击球，如图11-6所示。

（2）反拍截击。

动作要领：击球前要转肩使上身和球飞来的路线成平行方向，同时球拍后摆至肩部，拍头向上；击球时拍向前做简短的撞击动作，在身体前面击球；拍触球时，手腕绷紧，握紧球拍，如图11-7所示。

图11-6

图11-7

练习方法：正、反拍截击球挥拍练习。

对墙近距离击空中球。

两人一组，在网前练截击球。

两人一组，一人发球，一人在网前练习截击。

11.2.8 高压球

高压球是将对方挑出的防御性的高球凌空或落点弹起后向前下打出，绝大多数高压球采用正拍击球。

动作要领：侧身对网，移动到球下落的稍后方。准备击球时在身前举起球拍，然后球拍后引至肩后。击球时前臂将拍向下挥动，整个手臂伸直，触球时手腕用力下压，拍面向下。

练习方法：徒手挥拍练习。

一人送高球，另一人练习高压球。

一人在底线挑高球，另一人练习高压球。

不同落点的高压球练习。

11.2.9 挑高球

挑高球分防守性和进攻性两种，防守性挑高球是为了赢得时间，摆脱困境。进攻性挑高球是在对方上网时，将球挑到对方后场较深处，使其被动或失误。

动作要领：准备时将球拍做好充分的后摆。击球时向前上挥拍，打球的下部，手腕绷紧，挥拍动作要尽可能向前向上送出。

练习方法：徒手挥拍练习。

自抛球，挑高球练习。

两人挑高球练习。

一人挑高球，一人高压球或抽球练习。

11.2.10 放小球

动作要领：反拍放小球动作与反拍下旋球相似，但在触球时，球拍向下用力较多，减少球的前冲，同时体会拍面在球侧绕转的感觉。

练习方法：徒手挥拍练习。

一人送中场球，一人放小球练习。

两人在反拍底线球练习中，练习放小球。

11.3 网球基本战术

11.3.1 战术的指导思想

(1)“稳”字当头。比赛中要有耐心，击球要稳，不要滥用自己还不熟悉的打法或想一下把对方置于死地，因为这样打球所付出的比收获的多。一般击球落点在距边线 60 厘米以内的区域。

(2) 把球打深。无论是进攻型还是防守型的选手，都应遵循一个原则——把球打深。球的落点在离端线 60~90 厘米处，能使自己有充裕的时间对回击做出反应，并能阻止对方上网，以及缩减对方回球的角度。

(3) 争取上网截击。上网截击可以使自己的击球范围增大，让对方疲于应付或失误，同时提高了球速，使对方来不及调整位置接球。

11.3.2 单打战术

(1) 发球上网。发球时发出质量较高的球，使对方的回球不至于力量太凶猛或落点太刁钻。自己应果断地上网，移动到发球线与网之间，利于发挥速度和角度造成对方失误。如果机会不是很好，第一次截击可将球打深，落点在对方的弱侧，第二次截击得分。

(2) 底线打法。底线打法首先要将球打深，球落在端线前而不是发球线附近。同时利用落点调动对方或者抓住对方的弱点作为突破，在有机会的情况下也可上网截击。

(3) 综合打法。根据对手的情况，采用不同的打法，如对方频频上网，可采用挑高球迫使他退回去；如对方底线技术很好，可适当放一些小球诱使他上前，再用力将球打深来调动他。综合打法就是将底线和上网两种打法结合起来，根据场上情况，随机应变。

11.3.3　双打战术

双打是业余网球比赛的主要项目，双打对体力要求较低，适合各种年龄层次的人参加。

（1）双打的站位。双打比赛一般是控制网前的队员赢分，发球员和接球员都应做好击球后上网的准备。双打时一般让技术水平较高的选手站在左区，或者由正拍技术较好的选手站在右区，反拍技术较好的选手站在左区。发球和接发球时的站位一般是：发球员站在中点与单打线的中间，发球员的同伴站在发球线和球网之间，并稍偏向单打边线些；接球员站在右区端线靠近单打线处，接球员的同伴站在发球线前边，略靠近中线。

（2）双打的配合。双打要求两个队员配合得像一个人，这样才能发挥出最高水平。比赛中两人相互间的距离不能拉开3.5米以上，以利于并肩战斗。当同伴移动到自己区域截击时，自己应迅速补位；当同伴退到底线接高球时，自己也不应继续留在网前，而应后退，使两人处于最佳防守位置。当对方上网时，自己可以挑进攻性高球，迫使对方退回后场。

11.4　网球竞赛规则简介

11.4.1　网球比赛简单规则

（1）发球前的规定。发球员在发球前应先站在端线后、中点和边线的假定延长线之间的区域里，用手将球向空中任何方向抛起，在球接触地面以前，用球拍击球（仅能用一只手的运动员，可用球拍将球抛起）。球拍与球接触时，就算完成球的发送。

发球员在整个发球动作中，不得通过行走或跑动改变原站的位置，两脚只准站在规定位置，不得触及其他区域。

（2）发球员的位置。每局开始，先从右区端线后发球，得或失一分后，应换到左区发球。发出的球应从网上越过，落到对角的对方发球区内或其周围的线上。

（3）发球失误。未击中球；发出的球在落地前触及固定物（球网、中心带和网边白布除外）；违反发球站位规定。发球员第一次发球失误后，应在原发位置上进行第二次发球。

（4）发球无效。发球触网后，仍然落到对方发球区内，接球员未做好接球准备，均应重发球。

（5）交换发球。第一局比赛终了，接球员成为发球员，发球成为接球。以后每局终了，均依次互相交换，直至比赛结束。

（6）交换场地。双方应在每盘的第一、三、五等单数局结束后，以及每盘结束双方局数之和为单数时，交换场地。

（7）失分。发生下列任何一种情况，均判失分：1）在球第二次着地前，未能还击过网。2）还击的球触及对方场区界线以外的地面、固定物或其他物件。3）还击空中球失败。4）故意用球拍触球超过一次。5）运动员的身体、球拍，在发球期间触及球网。6）过网击球。7）抛拍击球。

（8）双打发球次序。每盘第一局开始时，由发球方决定由何人首先发球，对方则同样地在第二局开始时，决定由何人首先发球。第三局由第一局发球方的另一球员发球。第四局由第二局发球方的另一球员发球。以下各局均按此次序发球。

（9）双打接球次序。先接球的一方，应在第一局开始时，决定何人先接发球，并在这盘单数局，继续先接发球。双方同样应在第二局开始时，决定何人接发球，并在这盘双数局继续先接发球。他们的同伴应在每局中轮流接发球。

（10）双打还击。接发球后，双方应轮流由其中任何一名队员还击。如运动员在其同队队员击球后，再以球拍触球，则判对方得分。

11.4.2 网球比赛计分办法

（1）胜 1 局。每胜 1 球得 1 分，先胜 4 分者胜 1 局。

双方各得 3 分时为“平分”，平分后，净胜两分为胜 1 局。

（2）胜 1 盘。一方先胜 6 局为胜 1 盘。

双方各胜 5 局时，一方净胜两局为胜 1 盘。

（3）决胜局计分制。在每盘的局数为 6 平时，有以下两种计分制。

长盘制：一方净胜两局为胜 1 盘。

短盘制：决胜盘除外，除非赛前另有规定，一般应按以下办法执行。

先得 7 分者为胜该局及该盘（若分数为 6 平时，一方须净胜两分）。

首先发球员发第 1 分球，对方发第 2、3 分球，然后轮流发两分球，直到比赛结束。

第 1 分球在右区发，第 2 分球在左区发，第 3 分球在右区发。

每 6 分球和决胜局结束都要交换场地。

（4）短盘制的计分。第 1 个球（0：0），发球员 A 发 1 分球，1 分球之后换发球。

第 2、3 个球（报 1：0 或 0：1，不报 15：0 或 0：15），由 B 发球，B 连发两分球后换发球，先从左区发球。

第 4、5 个球（报 3：0 或 1：2，2：1，不报 40：0 或 0：30，30：15），由 A 发球，A 连发两球后换发球，先从左区发球。

第 6、7 个球（报 3：3 或 2：4，4：2 或 1：5，5：1 或 6：0，0：6），由 B 发 1 分球之后交换场地，若比赛未结束，B 继续发第 7 个球。

比分打到 5：5，6：6，7：7，8：8……时，需连胜两分才能决定谁为胜方，但在记分表上则统一写为 7：6。

决胜局打完之后，与对方队员交换场地。

思考训练

（1）简述正手击球法的动作要领。

（2）网球基本战术的指导思想是什么？

（3）在什么情况下会判接球员失分？

12 轮 滑 运 动

学习要点

（1）轮滑运动基本技术；

（2）通过学习轮滑，培养勇敢、顽强、坚忍不拔的精神。

12.1 轮滑运动概述

轮滑运动是一种穿着带滚轮的特制鞋在坚硬的场地上滑行的运动，又称滑旱冰。它是从滑冰运动发展而来的。

12.1.1 轮滑运动的起源和发展

据有关资料记载，轮滑是在18世纪由一位不知名的荷兰人发明的。最初有位荷兰的滑冰运动员，为了在不结冰的季节继续进行训练，尝试把木线轴安装在皮鞋下，试图在平坦的地面上滑行。他的试验在不断失败和改进后终于取得了成功，创造了用轮子鞋“滑冰”的历史，从此轮滑运动在欧洲兴起并得到了较快的发展。

1860年，比利时乐器制造工人约瑟夫·默林与一位技工共同用手工制作了一双轮滑鞋，但是当他们把自己的杰作带到英国伦敦的世界博览会上展示给热情的伦敦观众时，却发生了意外，约瑟夫·默林由于无法刹车而把一面大镜子打破了，自己也受了伤。这件事被媒体报道之后，引起了人们的巨大震动，轮滑运动也因此被视为一项“危险的运动”而被冷落了相当长的一段时间。1861年，轮滑项目在巴黎世界博览会上的精彩表演，确立了其在体育运动大家庭中的地位。

真正的轮滑（四轮式轮滑鞋）是由美国纽约市的詹姆斯·普利姆普顿于1863年发明的。他创造性地用金属轮子代替了木质轮子，使滑行具有更多的优越性，深受大家的欢迎。他的发明推动了世界各国轮滑运动的发展。1866年，詹姆斯在纽约投资开办了第一个室内轮滑场，并组织纽约轮滑运动协会，首次将轮滑运动列入体育运动的正式比赛项目。此后，轮滑运动迅速传到欧洲各国。

1879年，英国成立了国家滑冰协会，4年后，轮滑运动也隶属于该协会。1884年，美国人理查森和雷蒙德发明了滚珠轴承，对改进轮滑技术起了极大的作用。1884年，英国首次举办了全国轮滑锦标赛。1892年4月1日，国际轮滑联盟在瑞士成立，轮滑运动向正规化、国家化进一步发展。

轮滑运动作为一种娱乐项目，早在19世纪末便传入我国，而作为一种体育活动在我国开展则始于20世纪80年代初。作为体育项目的轮滑在我国还处于发展阶段，但作为一种休闲运动，轮滑早已在全国各地得以普及，深受青少年的喜爱。

12.1.2 轮滑运动的种类

（1）速度轮滑。以单排、双排轮滑鞋为比赛工具的竞赛项目，具体项目有场地赛和公路赛。

（2）轮滑球。看上去像是冰球和曲棍球的结合体，双方各出5人在44米×22米的场地上进行比赛，规则类似冰球，但不允许身体冲撞或阻挡，一场比赛为2~3节，每节15~20分钟，进球多者为胜方。

（3）花样轮滑。分为单人、双人轮滑舞和圆形轮滑舞（规定动作）。根据动作的难易程度、舞姿的优美程度来打分，确定胜方。

（4）极限运动和技巧。利用U形台做各种惊险、复杂技巧的表演动作，这也是轮滑竞技项目中最吸引人的一项。

（5）平地花式。平地花式包括自由式轮滑、花式跳高、花式绕桩、速度过桩、平地刹停等，它们是轮滑运动中新兴的且人气较高的一项。

12.1.3 轮滑运动的特点

（1）娱乐性。轮滑有很强的娱乐性和趣味性，这项运动可使人们从平时紧张、繁重的学习和工作中解脱出来，达到身心放松的目的。

（2）健身性。轮滑是一项全身性运动，它能促进心脑血管系统和呼吸系统机能的改善和代谢作用的加强，能增强臂、腿、腰、腹等肌肉的力量和身体各个关节的灵活性，特别是对人掌握平衡能力有很大作用。

（3）工具性。除了上述两个特性外，轮滑还具有很多体育项目所不具备的一个特性，就是它可以作为一种交通工具，具有工具性。一般情况下，在平整的路面上，轮滑都可以代步成为交通工具。在交通越来越拥挤的今天，轮滑更是一种流行和时髦的交通工具。

12.2 速度轮滑运动的基本技术和练习方法

12.2.1 速度轮滑运动基本技术

速度轮滑运动基本技术主要包括起跑技术、直道滑跑技术、弯道滑跑技术，本章只重点介绍前两种。

12.2.1.1 起跑技术

起跑是各项比赛的开始，其主要任务是在最短时间内发挥最高速度。起跑动作由预备姿势、起动、疾跑、衔接等部分构成。

（1）预备姿势。速度轮滑起跑时的预备姿势有多种，下面介绍两种最常用的预备姿势。

1）侧面平行式。运动员完全侧对起跑线站立，两脚分开同肩宽，保持平行。上体前倾、两腿下蹲，两臂自然下垂，重心放于两脚中间。侧面平行式特点是起速快，蹬地有力，短距离300米普遍采用，如图12-1所示。

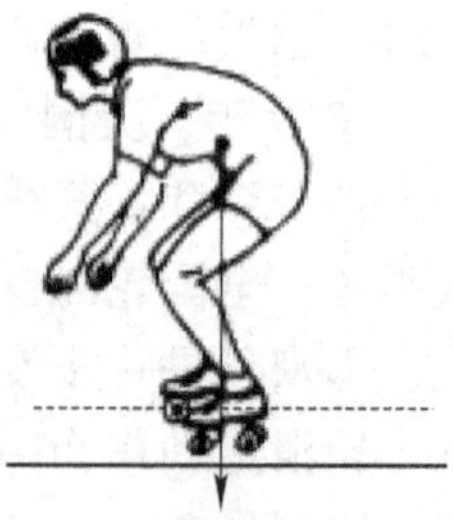

图12-1

2）正面八字式。运动员完全正对起跑方向站立，两脚自然开立，一脚稍前，脚尖分开。上体稍前倾，两腿下蹲，两臂自然置于体侧，重心在两脚中间。正面八字式起动快，长距离中普遍采用。

（2）起动。起动是要以最快的神经反应、最快的速度，克服静止状态向前冲出，假如采用正面八字式，则运动员在鸣枪的同时迅速抬起前腿脚尖外转，以大腿带动向前出，后腿以最大力量伸展蹬地，两臂协调配合，短促有力地摆动。假如采用侧面平行式，则起动是以交叉步伐向前跨出。前腿支撑身体用力向后方伸展蹬地。

（3）疾跑与衔接。运动员迈出第一步，便开始急剧地快跑，蹬地腿呈人字步，全力向后方以踏切式蹬地。两臂协调配合，屈臂短促有力地摆动。踏切跑 8~10 步，随着跑速的增加，逐渐转向侧方蹬地，两脚外转角度由大变小，步伐由小到大，姿势由高到低。当滑速接近或达到最高速度时，应及时调整姿势、步伐、节奏、呼吸等，很自然地向途中滑跑过渡，如图 12-2 所示。

图 12-2

12.2.1.2 直道滑跑技术

直道滑跑技术包括滑跑姿势、蹬地技术、滑行技术和摆臂技术。

（1）滑跑姿势。轮滑运动的滑跑姿势与冬季速度滑冰运动的滑跑姿势极其相似，所不同的是上体姿势和腿部蹲屈程度略高一点。

轮滑运动的特点是地面与滑轮间的摩擦力较大，降速因素多，滑速下降明显，必须采取高频率滑跑的办法来弥补滑速的下降。因此采取上体略微抬起、臂部略微后坐姿势，是有利的。

速度轮滑运动的滑跑姿势，还随着项目的不同、滑跑途中战术的需要、个人体力情况，灵活变化。譬如，短距离 300 米和 500 米，将以最低姿势滑跑；长距离 5000 米、10000 米滑跑途中为保存体力尾随滑跑时，姿势升高，甚至直立滑行，充分放松；而当超越对手、短冲抢占有利位置以及终点冲刺之时，姿势又压得很低。

优秀选手的低姿势为：上体与地面成 15°~30°、膝关节 90°~110°、踝关节 55°。如图 12-3 所示。

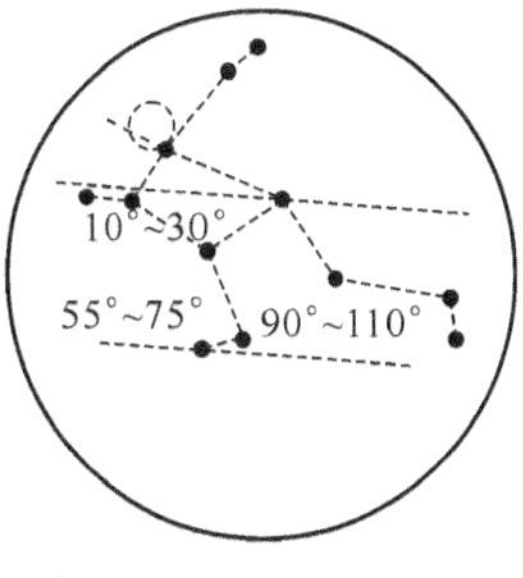

图 12-3

（2）蹬地技术。轮滑蹬地技术的主要任务是：以全身协调配合和以最有效的展腿动作，最大限度地产生向前推进力。根据技术的主要任务，合理的蹬地技术应该符合如下几点：

1）蹬地的时机：轮滑运动的蹬地动作与滑冰运动的蹬冰动作，从外表看极其相似，但从细节看又有一定的区别和不同的特点。其中区别于滑冰运动的一个重要的特点，就是直道滑跑对身体重心的移动更加趋于直线性。上体和臀部不是较大幅度地向左、右摆动，而是一直向前，重心移动的轨迹十分接近一条笔直的直线。由重心移动的规律性决定，轮滑运动的蹬地动作无需上体更多积极的动作，要形成蹬地的角度，只要支撑脚轮子略微向外侧偏离就可进行蹬地。因此应该认为准确的蹬地用力的时机，就是支撑脚轮子偏离重心投影点时。假如晚于此刻，轮子迅速偏离趋势，蹬地最有力的支点迅速偏后，施加的力量再大也难免蹬空，无助于产生更大的前进加速度。

支撑脚轮子偏离重心投影点的动作，是承体重后暂短滑进中瞬间完成的，是靠支援脚前轮略微外转而形成的。这都是轮滑运动实现高频滑跑、创造高速度的重要的技术细节。

2）准确的用力方向：高速运动中蹬地的用力方向应该向着身体的侧方，因为在高速运动中，只有在身体的侧方才能找到蹬地最有力的支点。其道理如同滑冰运动一样，在高速前移的过程中，人体腿部关节的伸展速度，落后于重心的前移速度，无法在身体的后方找到有效的蹬地支点。

只有向侧方快速蹬地，才能继续增加滑速。越是优秀选手，越是注意高速中准确的侧蹬技术。我们不能机械地认为，轮滑运动就是向侧后方蹬地，这是不准确的，无助于轮滑技术水平的进一步提高。

3）快速展腿蹬地：轮滑运动的蹬地动作，如同滑冰运动的蹬冰一样，都是在边滑进中边完成。实际上轮滑运动的蹬地技术更为复杂些，难度更大些。其蹬地动作在轮子既向前滚动，又向侧打滑中完成，很难形成蹬地的牢固支点。因此技术尚未熟练者，往往有劲使不上，感觉脚底没根。那么，合理的蹬地技术应该如何用力呢？应遵循轮滑运动的上述规律性，是蹬地用力的时刻，就要抓住时机，快速伸展，以爆发性力量刹那间结束踏地。要求做到：准、侧、快、灵。“准”是准确的时机；“侧”是利用侧方最有力的支点；“快”是快速伸展暴发性用力；“灵”是动作协调、灵活。这种蹬地技术可达到省力而快速的目的。

在蹬地用力时，那种利用体重的重力压向地面，试图向支撑轮施加更大、更长时间的用力，不仅增加了前进的阻力，而且因支点的偏离，只能事倍而功半，消耗很大的体力而又无助滑速的提高。

4）浮腿的配合：当支撑腿蹬地用力阶段，浮腿恰是处于摆腿和着地动作。应与支撑腿的用力协调配合。

浮腿的摆动方法是以大腿带动、膝盖领先的动作，经胸下沿重心移动的方向前摆。这种摆动加大步伐，增加重心前移幅度。其摆动的惯性力作用于支点，还能增加蹬地的力量。

（3）滑行技术。滑行是指蹬地结束后，新的支撑腿承接体重，借助惯性速度向前滑进的动作。

滑行阶段技术的主要任务是：一是保持速度，力求尽可能少地降低滑速；二是充分放松浮腿；三是积极地准备进行下一次蹬地。

根据滑进阶段技术的主要任务，此阶段合理技术应符合如下几点：

1）减少空气阻力：在高速跑中运动员受到的空气阻力是相当大的，空气的迎面阻力是滑行阶段降速的最主要因素。那么如何减少空气的迎面阻力？技术的合理性在于降低身体的姿势，并力求采取接近流线型的身体姿势。上体前倾至接近地面平行，并且放松全身成弓形背，两臂要紧贴上体和大腿前后摆动等。

2）减少地面摩擦力：在高速滑跑中，轮子与地面之间的摩擦力也是相当大的，地面的摩擦力也是自由滑进阶段降速的重要因素。那么应如何减少摩擦力？只有提高自由滑进阶段身体的平稳性。而身体保持平稳性的决定性因素在于身体重心的位置，即身体重心的投影点通过四轮之中后部。为此，自由滑进阶段支撑腿必须保持在胸的正下方，并且鼻、膝、脚成三点一线。实践证明，这是保持平衡重要的基本要领。

3）缩短滑行：前面已述，在自由滑进阶段是借助惯性速度滑行的，只有因空气阻力和地面摩擦力而存在着降速的趋势。因此，任何延长这一阶段的持续时间是合理的，克服拉长步伐滑跑，力求加快动作的节奏，提高频率，赢得更多次的跑进加速，是提高滑速、创造优异成绩的根本保证。

4）浮腿的协调配合：在支撑腿自由滑进动作之时，浮腿恰是处于收腿动作。收腿动作是指蹬离地面后的浮腿从身体的侧后位收至后位中心面的动作。合理的收腿动作应该是：动作迅速、严密而又充分放松。正确的收腿动作的方法是：要借助蹬地结束时的反弹力，迅速屈膝放松，以最短路线，以大腿的积极的内压带动小腿，迅速收至身体后位中心面。

（4）直道摆臂技术。速度轮滑摆臂动作十分重要。摆臂可加快节奏、提高频率，增加蹬地的力量。此外摆臂动作还具有重要的战术意义。因此，不管距离多长，所有各项距离，均采用全程双摆臂技术。

速度轮滑摆臂动作，根据滑跑节奏快、频率高的特点，两臂的摆动也具有相应的特点。主要特点是：两臂微屈、摆动有力、幅度较小，与两腿的蹬地用力协调配合。两臂摆动时以肩为轴。紧贴身体、前后摆动。前摆手臂至胸前、后摆手臂不过肩。与两腿的配合方法是：当左腿蹬地时，左臂前摆、右臂后摆；当右腿蹬地时，右臂前摆、左臂后摆。收腿同时收臂，臂腿同步动作。

12.2.2 轮滑运动的练习方法

12.2.2.1 原地站立练习

（1）“丁”字站立。脚穿轮滑鞋，扶物成“丁”字步站立，前脚跟卡住后脚的脚弓，上体稍前倾，双膝自然弯曲，身体重心落在后脚上。然后两脚交换位置，再呈“丁”字步站立，直到站稳为止。

（2）“八”字站立。站立时两脚跟靠近，脚尖自然分开，上体稍前倾，双膝自然弯曲，身体重心落在两脚之间。重心平衡后双脚换成平行站立，上体仍前倾，使重心落在两脚之间。

（3）平行站立。两脚平行分开，与肩同宽，脚尖稍内扣，膝部微屈，重心落在两脚之间。

12.2.2.2 移动身体重心练习

（1）原地移动重心练习。

1）原地左右移动练习。两脚平行站立，上体稍向一侧倾移，逐渐将重心完全转移至一条腿上支撑，待稳定后再向另一侧移动。

2）原地抬腿练习。两脚平行站立，上体稍前倾，重心移至左腿，右腿稍抬起、放下，然后以同样方法练习左腿。练习时要注意放腿时应保持脚下的轮子同时着地。

3）原地蹲起练习。两脚平行站立，做下蹲并站起的动作。可先做半蹲，逐渐加大下蹲的幅度，直至快速深蹲并做短时间的静蹲后再站起。练习时要注意在屈伸踝、膝、髋三个关节时的协调配合。

（2）外“八”字脚移动重心练习。两脚呈外“八”字脚站立，重心移至左脚，右脚向前迈一小步，重心随之移至右脚上，然后左脚向前迈进一步，重心随之移至左腿上。反复进行练习，逐渐加快迈步频率和加大迈步距离。注意收脚时应尽量保持脚下的轮子同时着地。

（3）侧向移动重心练习。两脚平行站立，重心向右侧移动，随之左脚向左侧横跨一步，右脚迅速靠拢，待稳定后再进行向右侧的下一步。如此反复进行5~6步，再向左侧做相同练习。

（4）横向交叉步练习。两脚平行站立，先将重心移至左腿上并继续向左移动稍超出左腿支撑点，收右腿，右腿向左腿前外侧迈步呈双腿交叉姿势，重心随之移至右腿上，成右腿支撑重心，接着收左腿向侧跨一步，呈开始姿势。如此反复进行5~6步，再向右侧做相同练习。

12.2.2.3 慢速滑行练习

（1）单蹬双滑练习。双脚平行站立，稍窄于肩。右脚内刃蹬地，将身体重心送至向前滑行的左腿上，右腿蹬地后迅速收腿，与左腿并拢呈双脚平行滑行；当速度减慢时，再用左脚内刃蹬地，将身体重心送至向前滑行的右腿上，左腿蹬地后迅速收腿与右腿并拢。

（2）单蹬单滑练习。双脚平行站立，身体前倾，两臂自然下垂，两腿弯曲。左脚用内侧蹬地，随着蹬地动作结束向前收左腿，把身体重心移向右腿，并呈半蹲支撑，右脚先用平刃向前滑出，然后再用内刃蹬地，把身体重心移向左腿，呈半蹲支撑，左脚用平刃向前惯性滑行，双脚交替进行。

（3）弯道练习。根据滑行速度和圆弧的半径，向圆心内倾斜，下肢用交叉步滑行，左脚要用外刃，右脚要用内刃。要求两腿半蹲，上体前倾，当左脚用外刃获得稳定平衡时，右脚向左脚的左侧前方迈出大半步，当右脚落地用内刃蹬地时，身体重心从左腿移到右腿，然后左脚迅速从右腿的后方收回，向左侧迈出大半步，用外刃支撑身体重心。可从粗糙地面到光滑地面，从站立姿势到半蹲姿势，从不连续压步到连续压步进行练习。

思考训练

（1）什么是轮滑运动，它的技术要点有哪些？

（2）轮滑运动的特点有哪些？

（3）速度轮滑的练习方法有哪些？

13 游　　泳

学习要点

（1）掌握游泳基础知识；

（2）学会常用游泳技术。

游泳，是人体在水的浮力作用下产生的向上漂浮，凭借浮力通过肢体有规律的动作，使身体在水中有规律运用的技能。游泳运动可分为竞技游泳和实用游泳。竞技游泳是奥林匹克运动会中的第二大项目，包括自由泳、蛙泳、蝶泳、仰泳的竞速项目，以及花样游泳等；实用游泳又分为侧泳、潜泳、反蛙泳、踩水、救护等。

13.1　游泳基础知识

13.1.1　熟悉水性

熟悉水性是游泳教学中的第一课，是学习各种游泳姿势前一个重要的过渡性练习，是游泳教学中的一个重要环节和组成部分，也是初学者入门必经的阶段。熟悉水性的目的主要是让学生体会和了解水的特性，逐步适应水的环境，消除怕水心理，掌握游泳中一些最基本的动作，如呼吸、漂浮、滑行、踩水等动作，为以后学习和掌握各种游泳技术打下基础。

13.1.1.1　水中行走

这是初学者下水后的第一个练习，目的是体会水的阻力、压力和浮力，并初步学会在水中维持身体平衡的方法。

（1）具体步骤。

第一步：两手扶住池边或同伴的手，在水中行走。

第二步：一手扶住池边或同伴的手，一手在体前侧做向外、向后划水动作，同时在水中行走。

第三步：不借助任何支撑物，两臂在胸前做向外、向后地对称划水，双脚在水中做向前、向侧、向后的行走。

（2）常见问题及纠正。

问题：不敢下水。

纠正：进行教育、鼓励，消除怕水心理。

问题：腿不敢向前移动。

纠正：身体向前移动时，腿向后蹬和向前抬腿时都要用力。

问题：摔倒。

纠正：开始行走时速度慢些，脚站稳后再迈步。

13.1.1.2　呼吸练习

呼吸是游泳的关键，也是克服心理恐惧的关键。吸气切忌用鼻子，一定要用口，呼气时可以两者并用。

（1）具体步骤。

第一步：用口吸气后慢慢下蹲，把头全部浸入水中，心里默默倒计时，等时间到，头出水面呼吸换气，循环练习。

第二步：头浸入水中片刻后，在水中用鼻子慢慢地呼气，一直呼到快完，但不能抬头呼气，然后起立在水面上用口吸气，吸气之前把最后一点气呼尽。

第三步：吸气后头浸入水中稍闭气后用口鼻同时呼气，用脸部肌肉感觉头接近水面时用力把气吐尽，并用口在水面上吸气，吸气结束后再次把头浸入水中，但是在水中憋气时间逐渐增长，如此连续，这样有节奏地进行数次，练习水中呼吸动作。

（2）常见问题及纠正。

问题：用鼻吸气。

纠正：再次讲解、示范，明确动作要领。

问题：没有在水下呼气。

纠正：练习时可用手捏鼻（或用鼻夹夹鼻）强迫用口吸气。

13.1.1.3　漂浮

漂浮技术能够帮助初学者掌握人体在水中的平衡能力，有助于排除对水的恐惧心理。

（1）具体步骤。

第一步：抱膝漂浮练习。原地站立，深吸气后，下蹲低头抱膝。双膝尽量靠近胸部，前脚掌蹬离池底，成低头碰膝团身姿势，身体会自然地慢慢漂浮在水面上。站立时，两手前伸向下按压水抬头，两腿同时伸直，两臂自然放于体侧即可站立。

第二步：展体漂浮练习。两臂向前伸直，两脚开立，深吸气后身体前倾并低头，两脚轻轻蹬离水底，以俯卧姿势漂浮于水面。全身放松，两臂、两腿自然分开。站立时，收腹、收腿，两臂向下压水，然后抬头，两腿伸直，脚触水底站立。

（2）常见问题及纠正。

问题：浮不起来。

纠正：讲解动作及要领，练习时要求两臂向前伸向下压水同时抬头，两脚向下伸直触池底站立。

问题：站立时向前倒。

纠正：站立后，两手可在体前、体侧拨水，以帮助身体站稳。

问题：蹬壁无力。

纠正：蹬壁前，臀部尽量靠近池壁，大小腿尽量收紧，蹬壁要用力。

13.1.1.4　滑行练习

（1）具体步骤。

第一步：蹬边滑行漂浮练习。背向池壁，一手扶池边一臂前伸，一脚站立一脚掌紧贴池壁。深吸气后低头，身体成俯卧姿势后，收站立脚，两脚用力蹬离池壁，两臂夹紧头部后脑，身体笔直向前滑行。

第二步：蹬底滑行漂浮练习。两脚前后开立，两臂前上举。伸吸气后上体前倾，当头、肩浸入水中时，前脚掌用力蹬池底，随后两脚并拢，使身体呈流线型向前滑行。

（2）常见问题及纠正。

问题：滑行时抬头塌腰。

纠正：讲解、示范动作，明确要领。滑行时要求低头，头夹于两臂之间，腰腹适当紧张，使身体呈流线型滑行。

13.1.1.5　踩水

踩水时，身体直立于水中，腰部要有所控制，臀部感觉好似固定在一个支撑物上，两腿同时上收，同时向侧下蹬夹水。双手同时做前侧下弧形按压水动作。

（1）具体步骤。

第一步：身体姿势。整个身体稍前倾，几乎垂直于水面，头部始终露在水面，下颌接近水面。

第二步：臂部动作。两臂稍弯曲，在体侧前做向外、向内的摸压水的动作，动作幅度不能太大。向外时，手掌心向外侧下，有分开水的感觉；向内时，手掌心向内侧下，有挤水的感觉。向内摸压至肩宽距离即分开。两手掌摸压水的路线呈摇橹式。

第三步：腿部动作。先屈右膝，小腿和脚向外翻，然后膝向里扣压，用右脚掌和本小腿内侧向侧下方蹬夹水，当腿尚未蹬直时向后上方收小腿，收腿的同时左腿开始做如同右腿的蹬夹水动作，两腿交替进行。

（2）常见问题及纠正。

问题：身体下沉。

纠正：手在胸前做向里向外的拨水动作，增加浮力。

问题：不能持久。

纠正：双腿同时向外蹬。感觉下沉时用力，不沉时放松。保持体力。

13.1.2　水中不良反应的处理方法

游泳中容易出现一些不良反应。掌握一些消除不良反应的方法，不仅有利于不良症状的尽快消失，还可以加快游泳技术的学习进程。

（1）耳朵进水。游泳时耳朵进水是经常会发生的事情，但千万不要用力去挖耳朵，以免挖破耳道而引起感染。

正确的做法有两种：一是把头倾向进水耳朵的一方，然后用同一侧的脚作单脚支撑，单足跳几次后，水便会被排出来了；二是用棉签把耳内的水分慢慢地吸收，但要十分小心，以免弄破耳膜。

（2）手、脚、腿抽筋。游泳时间长了常会发生手指、脚趾和大小腿抽筋的现象。这时要保持镇静，切莫惊慌，在潜水区或离岸较近时应立即上岸，在深水区或离岸较远时，应一边呼救，一边采取措施自救。

脚趾抽筋：将腿屈曲，用力将足趾拉开，扳直。

脚掌抽筋：迅速用手扳起脚尖，使足背屈，另一手用力按揉脚掌抽筋部位。

小腿抽筋：可以先吸一口气，仰在水面上，用抽筋腿对侧之手握住抽筋腿的脚趾，并将其向身体方向拉，同时用另一掌压在抽筋腿的膝盖上，帮助小腿伸直，促使抽筋缓解，也可以将足跟向前用力，同时用一手握住抽筋腿的拇趾并朝足背方向扳拉，另一手轻轻按揉抽筋的小腿。

大腿抽筋：仰卧并立即举起抽筋之腿，使其与身体成直角，然后双手抱住小腿，屈膝，使抽筋大腿贴在胸部，再以手按揉大腿抽筋处肌肉，并将腿慢慢向前伸直，即可缓解。

手掌抽筋：用一手掌将抽筋的手掌用力向下按压，并做振颤动作，直至缓解。

手指抽筋：将手指用力握成拳头，然后再用力将五指伸直，快速连续几次，直到停止抽筋为止。

上臂抽筋：将抽筋手握拳，并尽量屈肘关节，然后用力伸直，反复数次，直到缓解。

腹肌抽筋：较少见，但危险性极大，应立即呼救，并赶快上岸，取仰卧位，伸直躯干。

凡抽筋通过以上方法仍不能缓解者，应一面呼救，一面用健腿作打水动作游到岸边，上岸后再进行按摩处理。

（3）恶心呕吐。鼻子呛进脏水就会出现恶心、呕吐，这时应赶快上岸，用手指压中脘、内关穴，如果有仁丹，也可以含上一粒。为预防肠炎，还可吃几瓣生蒜。如出现皮肤发痒问题，主要是由于皮肤过敏所致，应立即上岸，服一片息斯敏或扑尔敏，很快就会好转。

（4）头痛。游泳中出现头痛现象，多是由慢性鼻炎、呛水或机体寒冷、暂时性脑血管痉挛供血不足等原因造成的。这时应迅速上岸，用大拇指对准太阳穴、百会穴进行旋转按摩，然后用热毛巾敷头，再喝一杯热开水，即可好转。

（5）眼病防治。结膜炎是游泳中常见疾病之一，表现为眼红肿、异物感、疼痛不适等。其中最常见的是由衣原体引起的游泳池性结膜炎和细菌引起的急性结膜炎。游泳时最好戴防水眼镜，若游泳后感到眼部不适，可点用消炎眼液或0.25%氯霉素眼液进行预防，注意勿用手揉眼或用不洁毛巾擦眼。当“红眼病”（急性出血性结膜炎）流行时，最好不要去游泳，以防传染。

一般性眼痛可能是由于水不洁净引起。上岸后应马上用清洁的淡盐水冲洗眼睛，然后用氯霉素或红霉素眼药水点眼，临睡前最好再做一下热敷。

（6）头昏脑涨。产生头晕、脑胀的主要原因是游泳时间长，血液聚集于下肢，脑缺血，机体能量消耗较大，身体过度疲劳。这时应立即上岸休息，全身保温，并适当喝些淡糖水、盐水。

（7）腹内痛胀。游泳时发生腹内痛胀，多是由于刚吃饱饭或空腹游泳造成的。这时应上岸仰卧，用拇指尖点压中脘、上脘或足三里，同时口服3~5毫升“十滴水”，并用热手巾敷腹部。

13.2 常用游泳技术简介

13.2.1 蛙泳

蛙泳是模仿青蛙游泳动作的一种游泳姿势，也是最古老的一种泳姿，早在两千多年前，在中国、古罗马、埃及就有类似这种姿势的游泳。18世纪中期，在欧洲，蛙泳被称为“青蛙泳”。由于蛙泳的速度比较慢，在20世纪初期的自由泳比赛中（不规定姿势的自由游泳），蛙泳不如其他姿势快，使得蛙泳技术受到排挤。在当时的游泳比赛中，一度没有人愿意采用蛙泳技术参加比赛，随后国际泳联规定了泳姿，蛙泳技术才得以发展。

蛙泳主要有以下几个技术环节：

（1）蛙泳身体姿势。蛙泳在游进过程中，身体不是固定在一个位置上，而是随着手、腿的动作在不断地变。当一个动作周期结束后，身体应展胸、稍收腹、微塌腰，两腿并拢，两臂尽量伸，颈部稍紧张，头置于两臂之间，眼睛注视前下方。整个身体应以身体的横轴为轴做起伏的动作。

（2）蛙泳腿部技术。蛙泳的腿部动作是推动身体前进的主要动力之一。它的主要动作环节可分为收腿、翻角、蹬夹水和滑行四个阶段，这四个环节是紧密相连的完整动作。

1）收腿。收腿是为了给翻脚、蹬水创造有利的位置，同时既要减少阻力，又要考虑手腿配合因素的需要。开始收腿时，两腿随着吸气的动作，自然放下，同时两膝自然渐分开，小腿向前回收，回收时两脚放松，脚跟向臀部靠拢，边收边分。收腿时力量小，两脚和小腿回收时要收在大腿的投影截面内，以减少回收时的阻力。

收腿结束后，大腿与躯干约成120°~140°角，两膝内侧大约与髋关节同宽。大腿与小腿之间的角度约为40°~45°，并使小腿尽量成垂直姿势，这样能为翻脚、蹬水做好有利的准备，如图13-1所示。。

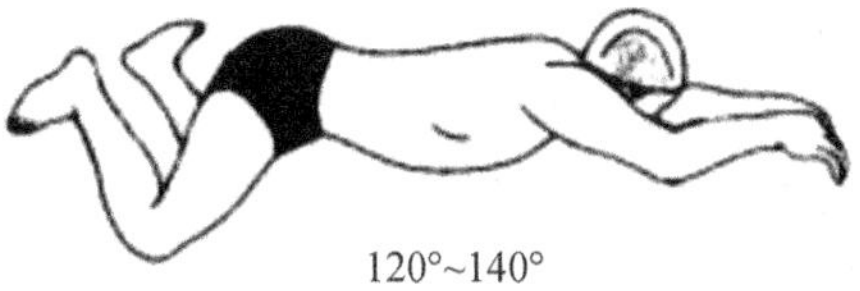

图13-1

2）翻脚。在蛙泳腿的技术中，翻脚动作很重要，它直接影响到蹬水的效果。收腿即将结束时，脚仍向臀部靠近，这时膝关节向内扣，同时两脚向外侧翻开，使脚和小腿内侧对好蹬水方向，这样能使对水面加大，并为大腿发挥更大力量做好积极准备。

收腿与翻脚、蹬水是一个连续的完整动作过程。正确的翻脚动作，是在收腿未结束前就已开始，在蹬水开始时完成。如果翻脚后，腿稍有停滞，则会破坏动作的连贯性并增大阻力。

3）蹬夹水。蛙泳腿部动作效果的好坏，完全取决于蹬夹水技术的正确与否。蹬水应由大腿发力，先伸髋关节，这样使小腿保持尽量垂直于水的有利部位，向后做蹬夹水的动作，其次是伸膝关节和踝关节。

蹬夹水的动作实际是一个连续的完整动作，只是蹬水在先，夹水在后。实际上在翻脚的动作中，两膝向内，两脚向外已经为蹬夹水固定住唯一的方向，如图13-2和图13-3所示。

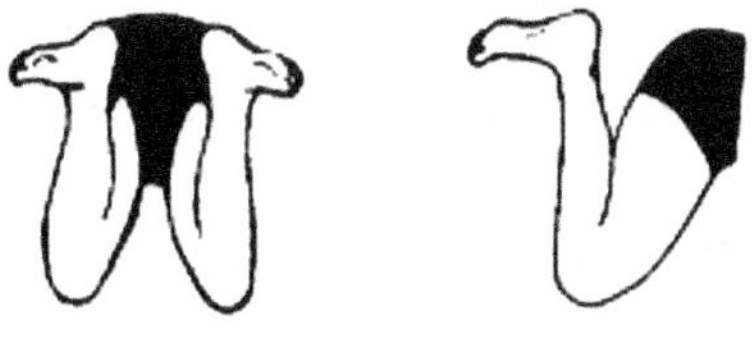

图13-2

图 13-3

蹬夹水效果的好坏不但取决于腿部关节移动的路线和方向，以及蹬夹水时对水面积的大小，最主要的是取决于两腿蹬夹水的速度和力量的变化，蹬夹水的速度是从慢到快，力量是从小到大的。

4）滑行。蹬夹水结束后，脚处于水平面的最低点，这时身体随着蹬水的动力向前滑行，腰部下压，双脚接近水面，准备做下一个循环动作。

（3）蛙泳手臂技术。蛙泳手臂划水动作可以产生很大的推动力，掌握合理的手臂划水技术，并且使其与腿和呼吸动作协调配合，能有效地提高游进速度。它的主要动作可分为开始姿势、滑下（也可叫作“抱水”或“抓水”）、划水、收手和向前伸臂几个阶段。这几个阶段也是紧密相连的完整动作。

1）开始姿势。当蹬水动作结束时，两臂应保持一定的紧张，自然向前伸直，并与水面平行，掌心向下，手指自然并拢，使身体成一条直线，形成较好的流线型。

2）抓水。从开始姿势起，手臂先前伸，并使重心向前，同时肩关节略内旋，两手掌心略转向外斜下方，并稍屈手腕，两手分开向侧斜下方压水，当手掌和前臂感到有压力时，就开始划水。

抓水动作一方面能给划水创造有利条件，另一方面还能造成身体上浮和前进的作用。抓水的速度，根据个人的水平不同而不同，水平较高者抓水较快，反之则慢。

3）划水。当两手做好抓水动作、两臂分至成大约40°~45°角时，手腕开始逐渐弯曲，这时两臂两手逐渐积极地做向侧、下、后方的屈臂划水动作。

划水时，手的运动应该分为两个部分，前一部分：手向外—向下—向后运动，水流从大拇指流向小拇指一边。后一部分：手向内—向下—向后运动，水流从小拇指流向大拇指一边。

在划水中，前臂和上臂弯曲的角度是在不断变化的，其标准是以能发挥出最好的力量为准则。在整个划水过程中肘关节的位置都比手高。手运动的路线，不应到肩的下后方，而应在肩的前下方。其速度是从慢到快，至收手时应达到最快速度。

4）收手。收手是划水阶段的继续。收手时，收的运动方向为向内、向上、向前。手的迎角大致为45°角。由于前臂外旋，掌心逐渐转向内。收手动作应有利于做快速向前的伸手动作，并且肘关节要有意识地向内夹。当手收至头前下方时，两手掌心是由后转向内向上的姿势，这时大臂不应超过两肩的横向延长线。在整个收手动作过程中，手的动作应积极、快速、圆滑，收手结束时，肘关节应低于手，大、小臂的角度小于90°角。

5）向前伸臂。向前伸臂是由伸直肘关节、肩关节来完成的，掌心由开始的向上逐渐转向内，双掌合在一起向前伸出，在最后结束前逐渐转向下方。

蛙泳整个臂部的动作路线无论是俯视或仰视都是椭圆形的，并且是一个连贯、力量从小到大、速度从慢到快的完整过程。

（4）蛙泳配合技术。手臂抓水的同时，开始逐渐抬头，这时腿保持自然放松、伸直的姿势。手臂划水时，头抬至眼睛出水面，腿还是不动。只有收手时才开始收腿，并稍向前挺髋，这时头抬至口出水面，并进行快速、有力的吸气。伸手臂的同时低头，用鼻或口鼻进行呼气，并且在手臂伸至将近 1/2 处时，进行蹬夹水的动作，之后，让身体伸展滑行一段距离，等速度降低时进行第二个周期的动作。

在蛙泳的游进过程中，一般都是一个周期一次呼吸，这样有利于机体的有氧供应，从而降低疲劳速度。需要注意：在抬头吸气前，必须要将体内的废气全部吐完，这样才能吸进新鲜氧气。

13.2.2 自由泳

自由泳是四种竞技游泳技术中速度最快的一种姿势，在游泳比赛的自由泳项目中（不规定泳姿的比赛），运动员都采用这种姿势。人们进行自由泳时，身体在水中成俯卧姿势，通过两腿交替上下打水，两臂轮流划水，以使身体前行。自由泳的动作很像爬行，所以人们又称之为“爬泳”。

自由泳主要有以下几个技术环节：

（1）身体姿势。自由泳时，身体要尽量保持俯卧的水平姿势。但是为了取得更好的动作效果，头部应自然稍抬，两眼注视前下方，头的 1/2 露出水面，水平面接近发际，双腿处于最低点，身体纵轴与水平面约成 3°~5°的仰角，如图 13-4 所示。

自由泳游进中，身体可以围绕身体纵轴做有节奏的转动，转动的角度一般为 35°~45°之间。如果速度加快，角度就会相对减少，如图 13-5 所示。

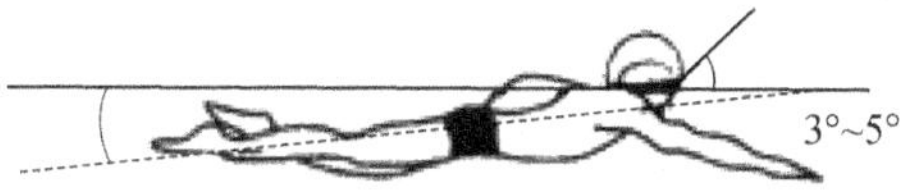

图 13-4

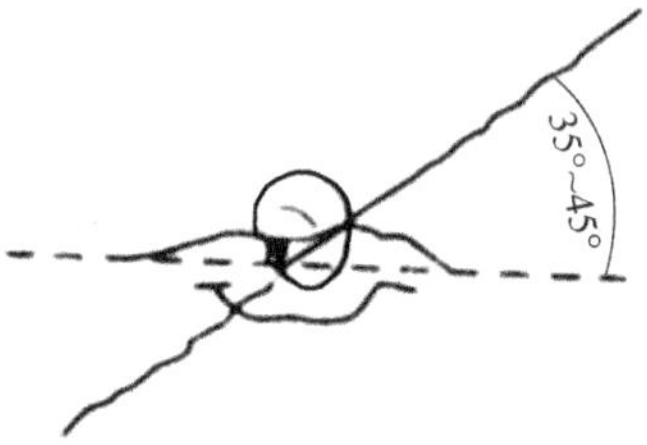

图 13-5

这种转动是由于划臂、转头和吸气而形成的自然转动，并不是有意识地做转动。转动所带来的好处有以下几点：便于呼吸；便于手臂的出水和空中移臂，并缩短移臂的转动半径；有助于手臂在水中抱水和划水，使手臂划水的最有力部分更接近于身体中心的垂直投影面；由于臀部随身体轻度的转动，腿打水时，产生部分侧向打水动作，可以抵消移臂时造成身体侧向偏离的影响，维持身体平衡。

（2）腿部技术。在自由泳技术中，大腿动作除了产生推动力外，主要起着维持身体平衡的作用，它能使下肢抬高，以及协调配合双臂有力的划水。

自由泳腿的打水动作，几乎与水平面成垂直方向进行，从垂直面看，两腿分开的距离约为 30~40 厘米，膝关节弯曲的角度约为 160°角。

游进中，腿向上打水时，脚应接近水平；向下打水时，不应超过身体在水中的最低部位。正确的打水动作是脚稍向内旋，踝关节自然放松，向上和向下的打水动作应该从髋关节开始，大腿用力，通过整个腿部，最后到脚，形成一个“鞭状”打水动作。向下打水的效果最大，因此应用较大的力和较快的速度进行；而向上则要求放松、自然，尽量少用力，并且速度相对要慢。

从腿向上动作开始，当大腿带动小腿，从下直腿向上移至踝关节、膝关节、髋关节与水平面平行时，大腿稍向上而终止移动，并开始向下打水。当大腿开始向下打水时，由于惯性的作用，此时小腿和脚仍继续向上移动，而使膝关节弯曲形成一个大约160°的角。这使小腿和脚达到了最高点，由于大腿继续向下移动，而带动小腿和脚完成向下打水动作。

当大腿向下打水到最低点并向上抬起时，小腿和脚与大腿仍保持一个角度，并继续向下移动打水，直至完全伸直为止，再随大腿向上移动，开始第二个循环动作。

（3）手臂技术。自由泳的臂部动作是推动身体前进的主要动力。它分为入水、抱水、划推水、出水和空中移臂等几个阶段，这几个阶段在划水动作中是紧密相连的一个完整动作。

1）入水。臂入水时，肘关节略屈，并高于手臂，手指自然伸直并拢，向前斜下方且插入水。注意手掌向外，动作自然放松。

手入水的位置应在肩的延长线上，或在身体的中线和肩的延长线之间。入水的顺序为：手—小臂—大臂。

手切入水后，手和小臂继续向前下方伸展，手由向前—向下—稍向内的运动变为向前—向下—稍向外的运动。

2）抱水。臂入水后，应积极插向前下方，此时小臂和大臂应积极外旋，并屈腕、屈肘。在形成抱水的动作中，开始手臂是直的，当手臂划下至与水平面约成15°~20°角时，应逐渐屈肘，使肘关节高于手。在划水开始前，也就是手臂约与水面成40°角时，肘关节屈至150°左右。

抱水动作主要是为了划水做准备，因此它是相对放松和缓慢的。抱水就好像用臂去抱一个大圆球一样。抱水时，手的运动为向后—向下—向外的三个分运动组成，如图13-6所示。

图 13-6

3）划推水。手臂在前方与水平面成40°角起至后方与水平面约成15°~20°角止的运动过程都是滑水动作。它分为两个阶段：从抱水结束到划至与水面垂直之前称为“拉水”，过垂直面后称为“推水”。

拉水时，应保持高肘姿势，手向内—向上—向后运动。当拉水结束时，手在体下接近中线，这时，肘关节弯曲的角度约为90°~120°角，小臂由外旋转为内旋，掌心由向内后方方向变为向外后方，如图13-7所示。

图 13-7

向后推水是通过屈臂到伸臂来完成的。在推水过程中，手是向外—向上—向后的运动。肘关节要向上、向体侧靠近，并且手掌始终要与水平面保持垂直。

整个划推水过程，手掌的运动路线并不是始终在一条直线上和同一平面上，实际上是一个较复杂的三度曲线。从身体的额状面来看是一个“S”形，从身体的矢状面来看是一个“W”形。

在整个划水过程中，肩部应配合手臂进行向前—向下—向后的合理转动，这样有利于加长划水路线和加大划水力量，如图 13-8 所示。

图 13-8

4）出水。在划水结束后，臂由于惯性的作用而很快地靠近水面，这时，由大臂带动肘关节做向外上方的“提拉”动作，将小臂和手提出水面。小臂出水动作要比大臂稍慢一些，掌心向后上方。

手臂出水动作应迅速而不停顿，但同时应该柔和，小臂和手掌应尽量放松。

5）空中移臂。手臂在空中前移的动作是手臂出水的继续，不能停顿，一臂的动作应该放松自如，尽量不要破坏身体的流线型，要和另一臂的划水动作协调一致，并且要注意节奏。在整个移臂过程中，肘部应始终保持比手部高的位置，如图 13-9 所示。

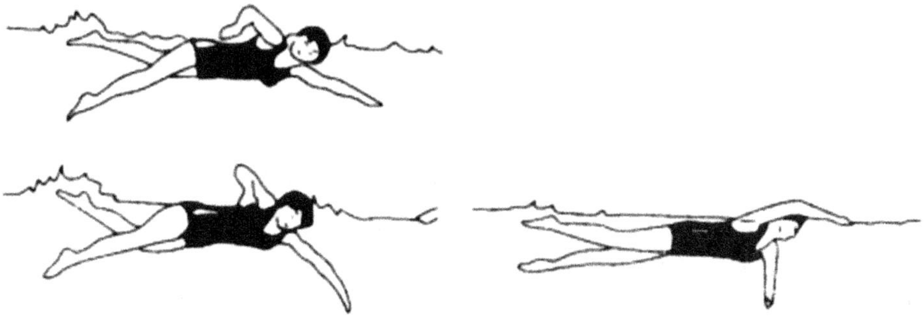

图 13-9

（4）配合技术。自由泳的配合技术包括：两臂的配合技术、两臂和呼吸的配合技术以及完整的配合技术。

1）两臂配合技术。自由泳两臂的正确配合是保障前进速度均匀性的重要条件，并且还有利于发挥肩带力量积极参与划水。根据划水时两臂所处的位置，可以把手臂的配合技术分为前交叉、中交叉、中前交叉和后交叉。一般优秀运动员都采用中前交叉的技术。

2）两臂和呼吸的配合技术。自由泳技术中的呼吸技术较为复杂，但是它的好坏，将直接影响着划水力量和速度、耐力的发挥。

自由泳的呼吸和手臂的配合：一次呼吸 N 次划水（$N>2$）。吸气时，头随着肩、身体的纵向转动转向一侧，使头在低于水面的波谷中吸气。此时，同侧臂正处在出水转入移臂的阶段。移臂时，头转向正常位置。同侧臂入水时，开始慢慢呼气，并逐渐用力加快呼气的速度。

3）完整的配合技术。即呼吸、手臂和腿的配合。因为手臂是产生推进力的主要来源，因此在配合中，呼吸和腿的动作都应该服从于手臂动作的需要。

呼吸、手臂和腿的配合比例主要有四种：1∶2∶2（即一次呼吸，两次手臂动作，两次打腿的动作）技术；1∶2∶4 技术；1∶2∶6 技术和极少数优秀运动员采用 1∶2∶8 的技术。

13.2.3　蝶泳

蝶泳技术是在蛙泳技术动作基础上演变而来的。当蛙泳技术发展到第二阶段时，也就是在 1937~1952 年这一时期，在游泳比赛中，有些运动员采用两臂划水到大腿后提出水面，再从空中迁移的技术，从外形看，好像蝴蝶展翅飞舞，所以人们称它为“蝶泳”。1953 年，国际泳联规定，蛙泳和蝶泳分开进行比赛，使蝶泳成为了独立的比赛项目，从而得到了很好的发展。蝶泳技术是仅仅比自由泳技术慢的泳姿。由于它的腿部动作酷似海豚，所以又称为“海豚泳”，如图 13-10 所示。

图 13-10

蝶泳主要有以下几个技术环节。

（1）身体姿势。蝶泳的身体姿势与其他泳姿不同，它没有固定的身体位置。在游进中躯干各部分和头不断改变彼此间的相对位置。头和躯干有时露出水面、有时潜入水中，形成波浪形式上下起伏的变化位置。

蝶泳在游进中，是以横轴（腰际）为中心，躯干和腿做有节奏的摆动，发力点在腰腹部。然后以大腿带动小腿，两腿一起做上下的鞭状打水动作。而这些动作与头和臂部的动作紧密联系在一起，形成蝶泳所特有的波浪动作，因此前进时身体的阻力较小。

（2）腿部技术。蝶泳打水时，两腿自然并拢，脚跟稍微分开成“内八字”，当两腿在前一划水周期向下打水结束后，两脚处于最低点，膝关节伸直，臀部上抬至水面，髋关节屈成约 160°，如图 13-11 所示。

然后两腿伸直向上移动，髋关节逐渐展开，臀部下沉，如图 13-12 所示。

当两腿继续向上时，大腿开始下压，膝关节随大腿下压，动作自然，弯曲，大腿继续加速向下，如图 13-13 所示。

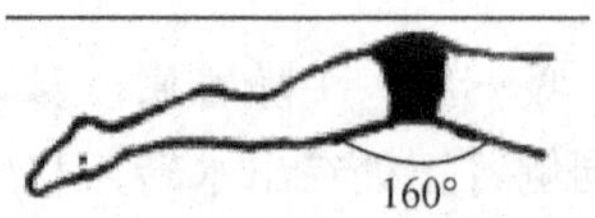

图 13-11

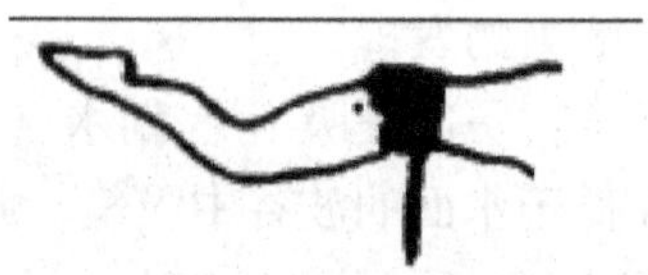

图 13-12

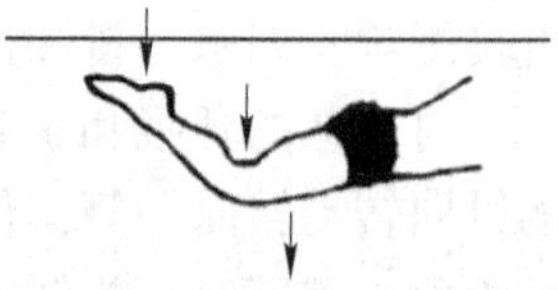

图 13-13

随着屈膝程度的增加，脚抬至接近水面时，臀部下降到最低点，膝关节弯曲成约 110°~130°角时，脚向上抬至最高点，并准确向下后方打水，如图 13-14 所示。

当脚向下打水时，脚面绷直，但又不能让踝关节太紧张，然后和小腿随大腿加速向后下方推水。双脚继续加速向下后方打水，动作尚未结束时，大腿又开始向上移动，当膝关节完全伸直时，向下打水的动作即结束，如图 13-15 所示。

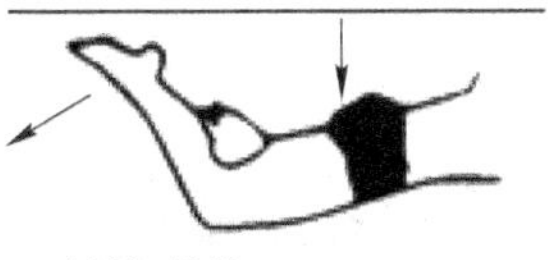

图 13-14

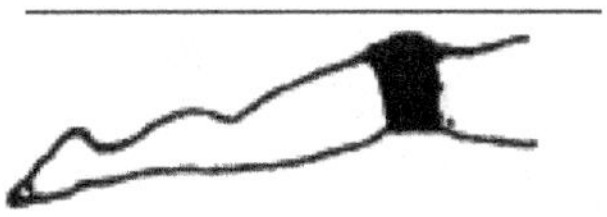

图 13-15

蝶泳腿的打水动作是由腰部发力，经过筋、膝、踝关节并与躯干、脊柱动作相协调一致配合完成的。脚的运动方向是向下和向后，其向下的幅度大于向后的幅度。

腿向上抬起时，膝关节必须伸直，如果稍有弯曲，小腿的背面将产生很大的阻力。此外，向上抬腿时，不要过于用力，以便减少阻力。打腿的重点应放在向下打水动作上，腿向下打水的速度应比向上抬腿快约两倍多。

（3）手臂技术。蝶泳臂的划水动作是产生推进力的主要因素，并且相对其他姿势来说是较大的。蝶泳臂的划水是两臂在头前入水，同时沿身体两侧做曲线划水。

它的技术环节分为入水、抱水、划水、推水和空中移臂等几个阶段。

1）入水。蝶泳臂入水点基本上在肩的延长线上，两臂同时入水。入水时肘稍屈并略高于小臂，手掌领先，并约与水面成 45°角，然后带动小臂和大臂依次入水。入水阶段，由于前臂外侧旋转动作，掌心由向外侧积极转向外侧后。

2）抱水。臂入水后，手和前臂继续外旋，进入抱水阶段。抱水时，手的运动方向为向外—向后—向下。随着前臂的外旋，掌心由向外侧后转为向后方向，接着进入划水阶段，如图 13-16 所示。

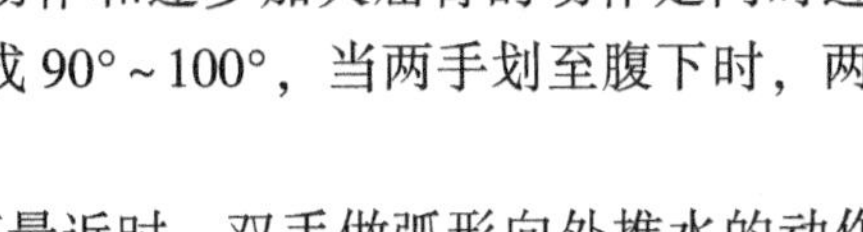

图 13-16

3）划水。在臂进入划水阶段时，前臂和手掌是划水的主要对水面。屈肘，使肘部保持较高的位置。前臂外旋动作和逐步加大屈臂的动作是同时进行的，当两臂划至肩下方时，小臂和大臂的角度约成 90°~100°，当两手划至腹下时，两手距离最近（几乎碰到一起），然后转入推水动作。

4）推水。当两手距离最近时，双手做弧形向外推水的动作。手的运动方向为向外—向上—向后的方向。推水的前半部，手有较大的向后运动的分量，推水路线较直；推水的后半部，手有较大的向外、向上的运动分量。推水时，由于小臂的内旋，掌心由划水的向后转为向外侧后方。划水和推水，手掌的运动路线要根据个人不同的身体条件而定。

5）出水。当两臂推水至髋关节两侧时，利用推水的惯性，提肘出水。提肘出水动作是在推水结束前即已开始。在两臂推水尚未结束时，两肘已开始做向上提起的动作，这时掌心向外后侧，如图 13-17 所示。

6）空中移臂。当推水结束提肘出水后，两臂即由空中前移，开始移臂时肘关节微屈，手掌向上，肘先于手出水，两臂放松内旋，沿身体两侧低平的抛物线前摆。开始移臂时稍用力，利用臂的离心力向前摆出，移臂时速度要快，否则会造成身体下沉，如图 13-18 所示。

图 13-17

图 13-18

13.2.4 仰泳

仰泳是人体仰卧在水中进行游泳的一种姿势。仰泳技术的产生和发展有较长的历史，1794 年就有了关于仰泳技术的记载，但是直到 19 世纪初，仰泳仍采用两臂同时向后划水，两腿做蛙泳的蹬水动作，即现在的“反蛙泳”。自 1902 年出现自由泳技术后，由于自由泳技术合理和速度快，就开始有人采用类似自由泳的两臂轮流向后划水的游法。但是直到 1921 年才初步形成了现在的仰泳技术。仰泳技术由于头部露出水面，呼吸方便，躺在水面上，比较省力，因此深受中老年人和体质较弱者喜爱。

仰泳主要有以下几个技术环节：

（1）身体姿势。游仰泳时，身体要自然伸展，仰卧在水面，头和肩部稍高，腰部和腿部保持水平，身体纵轴在水平面上构成的迎角约为 10°，腰部和两腿均处在水面下，如图 13-19 所示。

1）头部姿势。头在仰泳技术中头起着“舵”的作用，并可以控制身体左右转动。头应保持相对稳定，不要上下左右晃动，但颈部肌肉不要过分紧张，后脑处在水中，水位在耳际附近，两眼看腿部的上方。

2）腰部姿势。仰泳游进中，腰部肌肉要保持适度的紧张，以不至于使身体过分平直和屈髋成坐卧姿势为前提。肋上提，不要含胸。快速游进时，身体的仰角能使体位升高，水平较高的运动员不仅肩和胸部露出水面，而且腹部也经常会露出水面。

3）身体的转动动作。游仰泳时，身体的纵轴应随着两臂划水动作而自然滚动，滚动的角度根据个人的情况不同而稍有差别，肩关节灵活性较好的人滚动小，反之则大，一般为 45°左右，如图 13-20 所示。

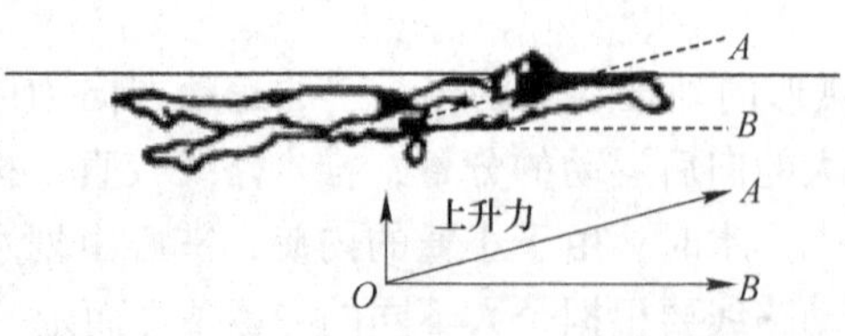

图 13-19

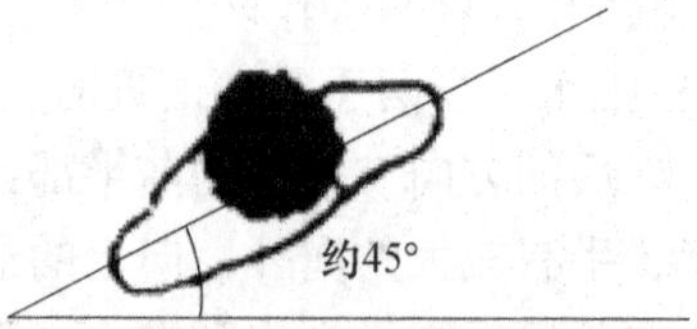

图 13-20

身体滚动的目的主要是有利于划水臂处于较好的角度，能够加强划水的力量；能保持屈臂划水的一定深度；有利于臂出水和向前移臂。注意滚动的角度不应过大，否则不但会引起疲劳，而且会影响前进速度。

（2）腿部技术。在仰泳技术中，腿部动作是保持身体处于较好角度、水平姿势的因素之一，并且踢水动作不但可以控制身体的摆动，而且能产生一定的推进力。仰泳的腿部动作是以下压动作和上踢动作组成，即直腿下压，屈腿上踢。

1）下压动作。腿向下压的动作是借助于臀部肌群的收缩来完成的。在整个腿下压动作中，前2/3由于水的阻力，膝关节要充分展开，腿部肌肉要放松。当打腿下压到一定程度，由于腹肌和腰肌的控制，停止向下，而过渡到向上移动，由于惯性的作用，小腿仍然继续向下，而造成膝关节弯曲，所以在腿下压的后1/3是屈腿的。

随着惯性的逐渐减弱和打腿的带动，小腿也开始向上移动，但此时脚仍然继续向下，直到惯性消失，大腿、小腿和脚一起结束向下的动作，构成向下“鞭打”的动作。

下压的动作因为不产生推进力，因此相对的要求速度不要太快，并且腿部各关节要自然放松。

2）上踢动作。当腿部动作下压结束时，由于水对小腿的阻力和大腿肌肉的牵制，大腿与小腿构成约135°~140°角，小腿与水平面约成40°~45°角，如图13-21所示。

此时，小腿弯曲到最大程度，小腿和脚对水面较大。上踢动作的开始，就需要用脚打的力量和速度来进行，并逐渐加大到最大力量和速度。当打腿向上移动超过水平面就结束向上的动作，此时膝关节接近水面。随后小腿和脚也依次结束向上，使膝关节充分伸展，构成向下“鞭打”的动作。

上踢动作是以大腿带动小腿，小腿带动脚来完成的，并且在任何情况下，尽量不要使膝关节或脚尖露出水面。上踢时，脚尖应内旋以加大对水面积。

（3）手臂技术。仰泳臂划水动作是产生推动身体前进的主要因素。一个完整的手臂动作分为入水、抱水、划推水、出水和空中移臂等几个阶段，手掌由于入水、抱水和划推水在水下形成一个“S”形的路线，如图13-22所示。

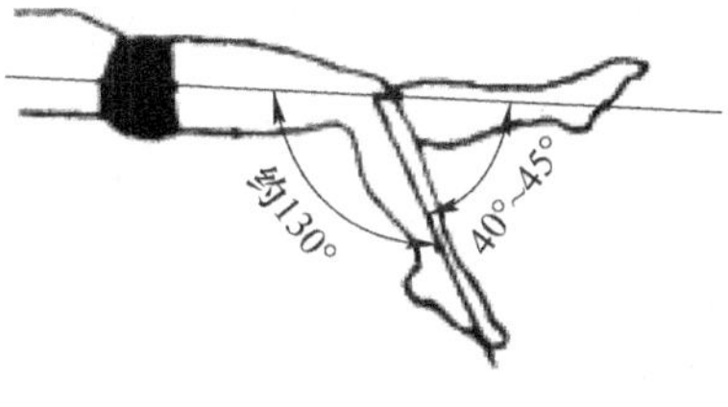

图 13-21

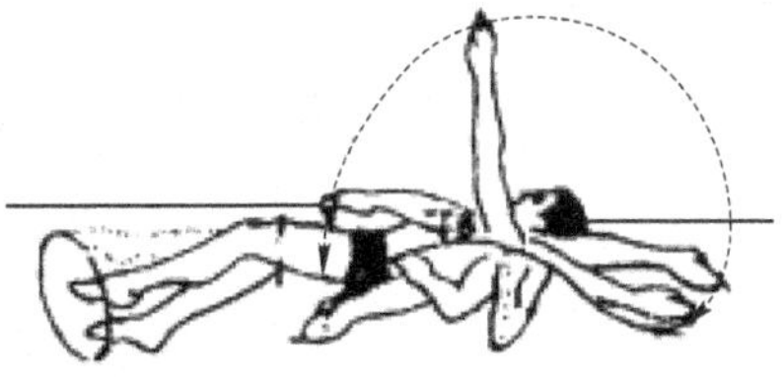

图 13-22

1）入水。臂入水时，应借助于移臂动作的惯性，臂部自然放松，入水点应在身体纵轴与肩的延长线之间，或在肩的延长线上。过宽或过窄都会影响速度。

臂入水时应保持直臂，肘部不要弯曲，入水时小指向下，拇指向上，掌心向侧后方。手掌与小臂约成150°~160°。

2）抱水。抱水是为划推水创造有利的条件。臂入水后要利用移臂时所产生的动量积极下滑到一定的深度，手掌向下、向侧移动，通过伸肩、屈肘、上臂内旋和屈腕的动作，配合身体的滚动，使手掌和前臂对准水并有压力的感觉。当完成抱水动作时，肘部微屈约成 150°~160°角，手掌距水面约 30~40 厘米，肩保持较高的位置，如图 13-23 所示。

3）划推水。仰泳的划水动作是推动身体前进的主要动力。整个动作是由屈臂抱水开始，以肩为中心，划直打腿外侧下方为止。划水动作包含拉水和推水两个阶段。

拉水是在臂前伸抱水的基础上进行的。开始时前臂内旋，手掌上移，肘部下降，使屈肘程度加大，手掌和小臂要保持与前进方向垂直。当手掌划之肩侧时，屈臂程度最大，约为 70°~110°角，手掌接近水面，如图 13-24 所示。

图 13-23

图 13-24

拉水的前半部分，手的运动为向上—向外—向后的三个分运动；后半部分则是向上—向内—向后的三个分运动。水流从大拇指流行小指。这个阶段也是身体向划水臂同侧转动最大的阶段。

推水是在手臂划过肩侧时开始的，这时肘关节和大臂应逐渐向身体靠近，同时用力向脚的方向推水。当推水即将结束时，小臂内旋做加速转腕下压的动作，掌心游向后转向下。推水时，手的运动是由向内—向下—向后的运动，逐渐转变为向内—向下—向前的运动。水流从小指流向大拇指一边，推水结束时，手臂要伸直，手掌在大腿侧下方。

4）出水。推水结束后，借助于手掌压水的反弹力迅速提臂出水。出水时手型有多种：一是手背先出水；二是大拇指先出水；三是小拇指先出水。这三种手型各有利弊，相对来说最后一种较好。

无论采用哪种手型出水，都要注意使手臂自然、放松、迅速，并且要先压水后提肩，肩部露出水面后，由肩带动大臂、小臂和手依次出水。

5）空中移臂。提臂出水后，手应迅速从大腿外侧垂直于水面移至肩前。当手臂移至肩上方时，手掌要内旋，使掌心向外翻转（采用小拇指先出水技术的无此动作）。空中移臂时，必要伸直放松，移臂的后阶段要注意肩关节充分伸展，为入水和划水做好准备，如图 13-25 所示。

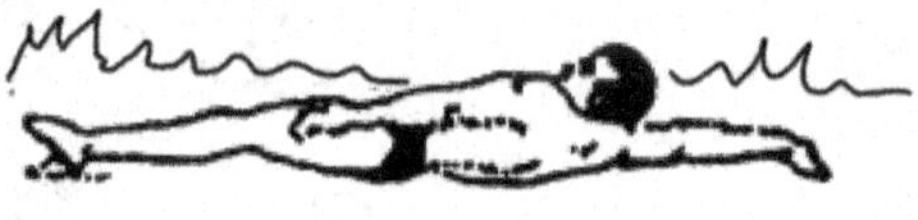

图 13-25

（4）配合技术。

1）两臂配合技术。仰泳两臂的配合是“连接式”的，即当一臂划水结束时，另一臂已入水并开始划水；一臂处于划水的中部，另一臂正处于移臂的一半。在整个臂的动作过程中，两臂几乎都处在完全相反的位置。

2）臂和呼吸的配合。仰泳的呼吸相对来说比较简单，一般是两次划水一次呼吸。即一臂移臂时开始吸气，其他时候都在慢慢地呼气。在高速游进时也有一次划水一次呼吸的技术，但是呼吸不能过于频繁，否则会引起呼吸不充分，造成动作紊乱。

3）臂腿配合技术。臂腿配合是否合理，将影响整个动作的平衡和协调自然。臂在划水过程中，腿的上踢、下压动作要避免身体的过分转动，以保持身体的平衡、协调为原则。

现代仰泳技术中一般都采用六次打腿两次划水的配合技术，也有少数人采用四次打腿的技术。

思考训练

（1）游泳运动有什么锻炼价值？

（2）自由泳的技术要领是什么？

14 跆 拳 道

学习要点

（1）了解跆拳道及其运动价值；
（2）掌握跆拳道的基本手型、步型及步法；
（3）学会简单的腿法及品势动作。

14.1 跆拳道运动概述

跆拳道的“跆”字，意为用脚蹬；“拳”字意为用拳头击打和防御；“道”是指道仪，是一种艺术方法，泛指人生的正确道路，在这里寓指使用手脚的方法和原理。跆拳道是一项运用手足技术而且重在足技进行搏击格斗的朝鲜民族传统的体育运动项目，主要包括品势、搏击、功力检测三部分。

1961 年 9 月韩国成立了唐手道协会，后更名为跆拳道协会，此后跆拳道成为全国运动会正式比赛项目。1966 年国际跆拳道联盟成立。1973 年 5 月世界跆拳道联合会在汉城（今首尔）成立，并在同年被国际体育联合会接纳为正式会员。1980 年国际奥委会正式承认世界跆联。在 2000 年奥运会上，跆拳道成为了正式比赛项目，按公斤分级共设 8 枚金牌，我国获一枚金牌。在 2004 年雅典奥运会上，我国在跆拳道女子比赛项目中又夺得两枚金牌。

跆拳道突出一个“礼”字。因此，在跆拳道练习或比赛前后都要向对方敬礼，即跆拳道运动始终倡导的“以礼始，以礼终”的尚武精神。练习时衣着端正，头发整齐，对教练、同伴时刻都要表现出恭敬、服从、谦虚、互助互学的心态。谦逊和正确的言语，忍让和友好的态度，虚心和好学的作风也是跆拳道练习者应遵循的重要礼仪。

礼仪不只是要在形式上表现，而是要发自内心的实施。最常用的礼节表示方式是向教练、同伴敬礼。敬礼动作的具体要求是：面向对方直体站立，向前屈体 15 度，头部前屈 35 度，此时两手紧贴两腿，两脚跟并拢。

经常参加跆拳道运动能够修身养性，培养优秀的意志品质。随着人类文明的发展，人们早已经不以“活着”为满足，而是不断追求更多、更强、更广泛的需求，而其中更多的则是精神方面的。为了达到这一目的，人们便要把感知和理性当作某项活动的综合体，跆拳道的锻炼正符合这种要求。同时，跆拳道还讲究在训练中致力于一种独特的、古朴的心态，这种心态依赖于精神上宽宏大量的气度和个性上坚强的自信心。

跆拳道运动，有利于培养人的意志和勇气，增强人的胆量和自信，培养人的忍耐性，养成勇往直前的精神。这样，无论面对任何困难，跆拳道运动员也不易动摇其信念。练习跆拳道，要求人们利用自我牺牲的精神去控制自我，以维持社会或团体共同的秩序，创造出一个有纪律、讲文明的社会。因此，跆拳道是培养人们优秀品格的一种手段和方法，并有助于增强民族内聚力和激发爱国主义的精神。它是一项高尚的竞技体育运动项目。

学习跆拳道还能强体防身，练就健全体魄。跆拳道是一项较全面的运动，需要活动全身的肌肉和关节。跆拳道的所有动作，都是以自己的防卫本能作为基础，然后才逐渐地将其变为一种主观信念，从消极的防御动作发展到积极的进攻形态，最后才能达到绝对自动化的行为阶段。跆拳道正是把手、脚和全身其他所有可动的部位作整体性的组合，然后按照科学的原理把其动作进行连接。跆拳道运动紧张激烈、对抗性强，可以强壮筋骨，提高各关节的灵活性及肌肉的伸展性和收缩能力，提高人的速度、反应能力、灵敏性、力量和耐力素质，提高人体内脏器官的机能和人体神经系统的灵活性，增加人体的击打和抗击打能力。通过跆拳道的攻防练习，可以掌握实用技击术并提高防身自卫的能力，为保护自身安全和维护社会正义掌握真正本领。

14.2 跆拳道基本技术

14.2.1 基本步型

（1）准备势。两脚开立与肩同宽，身体自然直立，两脚尖略外展，两手握拳置于腹前，两手之间一拳间隔。

（2）马步。两脚开立，较肩宽，两脚尖平行或略内扣，挺胸直背，两腿屈膝半蹲，重心在两腿之间，收拳放于腰际，拳口朝上。

（3）三七步。三七步又称后屈立，前后脚分立，两脚相距约一步，后脚尖外展 90 度，后腿屈膝如同骑马状，前腿膝关节略屈，重心在后脚上。

（4）弓步。弓步又称前屈立，前后脚分立，两脚相距一步半，前腿屈膝，后腿伸直，前腿膝关节与脚尖垂直，重心大部分在前脚上。左脚在前称左弓步，右脚在前称右弓步。

（5）虚步。虚步与后弓步相似，前脚掌点地，脚跟提起，重心落在后脚。

（6）前行步。前行步又称高前屈立。两脚之间距离小于弓步，上体略前倾，前腿膝关节略屈，重心大部分落在前脚上。左脚在前称左前行步，右脚在前称右前行步。

14.2.2 基本手型

（1）手刀。四指伸直，拇指弯曲靠近食指，用小指侧的掌外沿攻击对方。只局限于在品势、防身术中使用。

（2）直拳。直拳也称平冲拳或正拳，将手的四指并拢握紧，拳面要平，然后拇指压贴于食指和中指的第二节上。使用直拳时用拳的正面的食指和中指部分击打。

14.2.3 准备姿势及步法

（1）准备姿势。准备姿势也称实战姿势或预备姿势，是竞赛跆拳道比赛中双方开始时的基本站立姿势。在立正站好的前提下，右腿向体后，拉出宽于肩的距离，身体斜侧位，双手握拳放于体前。准备姿势应便于进攻和防守反击以及步法的移动，如图 14-1 所示。

图 14-1

（2）步法。

1）后撤步。

动作方法：右架站立，左脚向后撤一步，成为左架准备姿势，反之左架亦然。

要领：后撤步时，重心保持平衡移动，通过拧腰转身完成，两臂在体侧自然上下移动。

2）上步。

动作方法：右架准备姿势（以下简称“右架”）站立，以左脚为轴，右脚向前上一步，成为左架准备姿势（以下简称“左架”），反之左架亦然。

要领：上步时通过转髋带动身体移动，两臂在体侧自然上下移动，重心不要上下起伏过大，上步时贴着支撑腿移动。

3）原地换步。

动作方法：右架站立，两脚原地前后交换，由右架换成左架，反之左架亦然。

要领：重心不宜起伏过大，尽量使重心平稳移动，两脚稍离地即可。

4）前跃步。

动作方法：右架站立，两脚同时向前跃进一步，保持右架准备姿势，反之左架亦然。

要领：向前跃步时，重心不宜起伏过大，尽量使重心平稳移动，两脚稍离地即可。

5）后跃步。

动作方法：右架站立，两脚同时向后回撤一步，保持右架准备姿势，反之左架亦然。

要领：向后回撤时，重心不宜起伏过大，尽量使重心平稳移动，两脚稍离地即可。

6）垫步。

动作方法：右架站立，右脚向左脚内侧上步，同时左腿迅速抬起以便进攻和防守。

要领：前腿提膝要快，身体随步法同时移动，重心平稳。

7）侧移步。

动作方法：第一种步法是以前脚为轴，后脚向左（右）侧方向移动，用以改变与对手的站位方向；第二种步法是右架站立，右脚先向右（或向左）侧移动一步，随之左脚也迅速向右（或向左）侧移动一步。

要领：一般是将身体重心移向前脚，以利于后脚进攻。

14.2.4 基本腿法

（1）横踢。

动作规格：以左势实战姿势开始，右脚蹬地，重心移到左脚，右腿屈膝上提；左脚前脚掌辗地脚跟内旋，旋转约 180 度，膝关节左转，同时右腿膝关节向前抬置水平状态，肩、膀、膝关节在一线上；小腿快速向左前横踢出；击打目标后迅速放松收回小腿。右脚落回成实战姿势。

动作要领：膝关节夹紧，向前提膝，贴紧支撑腿走直线；支撑脚外旋 180 度；髋关节尽量送出，身体与大小腿成直线，严格注意击打的力量点，踝关节放松。横踢攻击的主要部位有头部、胸部、腹部和肋部，如图 14-2 所示。

图 14-2

（2）前踢。

动作规格：以左势实战姿势开始，右脚蹬地，身体重心前移至左脚；右脚蹬地屈膝提起，左脚以前脚掌为轴外旋，同时，右腿迅速以膝关节为轴伸膝、送髋，把小腿快速向前踢出，力传达到脚面。踢击目标后右腿迅速放松弹回，落回原地仍成左势实战姿势。

动作要领：膝关节上提时大小腿折叠，膝关节夹紧，小腿和踝关节放松，有弹性；踢击时往前送髋；高踢时往上送髋，前踢攻击的主要部位是头部，如图 14-3 所示。

图 14-3

（3）后踢。

动作规格：实战姿势开始，以左脚掌为轴脚跟外旋，向身体右后转体；同时右腿屈膝上提，大小腿加紧折叠，勾脚尖，眼睛透过肩峰看目标；送胯，右腿顺势向后平伸后踢出；击打后，右腿收小腿，自然落下成左架，然后后撤右腿，还原成准备姿势。

动作要领：起腿时要贴紧支撑腿，转体动作与提膝动作同时进行，要注意重心放在支撑腿上；踢腿时用脚击打，力量由腰胯送出，如图 14-4 所示。

图 14-4

（4）侧踢。

动作规格：实战姿势开始。右脚蹬地，重心前移，右脚以膝关节为轴提膝前蹬，用右脚脚掌向前蹬推，力点在脚掌，推力向前方。

动作要领：提膝后尽量收紧膝关节；重心往前移，利用身体的重量为力量；推的时候腿往前伸展、送髋；推的路线水平往前，推踢的攻击目标是腹部，如图 14-5 所示。

图 14-5

（5）下劈。

动作规格：实战姿势开始，右脚蹬地，重心前移至左脚。同时，右腿以髋关节为轴屈膝上提，两手握拳置于胸前；随即充分送髋，上提膝关节至胸部，右小腿以膝关节为轴向上伸直，将右腿直举于体前，右脚过头。然后向下以右脚后跟（或脚掌）为力点劈击，放松收腿成实战姿势。

动作要领：腿尽量往高、往头后举，要向上送髋，重心往高起；脚放松往前落，落地要有控制；起腿要快速、果断；踝关节要放松。劈腿的主要攻击部位有头项、脸部和锁骨，如图 14-6 所示。

① ② ③ ④

图 14-6

（6）后旋踢（简称后旋）。

动作规格：实战姿势开始。两脚以脚掌为轴向内旋约 180°，身体向右转约 90°，两拳置于胸前。上体右转，与双腿拧成一定角度。右脚蹬地将蹬地的力量与上体拧转的力量结合在一起，将右腿向后上以膝关节为轴直腿摆起，右腿继续向右后旋摆鞭打，同时上体向右转，带动右腿弧形摆至身体右侧，右腿屈膝回收；右脚落至右后成实战姿势。

动作要领：转身、旋转、踢腿连贯进行，一气呵成，中间没有停顿；击打点应在正前方，呈水平弧线；屈膝起腿的旋转速度要快；重心在原地旋转 360°，后旋腿攻击的主要部位是头部，如图 14-7 所示。

① ② ③ ④ ⑤ ⑥

图 14-7

（7）双飞踢。

动作规格：实战姿势开始，攻方先用右横踢攻击对方左肋部，同时，左脚蹬地起跳，身体腾空右转，腾空高度在膝关节以上，但不宜过高；左脚起跳后在空中用左横踢迅速踢击对方胸部或腹部；左右脚交换，右脚落地支撑，左脚横踢目标后迅速前落，成左势实战姿势。

动作要领：右腿横踢目标的同时，左脚蹬地跳起；左脚起腿击打目标后迅速右转换腿再次横踢目标；两腿在空中交换，右脚先落地，如图 14-8 所示。

① ② ③ ④ ⑤

图 14-8

（8）旋风踢。

动作规格：实战姿势开始。以左脚为轴，向体后转体 180 度，右腿沿左腿转动，空中转髋换腿支撑，以右脚击打目标。

动作要领：转体时，起动腿贴紧支撑腿转动；重心往前移动，髋带动右腿；转体时动作平稳，双脚离地面近者为宜，如图 14-9 所示。

图 14-9

14. 2. 5 跆拳道品势

跆拳道品势练习是学习跆拳道的入门技术和基础。跆拳道品势中，最基本的是太极一章至太极八章（限于篇幅，本书中我们仅介绍太极一章）。跆拳道品势，也是根据太极生生不息和太极阴阳之理论而创编的。因此，它的运动路线与方法遵循具有宇宙基本规律的阴阳八卦图，如图 14-10 所示。

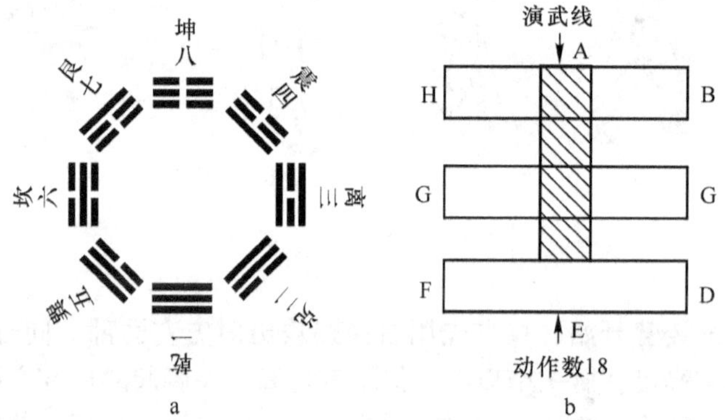

图 14-10

太极一章象征八卦中的“乾”位，乾则具有宇宙万物根源之初意。换言之，太极一章可视为跆拳道招式的根源，它的演武路线是以“三”表示的。为了使初学者能充分获得修炼，其在构成上也多半使用前屈立姿势，所使用的技法，也只有中段直拳、下段封挡、中段接招、上段接招以及前踢几个基本内容。

（1）屈立势下截。身体左转，左脚向图 14-11②方向左边横跨一步成左高前屈立势，左拳下截防下段，右拳收于腰际。

动作要点：转体迅速，重心落在前脚上，内旋臂下截，力达拳轮，如图 14-11 所示。

（2）高前屈立势顺攻。右脚向前上步呈右高前屈立势，同时右冲拳中段顺攻，左拳收于腰际。

动作要点：上步、拧腰、冲拳协调一致，重心落在前脚上，力达拳的正面，如图 14-12 所示。

图 14-11

图 14-12

（3）高前屈立势下截。身体向右后转体约 180°，同时右脚向身后方向撤步呈右高前屈立势，右拳向下截拳防下段，左拳收于腰际。

动作要点：转体迅速，重心落在前脚上，内旋臂下截，力达拳轮，如图 14-13 所示。

（4）高前屈立势顺攻。左脚向前上步呈左高前屈立势，左冲拳中段顺攻，右拳收于腰际。

动作要点：上步、拧腰、冲拳协调一致，重心落在前脚上，力达拳的正面，如图 14-14 所示。

（5）前屈立势下截。身体左转约 90°，左脚移向图 14-15 中②方向呈左前屈立势，同时，左臂屈肘向下截拳防左下段，右拳收于腰际。

动作要点：重心主要落于前脚，旋臂下截，力达拳轮，如图 14-15 所示。

（6）逆攻中段。两脚不动，左转腰，左前屈立势冲右拳（即弓步冲拳）中段逆攻，左拳收于腰际。

动作要点：拧腰冲拳，力达拳的正面，重心主要落在前脚上，如图 14-16 所示。

图 14-13

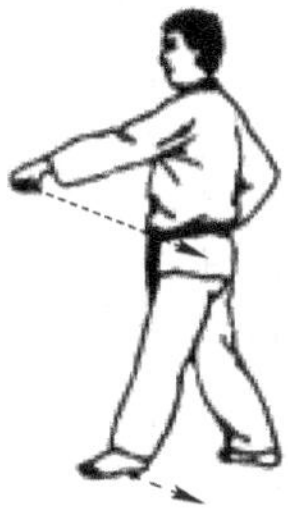

图 14-14

图 14-15

图 14-16

（7）高前屈立势外格。右脚向图 14-17 中①的方向移步，左脚不动，身体右转呈右高屈立势，同时左拳外格挡防中段，右拳收于腰际。

动作要点：移步、转体连贯，外旋臂、外格、屈肘，力达前臂外侧，重心落在前脚上，如图 14-17 所示。

（8）高前屈立势逆攻。左脚向图 14-18 中①方向上步呈右高前屈立势，右冲拳攻中段，左拳收于腰际。

动作要点：转腰冲拳一气呵成，力达拳的正面，重心落在前脚上，如图 14-18 所示。

（9）高前屈立势里格。以右脚为轴，左后转体，同时，左脚向图 14-19 中①方向上步呈左高前屈立势，右臂向里格挡防中段。左拳不动。

动作要点：转体敏捷，内旋臂、里格、屈肘，力达前臂内侧，重心主要落在前脚上，如图 14-19 所示。

（10）前屈立势逆攻。右脚向图 14-20 中①方向上步呈右前屈立势，左冲拳逆攻中段，右拳收于腰际。

动作要点：拧腰冲拳协调，力达拳的正面，重心落在前脚上，如图 14-20 所示。

图 14-17

图 14-18

图 14-19

图 14-20

（11）前屈立势下截。以左脚为轴，身体向右转，右脚移向图 14-21 中①方向，呈右前屈立势，右臂屈肘上抬至肩上方，拳心向上，向内旋臂，向下截拳防右段，左拳收于腰间。

动作要点：转体、移步、内旋臂下截连贯一致，力达拳轮，重心主要落在前脚上，如图 14-21 所示。

（12）前屈立势逆攻。右前屈立势逆攻不变，左冲拳逆攻中段（即右弓步冲拳），右拳收于腰间。

动作要点：拧腰冲拳，力达拳面，重心落在前脚，如图 14-22 所示。

（13）高前屈立势上架。左脚在身体左转的同时，向图 14-23 中①的方向移动，呈左高前屈立势，同时左臂屈肘上架防左上段置于额前，拳背朝内，右拳不动。

动作要点：左臂内旋上架，屈肘，力达前臂，重心落于前脚，如图 14-23 所示。

（14）前踢冲拳。左脚支撑，脚跟微提，右脚由屈到伸前踢腿，两手自然下截至体侧，右脚自然前落地呈右高前屈立势，同时，右冲拳中段顺攻。

动作要点：撑腿，展髋，前踢快速有力，力达前脚掌，稳定支撑腿，重心落于前脚，如图 14-24 所示。

图 14-21

图 14-22

图 14-23

图 14-24

（15）高前屈立势上架。左脚为轴，身体右转，上步呈右高前屈立势，同时，右臂屈上架防右段，拳背朝内，左拳不动。

动作要点：转体移步要连贯，右臂外旋上架，力达前臂内侧，重心落于前脚，如图 14-25 所示。

（16）前踢顺攻。右脚支撑，左脚由屈到伸前踢，两手置于体侧。前踢自然落地呈左高前屈立势，同时冲左拳中段顺攻。

动作要点：撑腿，展髋，稳定支撑腿，前踢快速有力，左脚落地紧接着冲拳，力达拳面，重心在前脚，如图 14-26 所示。

图 14-25

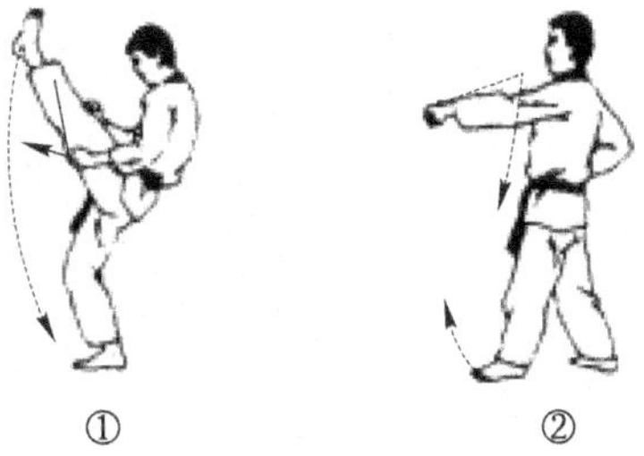

图 14-26

（17）前屈立势下截。以右脚为轴，身体向右转，左脚向前方向呈左前屈立势，同时，左臂随肘上抬置于右肩上方，向下截防左下段，右拳不动。

动作要点：转体侧步要连贯，内旋臂下截，力达拳轮，重心主要落在前脚，如图 14-27 所示。

（18）前屈立势顺攻。右脚向前一步，移向前方向呈右前屈立势，同时右冲拳中段顺攻，左拳收于腰间。

动作要点：上步、拧腰、冲拳协调连贯，力达拳面，重心落于前脚，如图 14-28 所示。

图 14-27

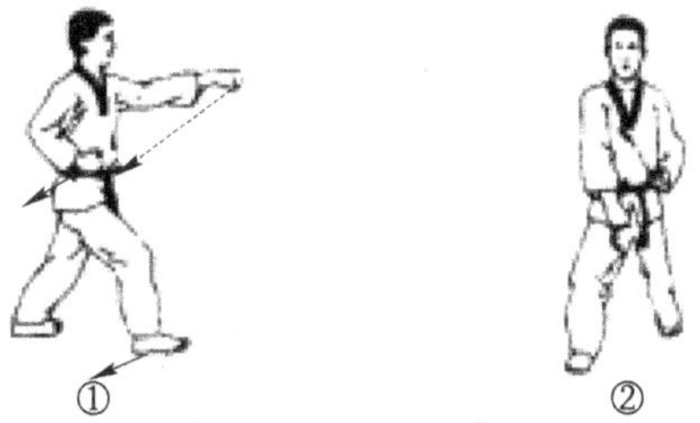

图 14-28

（19）收势。右脚向左移步，身体左转 180°，恢复到品势的准备势。

14.3 跆拳道基本战术

14.3.1 引诱式进攻战术

这种战术是跆拳道比赛中最常用的基本战术之一，它是指发挥假动作与真动作联合使用的方法，迷惑对手，借机找出对方漏洞来得分。如推踢的假动作加后横踢的进攻或反击腿法，在使用踢腿时，可亦真亦假，如对方后撤，可以接后横踢进攻；如对方不后撤，可直接变为高腿的前横踢。在跆拳道训练和比赛中，一般采用的引诱式进攻是上下动作结合、左右动作结合、前后动作结合，多采用“声东击西”“指上打下”的战术，引诱对手“上当”。

运用这种战术的时机：对手体力好，但技术不太全面，战术不灵活，则可以使用这种战术。在双方选手实力相当，试探对方长处时应用，以克其长。

14.3.2 压迫式强攻战术

这是一种先发制人的主动进攻，是一种有计划、有准备的战术行动。压迫式强攻战术是在比赛开始后就猛烈进攻，连续使用技术，借以扰乱和破坏对方的心理平衡、战术准备和距离感，使对手忙于防守，疲于招架，消耗对手大量体力，这样可以在短时间取得胜利或掌握场上主动权。这种战术的缺点是导致自己的体力也消耗得较快，容易露出破绽或是对手用以逸待劳的战术克制自己。

运用这种战术的较好时机：力量、速度、耐力素质比较好，但技术不如对方时；身体素质好，技术比较全面，但比赛经验不如对方时；对方的近战能力比较差时；对方的心理素质比较差时。

14.3.3 克制对手长处的战术

每一个运动员都有自己擅长的技术，如有的运动员擅长使用横踢进攻，有的运动员擅长用劈腿阻击。在比赛中运动员要能及时发现对方使用的方法，然后及时调整自己的战术，采用相应的方法，使对手不能正确发挥其特长技术，并克制对方短处，从而取得胜利。

采用这种战术的方法有：第一，克制善于打贴身战的对手，可始终与其拉开距离，可用侧推踢蹬击等技术。第二，克制擅长主动进攻的对手，可采用自己先进攻，迫使对方防守的战术。第三，克制擅长防守反击的对手，可引诱对方主动进攻，自己进攻时使用不易被反击的战术。

14.3.4 防守反击战术

防守反击战术是当对方正面进攻时，采取快速地向前、后、左、右方向移动步法，避其锋芒，寻找机会制敌的战术方法。主动进攻时身体的一些部位必定会产生防守空隙和薄弱环节，防守反击战术，即在防守的同时或之后立即进行反击，取得得分，这就是所谓的“以静制动”。这种战术对于性情急躁，缺乏比赛经验，喜欢猛打猛攻的对手很有效。

14.3.5 心理战术

比赛开始前，利用情绪、动作和表情等威慑对手，比赛中用气势压倒对手或利用规则允许的各种手段干扰对方情绪，给对方造成心理负担，使对手技能战术发挥失常，挫伤对方的锐气，发挥自己的优势，在气势上战胜对方。

14.3.6 边角战术

边角战术是指在比赛中利用场地优势，进行得分的一种战术。如在比赛中，对手处于防守状态时，利用警戒线给对方制造陷阱，迫使对方犯规而失分，或引诱对手到场地边缘，然后利用猛攻迫使其出界，使对方犯规或被扣分。

思考训练

（1）什么是跆拳道，它起源于哪个国家？

（2）通过练习跆拳道，你有哪些收获？

15 散　　打

学习要点

（1）了解散打的起源及价值；
（2）学习和掌握散打的基本技术和战术。

15.1　散打运动概述

散打，又称散手，古称相搏、手搏、卞、白打、对拆、手战等，是一项互以对方攻击动作为转移的斗智、较技的对抗性竞赛项目。由于这种对抗形式多是在擂台上进行的，所以在民间还称做“打擂台”。现代散打运动是指两人以踢、打、摔等技法为基本素材，按照规定的场地、时间和条件进行的一项较技、斗智的激烈对抗项目。

散打的产生，从一开始就是由生产劳动所决定的。散打源于人与兽斗和人与人斗，并随着社会的进步而发展至今。在远古时期，“人民少而禽兽众”。由于生产力低下，工具简陋，庞大而凶猛的野兽对人的生存产生极大威胁。人们为了自卫、生存、获取生活资料，必须经常徒手与禽兽进行殊死搏斗。久而久之，慢慢学会了使用拳打、脚踢、跌摔、躲闪动作与猛兽相搏斗。

商周时期，仍然保留着原始社会搏兽的遗风。春秋战国时期，由于步兵的崛起，社会的动荡不安，徒手搏斗技能的发展成为可能。魏晋南北朝时期，是一个分裂割据的动荡时期，民族战争和阶级斗争日益频繁而激烈，武术成了人们社会活动最重要的内容之一。元代，统治者禁武，民间手搏一度受限。明清，是中国武术集大成的发展时期，流派林立，拳种繁多。民国时的手搏曾盛行一时。建国初期散打昙花一现，进入低谷。为继承民族传统、弘扬中华武术，1979 年国家体委决定开展散打训练、比赛等方面的研究。1989 年散打被定为正式体育竞赛项目，1993 年被列为全运会项目和第 2 届世界武术锦标赛项目，1998 年成为第 13 届亚运会项目。

进行散打运动能够健体防身。大量的实践证明，散打训练能够提高人们的身体素质和改善内脏器官的机能。骨的生长是骨骺的不断增长和骨化的结果，尤其是处在生长发育阶段的青少年，通过散打运动能加强机体的新陈代谢，刺激骨骺的增生，进而促进骨的生长。

散打训练可以促使呼吸肌发达，强壮有力，提高呼吸功能。由于在运动时能量消耗增加，新陈代谢加快，需要更多的氧供应，这就要加快呼吸的频率，加深呼吸的深度。

散打训练时，血液循环加速以适应肌肉活动能量消耗的需要，这就从结构与功能上使心血管系统得以改善。同时经常参加散打运动，可以使心脏产生工作性肥大，心肌肥厚，有收缩力，心搏徐缓，血容量大，从而减轻了心脏负担，使心脏获得较多时间的休息。此外，由于强有力的心脏功能具有了承担大强度工作的潜在能力，这无疑会给身体带来好处。

散打训练还能够陶冶人们的情操，首先表现在对意志品质的培养方面。长期的散打训练枯燥、单调，并时常伴随着伤痛和失败，这就使得训练本身成为对人的意志品质的磨练，并且为了向训练要成绩，必须付出相应的代价，这也就培养了人的果敢、坚毅、顽强、拼搏的作风和勇猛精进、积极向上的精神。通过与强手的对抗，能够克服懦弱、胆怯的心理，树立起敢打必胜的信心和胜不骄、败不馁的意志品质。整个散打的学习和训练过程，也是进行和加强武德修养的过程。

散打的对抗有着极高的欣赏价值和极强的娱乐功能。尤其是在现代社会，人们的生活节奏加快，对事物的追求愈加需要带有刺激性。散打对抗的紧张度和激烈性正好迎合了人们的这种心理需求，所以能够激励更多的人参与这个项目。

此外，散打对抗中的较力斗勇、竞技斗智还能给人以美的感受。散打中的“美”是以朴实、无华和纯真来启迪的。

现代生活需要交流，而交流往往需要一个媒介，这个媒介一般都是由能引起人们共同关注的东西来决定的。因为散打具有这种功能，所以能作为交往媒介增进交流。

开展散打比赛以来，越来越多的人参与到这个项目中来，并且各种形式的散打活动日趋增多，规模日趋扩大，围绕着散打项目展开的交往活动也越来越多，呈现辐射趋向，从而使得更多的人了解中国武术，更多的人了解中华文化，也能使得我们的民族凝聚力愈加增强，我们的民族情感愈加浓厚和持久。

15.2 散打基本技术

15.2.1 散打的预备姿势

散打预备姿势是进入对抗前的准备姿势，它可以有多种表现形式，在此我们仅把带有普遍意义的姿势作为标准的教学范例来讲解。

15.2.1.1 基本动作要领（以下所有技术动作均以右势为例）

两脚微呈八字平行开立，距离略比肩宽，两膝微曲成并肩裆。

左脚不动，右脚以脚前掌为轴向左旋转，身体随之转动25°左右，重心在两脚的脚前掌上，右脚跟稍稍抬起，如图15-1所示。

松胸、溜臀、收下额，前手轻握拳，屈臂抬起，拳与下额等高，前臂与上臂夹角成90°~110°，后手轻握拳，屈臂抬起，前臂上臂夹角小于60°，后手拳自然置于下额外侧处，肘部下垂轻贴在右肋部。

图15-1

15.2.1.2 预备姿势训练的方法

反复练习转体动作，要求注意重心的分配和身体立面的统一。

转体动作熟练后再做上肢的配合动作。

动作基本定型后可进行前后左右的摇晃练习，使之能够使身体协调、放松。

掌握动作后，教练员可根据情况下达指令改变体位方向，使之在不断交换动作中迅速调整好自身的动作，以提高运用预备姿势的能力。

15.2.2 散打步法

步法是散打技术运用的基础，是构成单体技术的基本要素，“有招必有步”和“步动招随，招起步进”就是这个意思。散打步法的总体要求是“快”“灵”“变”。“快”是指步法移动要迅速；“灵”是指步法移动要轻灵、有弹性、不僵滞；“变”是指步法在运用中能随机应变，转换自如。

15.2.2.1 基本动作要领

(1) 闪步。闪步分为左、右闪步，主要用于躲闪对方的正面进攻，并有利于自己的迅速反击。

左闪步：从预备姿势开始，上体保持原来姿势，前脚向左侧迅速蹭出 20~30 厘米，紧接着后脚以前脚为轴迅速向左滑动，角度在 45°~90°以内，动作完成以后大致成预备姿势的步型，如图 15-2 所示。

右闪步：从预备姿势开始，后脚向右方横向蹭出，随后以髋部带动前脚向右侧滑动，身体转动角度一般在 60°~90°之间，动作完成后成预备姿势，如图 15-3 所示。

(2) 滑步。单滑步分为向前、后、左、右四种，主要用于直接配合拳的进攻。现以向前滑步为例。从预备姿势开始，上体保持原来姿势，后脚蹬地，重心前移，前脚微离地面，脚前掌向前蹭出 30 厘米左右，后脚随之跟进相同距离，整个动作完成后仍成原来预备姿势，如图 15-4 所示。

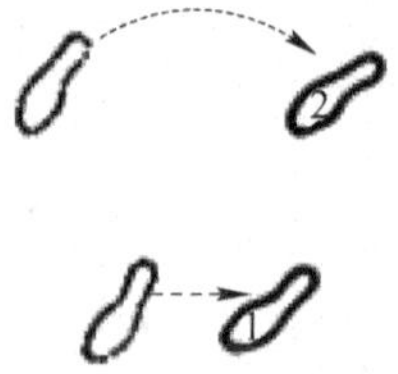

图 15-2

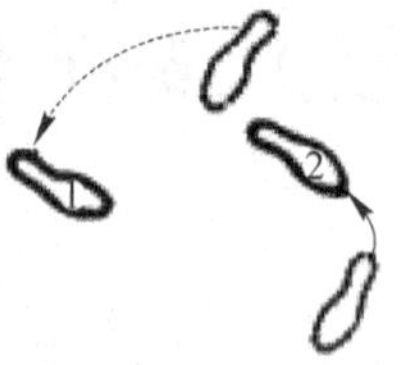

图 15-3

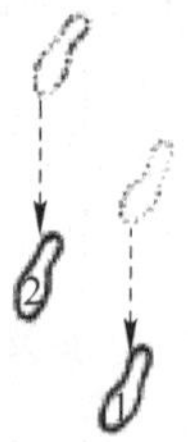

图 15-4

(3) 垫步。垫步大体分为两种，一种是垫一步，一种是在上一步的基础上再跟垫一步。垫步一般直接用于配合腿的进攻动作。这里只介绍跟垫一步的技术，因为其中已包括垫一步的技术。从预备姿势开始，重心前移，后脚蹬地向前脚内侧并拢，随即前腿屈膝提起，根据情况使用蹬、踹腿法。上动不停，在用腿法的同时，支撑腿随蹬（踹）腿向前再垫出一步，脚跟斜向前。

(4) 纵步。纵步分为前、后两种，主要是用于远距离时迅速接近对方或在中近距离时迅速摆脱对方的一种步法。现以向前纵步为例：从预备姿势开始，两脚同时蹬地向前纵出 30~40 厘米左右，在动作完成的过程中始终保持预备姿势。

(5) 交换步。交换步是左右脚交换时的一种步法，多为左右脚交替打法的运动员使用。从预备姿势开始，前后脚同时蹬地稍离地面，在空中左右腿前后交换，转体 120°左右，同时两臂也做前后体位的交换，完成动作后成与原来相反的预备姿势。

(6) 击步。击步是在远距离需接近对手或在中近距离需脱离对手时运用的一种常见步法。击步主要分向前、向后两种。

向前击步：从预备姿势开始，重心前移，后脚蹬地向前脚内侧迅速靠拢，在后脚着地的同时前脚向前方迅速跃出，着地后两脚成预备姿势步型。

向后击步：从预备姿势开始，重心后移，前脚蹬地向后脚内侧迅速靠拢，着地后两脚成预备姿势步型。

15.2.2.2　步法训练的方法

（1）单项步法练习。在预备姿势的基础上开始练习步法。每学习一种步法后都必须反复练习，认真体会动作要领。这一阶段的练习可以不要求速度，只要求动作规格，并注重与身体的协调关系。

（2）组合步法练习。在掌握各种步法的动作技术以后，首先是将一两种或两三种步法有规律地编串起来反复练习。其次是随机地组合各种步法练习，通过这种练习来培养运动员对各种步法任意衔接的能力。

（3）结合反应练习步法。听口令或看手势进行前、后、左、右的规定步法或任意步法的练习。

一攻一防的步法练习。两人保持一定距离，由教练员指定一方用步法主动逼近或摆脱对方，同时要求另一方运用相应步法与主动者保持一定距离，通过练习提高步法与距离判断的结合和掌握能力。

互为攻防的步法练习。允许两人运用各种步法进行相互进逼与转移的练习，进逼为的是破坏双方原有的距离，转移则是为了保持双方的距离。通过这种练习能够培养运动员运用步法来制造和捕捉战机的能力。

15.2.3　散打拳法

15.2.3.1　基本动作要领

（1）掼拳。掼拳是弧线形进攻方法，分为前、后掼拳两种，在相互的连续击打中使用率较高。由于摆动幅度大，所以击打力量很大，但也因幅度大和运行路线长，使得动作的隐蔽性较差。为此，教学的重点是认真掌握动作要领和掼拳的发力机制。

前手掼拳。从预备姿势开始，后脚蹬地，身体由髋带动腰向内旋转 15°~20°，重心前移。同时前手臂抬肘略与肩平，微张肩，前手拳向外侧前方伸出，上臂和前臂的角度相对固定。当髋部完成旋转角度后迅速制动，制动的惯性使张开的肩回收而产生合力。此时的出拳臂仍按从侧前方向正前方的路线划动，最终又因髋部制动的合力牵制而制动，产生掼拳的力量。动作完成后迅速放松，基本是按原来的出拳路线恢复到预备姿势，如图 15-5 所示。

图 15-5

后手掼拳。从预备姿势开始，以后脚的脚前掌为轴内旋，带动转髋，重心前移。后手臂抬起略与肩平，拳向前外侧伸展，上臂和前臂形成一定夹角并相对固定。同时前手臂自然弯曲收回贴于肋间，拳置于下颌处。上动不停，继续向内转髋，出拳臂微微张肩，由于惯性带动拳向前水平横摆。转动的髋部随之制动，其惯性带出拳臂产生制动，最终形成掼拳的合力，如图 15-6 所示。

（2）冲拳。冲拳属直线形攻击方法，它分为前、后冲拳两种，在拳法中是中远距离进攻对方的主要手段。由于冲拳动作相对隐蔽，尤其后手冲拳力量较大，是给对手重击的有效方法，所以在比赛中使用率较高。

前手冲拳。从预备姿势开始，后脚蹬地，重心前移，同时以髋带动肩向内旋转 10°左右。由肩带动前手臂的前臂快速直线出击，力达拳面，手臂自然伸直，后手置于原来位置。收拳的路线亦是出拳的路线，收拳后迅速回复到原来的预备姿势，如图 15-7 所示。

图 15-6

图 15-7

后手冲拳。从预备姿势开始，后脚蹬地并以前脚掌为轴向内扣转。随之合髋转腰压肩，向正前方直线出拳，力达拳面。出拳同时前手拳直线收回至下前方，肘部自然弯曲贴于肋部，如图 15-8 所示。

（3）鞭拳。鞭拳在比赛中的使用率较低，但却不失为一种出奇制胜的拳法。鞭拳是弧线形攻击方法之一，因动作幅度大，所以有一定的技术难度。只有经过长期严格的训练，才能在比赛中减少盲目性，提高效率。鞭拳一般分为原地右后转身右手鞭拳、上步左转身左手鞭拳和盖步右转身右手鞭拳。这里重点介绍原地右后转身右手鞭拳。

从预备姿势开始，身体以前脚掌为轴，右脚蹬地向后旋转，同时前臂收回贴于胸前。上动不停，身体继续旋转，当转动 110°～120°时，右臂抬肘略与肩平，向后侧横向甩打，如图 15-9 所示。

图 15-8

图 15-9

（4）抄拳。抄拳在散打中是近距离攻击的拳法，它分为前、后抄拳两种，主要是在相互间对抗时使用，或是在与其他拳法的配合中使用，但使用率较低。对抄拳的教学宜先使受训者掌握后手抄拳，这是因为后手抄拳动作幅度大，易于掌握。在掌握后手之后再学习前手抄拳，较容易体会到抄拳的发力。

后手抄拳。从预备姿势开始，上体微向后、向下转动，重心略降低并合胯。后脚蹬地挺胯，微向前向上转体，随之后手臂根据所击打距离加大角度向前、向上出拳，拳心向内，重心随之前移。随着挺胯到位后的制动，产生的惯性使出拳臂制动，力达拳面。出拳后肩部迅速放松，出拳臂借回降之力收回，成原来的预备姿势，如图 15-10 所示。

前手抄拳。从预备姿势开始，上体微向外、向下转动，前腿微屈，扣膝合跨，前手臂收回轻贴于左肋部，前手拳自然置于左面颊外侧，重心偏于前腿。上动不停，后脚蹬地，左脖向上、向内挺出，前手拳随挺胯动作向前上方击出，出拳臂夹角根据所击距离调整，拳心向内，微微内扣。当挺胯到位即前腿基本挺直后马上制动，由于制动的作用，击出的抄拳也随之制动，产生短促发力。随着挺胯制动后的肩部放松，拳也有弹性地收回，成原来预备姿势，如图 15-11 所示。

图 15-10

图 15-11

15.2.3.2 拳法训练的方法

基本拳法的辅助性练习是指根据专项技术所需的协调性要求，有针对性地进行辅助性的练习，以保证专项技术尽快准确地掌握。拳法的协调性辅助练习有以下几种：

（1）转胯摆臂练习。两脚平行，两臂自然抬起，向内弯曲与肩同高，成合抱状。这时跨部向左右反复做平面的摆转，自然带动两臂做左右平行的摆动。在随后的摆动中，身体向左（右）转成预备姿势的角度。另一手放下或置于预备姿势的后手位置，左（右）手继续随膀的转动而平行摆动，这是掼拳动作和发力的基本练习。

（2）压肩练习。两脚并行站立，两手屈臂置于胸前握拳，随后右脚蹬地，左脚向前迈出，由腰带动右肩向左转动，同时直线出拳。动作不停，右脚向前迈出，收右拳，带动左肩向右转动，同时直线出左拳。以上动作连续不停成交叉步出直线拳，在出拳时腰要尽可能转动，两肩要有向前压抵的意识。这是对冲拳动作的身体力量调动的整体协调练习。

（3）摇“8”字练习。预备姿势步型站立，两手轻握拳置于胸前，以腰为轴左右摇横“8”字。这是对抄拳动作和发力的基本练习。

15.2.4 散打腿法

腿法在散打中占有很大比重，主要包括蹬、踹、扫、摆、弹等技术。腿法的特点在于它是远距离对抗的主要方法，力度大、攻击力强。但腿法在运用中也有其特殊性，为此在教学训练中要予以重视，才能提高腿法的实用效果。

15.2.4.1 基本动作要领

（1）正蹬腿。正蹬腿主要分为前、后正蹬两种，大级别运动员采取此腿法的比例较高。此外，在相互抱缠阶段或在互打互踢时作为摆脱方法效果较好。这里重点介绍前腿正蹬，如图 15-12 所示。

从预备姿势开始，重心微后移，后腿膝关节微屈，上体微后坐，前腿屈膝正面提起，脚尖勾起。上动不停，两臂微下落或回收置于头部两侧，两臂自然下垂护住两肋，同时送胯，带动大小腿向正前方水平蹬出，脚前掌下压，力达脚全掌。

（2）侧踹腿。侧踹腿分前、后侧踹两种，是散打中运用率较高的腿法，而前侧踹又多于后侧踹，它主要用于进攻与阻击。这里重点介绍前腿侧踹。

从预备姿势开始，重心稍后移，上体保持原来姿势，前腿屈膝提起与跨同高，与上体成 90°，小腿外摆，脚尖勾起微向外翻出。身体继续向侧后仰，同时展髓伸膝向前踹出，脚尖横向，力达脚掌的后 2/3 处，此时支撑腿的脚后跟斜向前方，前手置于踹出腿的大腿上方，后手置于下颌前方，如图 15-13 所示。

图 15-12

图 15-13

（3）扫腿。扫腿分为前、后扫腿两种，是一种低位的攻击腿法，多在对手拳势猛烈、硬打硬上时运用。这里主要介绍后扫腿。

从预备姿势开始，上体拧腰下潜，前腿屈膝全蹲，以前脚掌为轴，同时两手在两腿之间扶地，后腿大致伸直。上动不停，后腿伸直向侧后方弧形擦地后扫，扫腿超过正前方，在几乎回到原来启动位置后两手推地起立，如图 15-14 所示。

（4）摆踢。摆踢的腿法，运用范围很广，按照高度可分为高、中、低三种，按运动形式可分为侧摆踢和转身摆踢，其中侧摆踢又可分为前、后腿侧摆踢，转身摆踢又可分为前、后转身摆踢。

前腿侧摆踢。从预备姿势开始，重心后移，上体微向右后转动并向后侧仰，两手臂下落，同时屈膝提腿，并向内扣膝翻跨，大小腿夹角保持在 30°左右。上动不停，由转体翻胯带动大小腿向外侧前上方摆踢，在击打到物体的瞬间，小腿由于加速甩出与大腿基本成直线。在翻跨出腿的同时，支撑腿以脚前掌为轴跟着转体，脚跟斜向前，如图 15-15 所示。

图 15-14

图 15-15

后转身摆踢。从预备姿势开始，前臂收回，重心前移，上体微向右下侧合转，以前腿脚前掌为轴，后腿蹬地向右后转身。随转体后腿展跨，大小腿伸直由下往上、由后向前横摆，脚背绷紧，力达脚掌和脚跟。摆踢腿至中心线后开始降弧，身体继续旋转至原来启动前的身体位置，摆踢的腿也落回原来启动前的位置，如图 15-16 所示。

图 15-16

15.2.4.2 腿法练习的方法

（1）分解练习。腿法的分解练习不同于拳法，它主要是指腿法的启动部分可进行单独的练习，目的是为了掌握动作启动部分的合理性和加强动作的突然性。如侧踹可先练习提膝加小腿外翻，侧摆踢可反复练习提膝翻胯。这种分解练习要求重复次数和速度。

（2）扶持式的完整动作练习。用手扶持某个物体，重复地做某一种腿法。开始可以不强调速度和力度而注重动作的规格和要求，在动作能够基本不变形的情况下再要求速度和力量。

15.2.5 基本摔法

散打中摔法的特点：一是“快”摔；二是几乎无“把”可抓；三是摔法可与拳法、腿法并用。

15.2.5.1 基本动作要领

（1）被动摔。

1）摔侧腿。甲方接住乙方的左（右）腿。用双手将其固定住，不让其挣脱。上动不停，甲方左（右）腿往侧后方撤一步，并固定住乙方的腿往怀里带。上动不停，甲方双手固定住乙方的腿向下、向左（右）、向上做弧形的牵引，将对方摔倒，如图 15-17 所示。

图 15-17

2）接腿摔。接腿摔是指在散打对抗中接住对方的腿后，运用相应的摔法将其摔倒。甲方接住乙方的左（右）腿，用一手将乙方的脚踝关节固定住，用另一手搂抱住乙方的膝关节部位。上动不停，甲方左（右）腿伸至对方支撑腿侧后别对方，同时用胸部向外、向下压对方被搂抱的腿，把对方摔倒，如图 15-18 所示。

（2）主动摔。主动摔指在散打对抗中主动运用摔法的技术。主动摔根据“把位”大致分为夹颈、抱腰和抱腿，这三个部分又可分为若干个具体的摔法。

1）夹颈过背。甲方用前臂架在乙方的两臂内侧时，用右（左）臂由乙方右（左）肩上穿过，屈臂夹住乙方颈部，同时左（右）脚背步至与右（左）脚平行，两腿屈膝，腰塌，右（左）臀部紧贴乙方小腹部。上动不停，甲方夹住乙方颈部，低头用力将乙方从背上摔过，同时两膝猛向后蹬伸，如图 15-19 所示。

图 15-18

图 15-19

2）插肩过背。甲方用前手臂从乙方相对的腋下穿过，背右（左）步至与左（右）脚平行，两腿屈膝，同时后手固定住乙方另一手臂。随之两腿蹬直，向下低头、弓腰，前手臂由侧后向前发力，将乙方摔倒，如图 15-20 所示。

3）抱腿前顶。甲方上步下潜，两手搂抱住乙方双膝关节处，用力回拉，同时用左（右）肩前顶对方大腿根或小腹部将乙方摔倒，如图 15-21 所示。

图 15-20

图 15-21

15. 2. 5. 2　摔法训练的方法

（1）动作技术的“空摔”练习。对于初学者，可将摔法动作编成脱离对手的单练动作，反复演练，以掌握动作要领和协调动作。

（2）进靶练习。两人一对，一人作为“靶子”，另一人则用某种摔法反复进行抢靶到位的练习，不发力摔人。两人可根据量的安排交换练习。

（3）摔靶练习。两人一对，一人做摔靶者，另一人做配合者。摔靶者反复运用某个摔法将对方摔倒，要求动作与用力协调，然后根据训练量的安排进行交换练习。

（4）对抗练习。熟练掌握一定的摔法后，两人可先做相互“抢靶”的练习，在此基础上可进行相互摔靶的练习。

（5）倒地练习。这是摔法的基本功练习，也是一种自我保护能力的培养；倒地练习内容很多，包括前滚翻、后滚翻、前倒、后倒、侧倒和抢背等。可倒地练习是在练习摔法前必须进行的一项训练内容。

15. 2. 6　防守技术

防守技术分为接触式防守和不接触式防守两大类。

15.2.6.1 接触式防守

(1) 格架防守。格架可分为向斜上、向斜下和向下的防守动作。用于防守来自正侧面的各种拳法和腿法。这里只介绍两个格架动作。

斜上格架。从预备姿势开始，前手臂稍抬肘向斜上举起，前臂微内旋，同时低头收下颌。

下格架。从预备姿势开始，前手臂收回横于胸前，随之向腹部下方移动，上体微向下沉。

(2) 抱抄防守。搂抱防守。当对方用拳攻击时，迅速靠近用手搂抱对方。当对方用腿法攻击时，用手抱住对方的攻击腿法。这样，一方面能化解或破坏对方的攻击动作，另一方面为自己反击做好准备。

抓抄防守。当对方用腿法进攻时，在完成动作止点的瞬间，迅速用单手或双手抓住对方的踝关节部位，顺对方动作来势的方向，加力抄倒对方。

(3) 阻挡防守。阻挡防守大致可分肩臂阻挡和提膝阻挡两种。肩臂阻挡主要用于对各种拳法和腿法的防守，提膝阻挡主要用于对各种腿法的防守。

肩臂阻挡。从预备姿势开始，前手臂收回与后手臂紧贴左右两肋，两拳护在头部两侧，含胸收腹，低头收下颌。

提膝阻挡。从预备姿势开始，突然迅速屈膝提腿，膝关节高度大约与跨齐。同时前手臂收回与后手臂紧贴两肋，上体微沉。

15.2.6.2 不接触式防守

(1) 下潜防守。从预备姿势开始，双膝弯曲，重心下降前移，上体略前俯，前手臂自然收回贴于肋部，两拳护于下颌两侧。

(2) 摇避防守。从预备姿势开始，上体以腰为轴做不规则的前后左右摇摆，重心时有升降，两臂一般情况下轻贴两肋部，下颌微收。

(3) 闪躲防守。闪躲防守主要分为步法闪躲和身法闪躲两部分，步法闪躲在“步法”一节中已经涉及，这里主要讲身法闪躲，主要包括侧闪和后闪等，主要用于防拳。

侧闪。从预备姿势开始，上体以腰为轴；向左（右）微转并向左（右）微俯身，两膝微屈，此时前手臂微收与后手臂同置于下颌两侧。

后闪。从预备姿势开始，以腰为轴，前脚蹬地，重心后移，上体略后仰。

15.3 散打基本战术

散打的战术形式，是指为了完成战术意图而由各种动作组成的具体方法。散打以它丰富的技术内容和相生相克、相互转换的技术规律，为多种多样的战术形式提供了先决条件，这里重点介绍以下几种：

(1) 制长战术。制长战术是指采用相应的方法，抑制对方擅长技术的发挥制服对方的战术。每一个运动员都有自己的技术专长，这种技术专长是本人得分取胜所依靠的主要手段。如果能针对对方的擅长动作制订战术，使其擅长动作不能正常发挥，从而被迫采用其他的动作，这无疑能起到制彼所长的作用。制长战术大致有以下几种：1）克制善于用手法的对方。2）克制善于用腿法的对方；在多种腿法中，又要区分擅长哪种腿法。3）克制善于用摔法的对方。4）克制善于用重拳、重腿的对方。5）克制善于主动进攻的对方。6）克制善于防守反击的对方。7）克制能攻能守的对方。

（2）直攻战术。直攻战术是指在没有虚晃及假动作的掩护下，使用直接进攻对方的方法。运用直攻战术须具备以下条件：1）当对方的反应速度、动作速度、位移速度弱于自己时。2）当对方的进攻动作不够熟练时。3）当对方的体力不足时。4）当对方的防守姿势出现空隙时。5）当与对方的距离能有效地使用进攻动作时。

（3）佯攻战术。佯攻战术是指有目的地造成对方的错觉，把对方引入歧途，再进行真实进攻的战术。在散打比赛中，佯攻是最为常见的战术形式之一。

随着技术水平的普遍提高，特别是要对付动作反应快、防范能力强的对方时，直接进攻容易被对方防守、截击，而采用指上打下、指下打上、指左打右、指右打左等假动作可以转移、分散对方的注意力，促使其对虚假动作产生某种反应，再乘机攻击其防守的空当部位，定能提高进攻效果。

（4）突袭战术。突袭战术是指针对对方自然产生的习惯动作，采用相生相克的方法进攻对方的战术。散打比赛时，只要留心观察，就会发现对方无意识地做出一些习惯动作。例如，有的运动员习惯提膝抬腿，有的习惯身体重心在前腿上。又如，在一个回合的进攻中，裁判员并没有发出“停”的口令，而双方运动员都停止了进攻，自然分开，然后准备下一回合的较量，这是一种典型的动态习惯。如果利用这个习惯，当对方停止动作时，突然发起进攻，出其不意、攻其无备，可达到出奇制胜的效果。

（5）反击战术。反击战术是指待对方发出进攻动作后，在防守的过程中反击对方的战术。攻守对抗历来讲究“以静待动”“后发先至”。主动进攻需改变预备姿势，身体的某一部位必定会产生防守空隙和出现薄弱环节，如能在防守的同时进行反击，就能避免上述弱点，取得战机的主动。防守者“以静待动”，有思想准备，也比较容易进行反击。

当遇到性情急躁、缺乏比赛经验、喜欢猛冲猛打的对手时，可以以反击战术为主，主动进攻为辅。以主动进攻掩盖自己反击战术的意图，刺激对方，使其更加急躁，为反击战术创造条件。反击战术的手段主要有迎击、挡击、抓击、顺击、闪击和钻击等。

（6）重创战术。重创战术是指用力量扣击对方，使其失去战斗力的战术。实施重创战术需要具有一定的身体、技术条件。当自己的攻击力量和技术比对方好但耐力较差，或者攻击力量好而技术不如对方，或者在比分落后的情况下，或者由于其他因素不能打持久战时，在规则允许的范围内，寻找、制造机会，用重拳或重腿打击对方，使其身体、心理受到震动、威慑，失去继续比赛的信心和能力。

思考训练

（1）散打运动在健体防身方面有哪些价值？

（2）散打的预备姿势动作要领有哪些？

（3）什么是制长战术，大致分为哪几种？

参考文献

[1] 全国体育学院教材委员会. 体育概论 [M]. 北京：人民体育出版社，2005.
[2] 崔怀猛. 古代中西方体育文化 [M]. 北京：北京体育大学出版社，2011.
[3] 崔乐泉，杨向东. 中国体育思想史 [M]. 北京：首都师范大学出版社，2008.
[4] 田麦久. 运动训练学 [M]. 北京：人民体育出版社，2002.
[5] 谭华. 体育史 [M]. 北京：高等教育出版社，2005.
[6] 卢元镇. 全民健身与生活方式 [M]. 北京：北京体育大学出版社，2004.
[7] 毛振明. 学校体育学 [M]. 北京：高等教育出版社，2001.
[8] 姚鸿恩. 体育保健学 [M]. 北京：高等教育出版社，2011.
[9] 黄汉生. 球类运动——排球 [M]. 北京：高等教育出版社，2009.
[10] 王家宏. 球类运动——篮球 [M]. 3 版. 北京：高等教育出版社，2015.
[11] 王崇喜. 球类运动——足球 [M]. 3 版. 北京：高等教育出版社，2014.
[12] 董进霞，刘卫军. 休闲体育 [M]. 北京：人民体育出版社，2006.
[13] 毛振明，甄志平. 大学生体育与健康教程 [M]. 北京：北京师范大学出版社，2009.
[14] 李重申. 体育实践教程 [M]. 北京：高等教育出版社，2002.
[51] 刘育. 大学体育 [M]. 西安：西北工业大学出版社，2004.
[16] 李鸿江. 田径 [M]. 北京：高等教育出版社，2014.
[17] 编写组. 球类运动——乒乓球手球垒球羽毛球 [M]. 3 版. 北京：高等教育出版社，2017.
[18] 全国体育院校教材委员会. 游泳运动 [M]. 北京：人民体育出版社，2001.
[19] 董文梅. 健康源于生活 [M]. 重庆：西南大学出版社，2009.
[20] 郑厚成. 现代体育与健康文化导论 [M]. 北京：高等教育出版社，2006.
[21] 于可红，谢翔，夏思永. 体育文化 [M]. 桂林：广西师范大学出版社，2003.

参考文献